LES PENSEURS LIBRES DANS L'ISLAM CLASSIQUE

Dominique Urvoy

LES PENSEURS LIBRES DANS L'ISLAM CLASSIQUE

L'interrogation sur la religion chez les penseurs arabes indépendants

Flammarion

ISBN : 2-0808-0044-2

Introduction

> *« Supposons que tu ailles au marché avec ton argent pour acheter quelque marchandise et que vienne à toi l'un des détenteurs de ces marchandises pour t'inviter à [acheter] ce qu'il a, en te jurant qu'il n'y a rien de mieux sur le marché que ce qu'il t'a invité [à acheter] ; tu répugnerais à lui faire confiance et craindrais la tromperie et l'imposture. Tu considérerais cela comme de la faiblesse et de la débilité de ta part, jusqu'à ce que tu choisisses par tes propres yeux et demandes l'aide de Qui tu espères assistance et succès. »*
>
> Ibn al-MUQAFFA‘

Écrits vers l'an 135 de l'Hégire (752 ap. J.-C.), ces mots, dus à l'un des plus célèbres écrivains du monde arabe, marquent la précocité de l'apparition de l'esprit critique dans le domaine religieux au sein de cette civilisation. Ils contrastent fortement avec les images généralement reçues, qui oscillent entre le doux entêtement – marqué par le « fatalisme » – et la violence fanatique. Dans quelle mesure ces images sont-elles le seul produit de la méconnaissance d'autrui ? Dans quelle mesure sont-elles justifiées par les divers mouvements fondamentalistes qui, périodiquement depuis au moins le IIIe/IXe siècle, cherchent à imposer des orthodoxies au monde arabe et à l'Islam ? Nous ne l'envisagerons qu'indirectement, car notre but ici est d'attirer l'attention sur l'existence de cet esprit critique à l'intérieur du domaine religieux.

Mais l'approche de ses manifestations se heurte, dans le cas du monde arabe, à un paradoxe : ce sont les réponses à l'esprit critique plutôt que celui-ci qui ont surtout occupé l'effort des chercheurs. Pour comprendre la portée de ce fait, je prendrai une comparaison que l'on pourrait appeler le « paradoxe du bouquiniste ».

Quiconque fréquente les bouquinistes trouve sur leurs rayons une image de la pensée française du XVIIIe siècle bien différente de celle à laquelle il est préparé par l'enseignement reçu. Durant ses études on ne lui a guère parlé, pour cette époque, que d'auteurs soit franchement opposés au fait religieux, soit ne l'envisageant que comme caution de la moralité, mais toujours adversaires des religions constituées, et plus encore des orthodoxies. Si on lui a parlé d'un écrivain exprimant les vues d'une Église, ce n'est qu'en tant que repoussoir, comme Mgr de Beaumont qui n'est cité que pour sa condamnation de Rousseau et pour introduire à la lettre-défense de celui-ci, ou l'abbé Bergier qui ne sert qu'à faire ressortir l'originalité de Rousseau ou de d'Holbach.

Cependant il est bien plus facile de trouver sur le marché des éditions originales de l'*Apologie de la religion chrétienne contre l'auteur du christianisme dévoilé* ou du *Déisme réfuté par lui-même ou examen… des principes d'incrédulité répandus dans les divers ouvrages de M. Rousseau* que des œuvres qu'ils attaquent ! D'une façon générale, le XVIIIe siècle nous a laissé une énorme littérature religieuse, infiniment plus vaste que celle de ses adversaires ; et, si on regarde de près, on s'aperçoit que toute cette littérature religieuse ou apologétique n'est pas négligeable quant à son contenu et peut receler des analyses parfois fort novatrices. Les lecteurs de Sade ignorent le plus souvent que cet auteur a lu et utilisé la critique de la morale utilitariste faite par le prélat Bergier. Et pourtant on ne la lit plus !

C'est que, depuis la Renaissance, nous avons été habitués à envisager l'histoire de la pensée sous l'angle de l'originalité, et d'une originalité plus encore autoproclamée que réellement objective. On croit donc que les auteurs « orthodoxes » n'intéressent que l'historien des mentalités. Et lorsqu'on reconnaît que ce jugement a été trop rapide, on s'estime quitte en ajoutant à une histoire des idées un petit chapitre qui envisage ces auteurs collectivement, et qui, coincé entre les chapitres massifs consacrés aux grandes « individualités », est le plus souvent sauté par le lecteur.

Or, dans l'étude de la pensée arabe, c'est exactement le contraire qui s'est passé. Elle a été faite par des historiens, et ceux-ci ont privilégié les auteurs « représentatifs ». Si les *falāsifa*, c'est-à-dire les auteurs se réclamant de l'héritage de la philosophie antique, ont été à peu près respectés, c'est parce qu'ils s'étaient imposés à notre héritage occidental par le biais des traductions médiévales. Encore beaucoup d'islamologues ont-ils regardé avec méfiance ces auteurs qu'ils considéraient comme marginaux, encouragés en cela par nombre de philosophes qui ne voulaient pas – et sans doute ne savaient pas – situer l'arrière-plan islamologique de ces auteurs d'inspiration grecque, mais de mentalité arabe. On a par contre accordé toute l'attention aux apologistes (en arabe les *mutakallimūn*, c'est-à-dire les adeptes de la discipline du *Kalām*) qui étaient vus comme exprimant la quintessence de la pensée spécifiquement arabo-islamique.

Il est bien évident que cette volonté de mettre en évidence une structure de pensée collective spécifique, sur laquelle peuvent également se détacher des analyses individuelles suggestives, est tout à fait légitime. Mais est-on condamné à adopter deux points de vue antithétiques pour la pensée occidentale et pour la pensée arabe ? Pour l'exprimer brutalement, l'arabisant doit-il ne voir que des auteurs dont il mépriserait les équivalents s'il était un spécialiste du XVIIIe siècle français ?

L'opposition que je viens de développer n'est pas seulement suscitée par le « paradoxe du bouquiniste », qui rappelle par le seul fait de la quantité le caractère subjectif de l'image d'un XVIIIe siècle libre penseur ; elle a été tout naturellement mise en avant par les vicissitudes de la recherche. L'étude des auteurs « opposés » à l'orthodoxie, que l'on qualifiait dans l'Islam classique de *zindīq* (pl. *zanādiqa*, substantif : *zandaqa* ; on reviendra plus loin sur ce terme), a connu une première période florissante entre 1920 et 1960 environ, avec les travaux de H. Nyberg, M. Guidi, P. Kraus, etc. Certains avaient alors été tentés de souligner le caractère « très XVIIIe siècle » (F. Gabrieli) de ces auteurs anciens. Mais au moment même où une première synthèse de ces recherches était proposée[1], des arabisants de premier plan en récusaient l'intérêt sous prétexte que l'on risquait de « rechercher les cas aberrants, en considérant qu'ils pouvaient représenter quelque chose d'intéressant, de plus considérable encore que ce qu'ils ont été effectivement, avec une sorte de regret chez certains d'entre nous que ce ne soit pas précisément ce type de personnages qui l'ait historiquement emporté[2] ».

Il faut donc tenir compte de cet utile rappel d'éviter de refaire l'histoire. Mais si l'élan a été ainsi freiné, il n'était pas question de jeter le bébé avec l'eau du bain. J. van Ess a vu que les *zanādiqa* pouvaient nous renseigner sur la formation même de cette pensée apologétique qui reste le centre d'intérêt des islamologues. Actuellement l'étude de la libre pensée suscite de nouvelles recherches (S. Stroumsa, M. Chokr) dont les résultats sont d'un très grand intérêt scientifique.

Mon propos, ici, sera plus modeste mais aussi plus large. Sans surestimer la valeur des critiques qui ont servi de motif historique à la littérature apologétique, et surtout sans vouloir y retrouver à tout prix la libre pensée des philosophes des Lumières, je voudrais non seulement me consacrer à cette critique en elle-même, pour en discerner les axes et en mettre en évidence la cohérence et la fécondité en soi – et non plus pour ce qu'elle a historiquement suscité –, mais aussi montrer qu'elle se prolonge *positivement* par tout un ensemble d'attitudes qui ne rentrent pas dans les cadres d'écoles constituées.

Dans le monde occidental, la critique religieuse apparaît tardivement et triomphe assez rapidement, si bien qu'on a occulté les nombreuses et parfois remarquables réactions apologétiques qu'elle a provoquées. Dans le monde islamique, la critique religieuse s'est manifestée très tôt et, si elle a disparu devant l'affirmation des diverses orthodoxies, ce n'a pas été brutalement mais en se transformant progressivement. Que, même sous ces transformations, elle ait été étouffée en fin de compte, n'empêche pas de voir si elle ne nous apprend pas, néanmoins, quelque chose.

L'appréciation quantitative, par la masse des productions écrites ou par le nombre des adhérents, est seulement un indice d'existence, non en soi un critère de qualité, dans le domaine de la pensée. Ici aussi une comparaison pourra nous éclairer : la pensée d'Ibn Rušd (Averroès) n'a pas eu d'écho dans le monde arabe si ce n'est aux XIXe et XXe siècles, sous l'influence de l'orientalisme. Elle ne s'est prolongée, sous la forme distordue de l'averroïsme, que dans les milieux juifs et chrétiens d'Europe. Et pourtant elle apparaît maintenant comme un des éléments essentiels de la pensée médiévale. Bien plus, comme j'ai essayé de le montrer ailleurs[3], elle incarne au plus haut point l'idéal de la pensée arabe ordinaire comme « commentaire » d'un donné (issu de la Révélation vue à travers la réforme almohade, pour sa partie juridique et théologique, ou d'un héritage culturel, pour sa partie scientifique et philosophique). Le fait qu'on se soit inquiété de l'orthodoxie du personnage d'Ibn Rušd n'y change rien. Par contre il attire l'attention sur l'existence, à l'intérieur même du monde arabe médiéval, d'une autre position, que l'on peut qualifier alors d'indépendante. On qualifie ici d'indépendant celui qui se met « à distance » de son objet, même s'il y adhère.

Un auteur indépendant n'est en effet pas nécessairement un auteur totalement isolé, ni même extérieur à tout mouvement collectif ou, dans le cas qui nous occupe ici, à toute forme de religion. Certains sont tels, mais c'est l'exception. Le plus souvent il s'agit de quelqu'un qui prend suffisamment de recul tant vis-à-vis de son école de pensée que de sa religion pour pouvoir poser des questions fondamentales, procéder à des remises en question radicales. Ainsi Pascal est un auteur indépendant parce que, tout en faisant l'apologie du christianisme et en défendant la perspective janséniste, il transcende l'une et l'autre en une réflexion sur les conditions mêmes de la pensée et de la croyance. Comme pour Pascal, parmi les auteurs que nous envisagerons, il pourra arriver que celui-là même qui a soulevé une difficulté prétende la résoudre par ailleurs. Mais pour ce second point nous renvoyons le lecteur aux synthèses d'histoire de la pensée arabe (qu'elle soit musulmane, juive ou chrétienne) ; ce qui nous intéresse ici étant l'interrogation comme telle.

Pourquoi l'*interrogation* ? La question est particulièrement importante pour la pensée arabe car c'est sur ce point que le contraste est le plus net avec l'Occident moderne. Celui-ci vit dans l'affirmation des individualités pour elles-mêmes. Chaque auteur se présente comme autosuffisant, et on sait avec quelle arrogance un Descartes a pu imposer jusqu'à maintenant la fiction d'un re-départ radical, alors même que, par les travaux de Gilson, il apparaît évident qu'il est tributaire de toute une formation scolastique. Presque tous les auteurs modernes reprennent, plus ou moins consciemment, la fiction cartésienne qui, chez les médiocres, devient un jeu de l'originalité pour l'originalité. Au contraire, chez les auteurs anciens, et tout particulièrement chez les auteurs arabes, on se voulait participant d'une tradition, quitte à faire s'affronter les traditions entre elles, ou les interprétations divergentes d'une même tradition ; ce qui suscite une forme d'originalité souvent bien plus grande que si elle était un parti pris. Mais cela nous le découvrons a posteriori ; ce n'est pas le but de l'écrivain. Même les positions les plus extrêmes, qu'elles viennent de l'attitude de l'auteur lui-même (comme la virulence d'un Ibn Ḥazm), ou du caractère exotique des thèses soutenues (comme l'utilisation de la doctrine de la métempsycose par un Aḥmad Ibn Ḥā'iṭ), peuvent être mises au service de la défense d'une orthodoxie[4]. Presque toujours les auteurs arabes ne cherchent dans la pensée qu'une culture, qu'une élaboration mentale qui vaudrait pour elle-même. Il est donc d'autant plus nécessaire de relever les incitations à la réflexion fondamentale, si rares soient-elles.

Parmi les personnes qui seraient l'équivalent, dans le monde arabe classique, des adversaires d'un Bergier, il y a, schématiquement, deux catégories : tout d'abord les francs athées, ou du moins libertins, dont on ne dispose pas de textes qui puissent relever du domaine de l'histoire de la pensée, tout au plus des éléments de poésie ; ils ont fait l'objet d'études historiques[5]. Ensuite les auteurs d'une critique *de l'intérieur* du fait religieux. C'est à eux que je m'arrête ici, pour trois raisons : 1. On dispose d'un certain nombre, réduit mais non négligeable, de documents. 2. Ce courant s'est montré beaucoup plus fécond que le précédent : on verra qu'une logique interne a pu jouer, même s'il n'y a pas eu de contacts directs entre les acteurs. Cette logique s'est manifestée d'une part par la maturation des problèmes, de l'autre par la réaction de l'ensemble des apologistes orthodoxes. 3. Comme il s'agit de positions indépendantes en butte à des majorités, les mêmes problématiques sont reprises dans des contextes différents, et notamment dans des religions différentes, ce qui a entraîné en soi un enrichissement de la perspective, et pour nous un plus grand enseignement.

C'est en effet la raison pour laquelle j'ai choisi de qualifier cette interrogation d'*arabe*, me référant au caractère très particulier du monde musulman ancien qui englobe des religions différentes dans un cadre juridique islamique et sous le signe d'une langue de culture : l'arabe. Or le fait arabe est un fait linguistique, qui ne saurait être confisqué par quiconque. S'exprimeront ici en arabe des Syriens, des Mésopotamiens, des Iraniens, des Andalous, etc. ; s'exprimeront des musulmans – convaincus ou par convention –, des juifs et des chrétiens, voire des penseurs comme Rāzī qui n'appartiennent à aucune de ces religions. La communauté de langue signifie d'une part la soumission à une même logique d'expression, de l'autre l'accès à un fonds culturel commun. Dans ce fonds culturel, le fait islamique est bien évidemment prédominant, pour des raisons historiques qui ont fait de l'arabe la langue de culture des territoires conquis par les disciples du prophète arabe Muḥammad, et la critique de l'islam tient donc une place importante, mais non exclusive.

Les penseurs que nous envisagerons ne sont pas « représentatifs » sociologiquement parlant, mais « révélateurs » de potentialités propres à une culture. Il a pu y avoir transmission de thèses entre certains, ou, au contraire, des démarches absolument personnelles. Mais tous réfléchissent sur un donné, et ce donné est culturel et donc d'une certaine façon sociologique. Ces penseurs ne nous donnent pas une « philosophie arabe », mais une *réflexion philosophique sur ce qu'implique le fait d'être arabe – ou arabisé*. Ils vivent l'arabité comme une condition d'existence *de fait*, et évitent ainsi l'hypostase qu'en font les théoriciens actuels de l'« authenticité » ou de la « raison islamique ». Ils donnent un témoignage, d'autant plus instructif qu'ils n'ont pas agi dans ce but ; car on travestit toujours quand on joue un rôle.

Voyons alors quel est le contexte qui permet cette expression, et dans quelle mesure il la permet.

Pour le définir on se heurte à une première difficulté qui réside en ce que la tradition intellectuelle arabe est pour une large part polémique, et donne des informations fortement gauchies. On le voit dans la peine qu'ont les chercheurs à situer exactement chaque auteur, tiraillés qu'ils sont entre des textes originaux souvent fragmentaires d'une part, et une masse de réfutations, objections, calomnies de l'autre. Pour notre présent objet, cet aspect recouvre nécessairement des anathèmes envers les « vaincus de l'Histoire ». En pays d'islam, cet anathème a pris la forme de l'adjectif *zindīq*. Ce terme persan désignait à l'origine les mazdéens hétérodoxes, puis les manichéens. Au début de la période musulmane, il a désigné un individu d'obédience ou d'inspiration dualiste (confondant ainsi manichéisme et mazdéisme), comme il en a subsisté quelque temps en Mésopotamie, et plus longtemps en Iran. Ces formes manifestes ont été combattues et les vainqueurs, craignant toujours une résurgence des doctrines anéanties, ont abusé du terme pour l'attribuer à quiconque sortait suffisamment de l'opinion courante pour sembler mettre en danger l'ordre de l'empire islamique.

Heureusement tous les auteurs ne sont pas connus à travers ce seul crible. Plusieurs textes nous ont été conservés dans leur intégralité, surtout quand ils venaient d'auteurs non musulmans. Mais même alors l'arrière-plan islamique ne saurait être ignoré puisqu'il s'agit du cadre juridique et social dans lequel tous évoluent, qu'ils le veuillent ou non.

Il convient maintenant de prendre du recul pour voir l'origine des questions qui vont être soulevées. Le sujet est bien évidemment immense ; aussi nous contenterons-nous d'en esquisser les grandes lignes.

C'est un paradoxe déjà noté par les auteurs anciens : la foi ne se commande pas, et pourtant les religions l'ordonnent. Socrate « est coupable de ne pas croire aux dieux auxquels croit la cité[6] ». Avant lui Protagoras, vers 416 av. J.-C., et après lui Aristote, en 323 av. J.-C., sont inquiétés pour les mêmes motifs et tous deux doivent s'enfuir, le second précisant que c'est pour que les Athéniens ne pèchent pas une fois de plus contre la philosophie. Ces trois procès pour incrédulité en moins d'un siècle, menés contre d'éminentes personnalités dans la ville qui passe pour le phare de l'intelligence de l'époque, ont pour seule raison qu'on a affaire à une religion nationale, comme le sont la plupart des religions (soit dans leur intention, soit dans leur réalisation). Or une religion nationale, par définition, exige l'adhésion, et l'on ne peut agir contre elle qu'en allant encore plus loin dans le même sens : le Socrate de Platon se défend en prétendant être plus pieux que ses détracteurs puisqu'il ne peut faire autrement que d'obéir à son *daimon*[7]. Encore de nos jours, les religions non avouées que sont les idéologies politiques réclament une adhésion du même type, comme l'ont montré des écrivains aussi différents qu'A. Koestler ou M. Bardèche[8].

Mais il ne faut pas commettre de contresens sur la portée du mot *national*. La religion est par excellence le domaine de l'autorité, c'est-à-dire qu'elle est sa propre justification. Les formes concrètes d'autorité (sacerdotale, politique...) interviennent pour proposer une définition du divin (désignation des divinités, substitution d'une divinité à une autre...), mais le divin reste sa propre marque. La thèse des « imposteurs » manipulant la crédulité des foules est très insuffisante et ne peut expliquer que quelques formes de religiosité, certainement pas toutes. Les anthropologues F. Boas et C. Lévi-Strauss ont attiré l'attention sur l'histoire d'un Kwakiutl à l'esprit fort qui s'était fait initier à la sorcellerie pour mettre en lumière les supercheries des sorciers. Devenu l'un d'eux et ayant toujours conscience des mécanismes psychologiques à l'œuvre chez le patient qui expliquaient ses propres succès, il fut néanmoins amené d'abord à constater que certaines pratiques étaient plus mensongères que d'autres, et finalement à reconnaître qu'il avait vu au moins un authentique chaman (authentique parce qu'il ne se faisait pas payer et ne riait jamais !)[9].

C'est bien parce qu'on ne peut pas réduire si facilement le religieux à l'humain que la contestation de l'intérieur même de la religion est un phénomène très ancien. Déjà la littérature sumérienne du IIIe millénaire avant J.-C. contient un poème que l'on a pu appeler le « Job sumérien » et l'on peut retrouver tout au long des littératures égyptienne, mésopotamienne et phénicienne le thème du « juste souffrant » qui met en cause la divinité pour sa souffrance même[10]. À ce scandale le paganisme polythéiste répond : l'homme est pris entre des volontés opposées de dieux différents. Cette solution ne satisfait pas nécessairement celui qui souffre – un tel personnage d'un texte égyptien ne voit d'issue que dans le suicide –, mais elle rassure la plupart de ceux qui ne sont pas directement éprouvés. À la limite la tragédie grecque pourra servir de *catharsis*, où le public ira souffrir par procuration, la mise en scène même du scandale psychologique étant sa propre réponse.

À ses débuts le monothéisme ne se distingue pas, du point de vue qui nous occupe ici, des autres religions. Le mosaïsme introduit la Loi religieuse, mais en fait aussi le principe d'un mouvement national dont le support est le culte. Il faudra que les prophètes aillent plus loin et établissent un lien immédiat entre chaque citoyen et Dieu. Le monothéisme se distingue alors nettement de toutes les autres fois des peuples de l'Antiquité et est prolongé par l'alliance de Dieu avec le peuple d'Israël ; ces deux aspects sont synthétisés par la formule du Deutéronome (VI, 4) : « Écoute Israël, le Seigneur notre Dieu est le seul Seigneur. » Nous avons là un problème nouveau : le croyant n'a plus affaire seulement au(x) dieu(x) de sa nation, mais au Dieu (ce que l'arabe exprimera par *al-Lāh*). Cette question toutefois n'est pas propre au monothéisme, même si elle apparaît pour la première fois avec lui ; le paganisme s'y affrontera lui aussi, bien que plus tardivement, quand, vers l'époque du Christ, il deviendra universaliste. Mais quelle qu'elle soit, l'aspiration à l'universalisme n'arrivera pratiquement jamais à se délester des supports mondains du culte et de la pratique en général.

Néanmoins ce changement a pour effet de modifier la forme de la foi : non plus une simple adhésion dogmatique, mais aussi l'exigence de pureté de cœur et de conviction intime, qui seules rendent valide le culte. Peut-être était-ce trop demander d'un coup car, pour en quelque sorte compenser cette individualisation de la foi, les prophètes rattachent invariablement leurs prédications et leurs espérances à l'existence terrestre et politique de la nation. On a très tôt souligné leur « foi inébranlable dans l'avenir[11] » : rompant avec la croyance commune en un âge d'or perdu, ils affirment que les vicissitudes de l'Histoire sont une pédagogie divine. Cette idée sera encore renforcée après l'exil et les juifs se coupent alors définitivement des autres peuples par l'instauration du règne de la Loi.

Dans ce processus, la foi cesse d'être seulement croyance ; elle devient avant tout confiance. Toute l'histoire d'Abraham est présentée de façon à souligner cet aspect : le départ pour une terre inconnue, que Dieu ne lui indiquera qu'ultérieurement : « Abraham partit, *comme le lui avait dit* Yahvé » (Genèse XII, 6). La promesse d'une postérité : « Abraham crut en Yahvé, qui le lui compta comme justice » (Gn XV, 6). La soumission de tout sentiment humain à l'ordre divin : « Parce que tu as fait cela, que tu ne m'as pas refusé ton fils, ton unique, Je te comblerai de bénédictions » (Gn XXII, 15).

Les prophètes vont jusqu'à interpréter l'élection d'Israël par Dieu (Deutéronome VII, 6) comme une exigence de confiance absolue qui exclut le recours à quiconque d'autre. Pour conforter le roi de Juda, Achaz, contre l'attaque de Raçôn, roi d'Aram, Isaïe proclame : « Encore cinq ou six ans et Éphraïm, écrasé, cessera d'être un peuple. Mais si vous ne tenez à moi vous ne tiendrez pas » (Isaïe VII, 8-9). La foi est ainsi bien plus qu'un élément indispensable de cohésion sociale, elle est le moteur même de la vie : « celui qui croit ne bronche pas » (Is XXVIII, 16).

Mais si le monothéisme met ainsi en évidence la fonction psychologique de la foi, son efficacité en quelque sorte, il ne peut suffire à surmonter l'interrogation sur la justice divine, interrogation qui lui est antérieure et que sa nature propre, qui est d'affirmer que tout vient de Dieu, a encore renforcée. La Bible témoigne de ce déchirement à travers le contraste entre le Psautier et le Livre de Job. Les Psaumes [12] opposent de façon insistante la méchanceté des hommes à la justice de Dieu, en qui le psalmiste répète sa confiance absolue. Certains d'entre eux prolongent même cette opposition en incluant la nature dans la catégorie dépréciée, éventuellement du fait de ses troubles [13] ou des maladies [14], surtout cependant à cause de son caractère transitoire que domine l'éternité de Dieu [15]. Mais déjà les textes sumérien, babylonien, égyptien que nous avons signalés mettaient en cause l'injustice du fait même de la formation du monde. Aussi, à l'intérieur même du Psautier, voit-on découler de l'opposition initiale celle de la certitude du salut du juste contre le malheur des injustes qui seront abandonnés de Dieu (Ps CXXV, 4-5). La nécessaire incarnation nationale de la foi se fait sentir jusque dans la manière dont sont définis les injustes : ceux qui « font le mal », sans autre précision, mais surtout « ceux qui sont chancelants dans leurs voies tortueuses *('aqalqallôth)* », formule que l'on a interprétée comme désignant ceux qui s'allient, notamment par mariage, avec les Infidèles[16].

Le Livre de Job apparaît comme la confluence de diverses cultures : « La région du Hauran a peut-être donné la légende primitive de Job ; l'Égypte n'a fourni que des images et deux genres littéraires, la question rhétorique et la confession négative ; la Mésopotamie a probablement inspiré le dialogue de Job avec ses amis, et c'est elle qui a été la toile de fond du livre [...] Enfin et surtout [...] la Bible elle-même, les traditions prophétique, psalmique et sapientielle d'Israël non seulement ont mis à la disposition de l'auteur de Job tout un lot d'images traditionnelles, mais ont créé l'atmosphère théologique qui assure au drame de Job sa véritable originalité », écrit J. Lévêque[17]. Mais n'est-il pas aussi la confluence des diverses façons dont l'insatisfaction devant chaque croyance nationale pouvait se manifester, la plupart du temps seulement sur le plan littéraire, mais parfois aussi sur le plan métaphysique ? D'ailleurs même le milieu biblique ne suscite pas d'emblée la totalité de la problématique. L'ouvrage semble bien avoir connu une première version qui consistait seulement dans les deux premiers chapitres et dans les versets 7-17 du dernier. Ce texte initial était alors dans la ligne des Psaumes puisque Job était un personnage qui acceptait et que Dieu récompensait en le rétablissant dans ses biens. Comme dans les Psaumes la réponse était : « Dieu seul sait », ce qui n'est pas une réponse ! C'est à l'occasion de l'exil (-587), et de la crise morale qu'il a entraînée, que cette conception naïve a été abandonnée et qu'un nouvel auteur a intercalé des dialogues sur la valeur de l'existence où Job apparaît désormais comme un révolté souffrant du silence de Dieu[18].

Mais la religion des juifs, si elle intègre le Livre de Job, reste protégée contre ses effets parce qu'elle est essentiellement une pratique. M. Weber a bien souligné l'opposition qu'il y a entre la visée collective, voire l'« orientation politique » des prophètes d'Israël, et le souci du salut personnel que l'on peut trouver dans les mythes babyloniens : « Agir conformément aux commandements divins et non pas s'interroger sur le sens du monde, voilà qui était profitable à l'homme[19] ! » Et M. Weber de rappeler l'importance que Bismarck attachait à la lecture du Psautier pour former de bons citoyens !

Certes le *shema'*, la formule du Deutéronome, dont le contenu doctrinal reste très pauvre, est progressivement complété par des idées venues de l'exil et la pénétration des croyances dans le peuple qui engendrent, à travers des divisions, un rudiment de réflexion. La croyance en la résurrection, par exemple, qui n'est pas enseignée par les prophètes antérieurs à l'exil, et qui s'est peut-être infiltrée sous l'influence du zoroastrisme, s'allie à l'idée d'une rémunération future pour constituer un élément intégrant de la croyance des juifs à l'époque du Christ, surtout chez les pharisiens. Mais même à cette époque-là, comme il n'existe pas de magistère universellement reconnu et comme les diverses composantes du judaïsme (sacerdoce, sanhédrin, écoles rabbiniques) se retrouvent essentiellement pour se préoccuper de questions de pratique et de conduite, la doctrine reste rudimentaire. « Il faudra, pour qu'elle se précise et s'explicite, attendre Maïmonide [XIIe s.] et ses treize Principes qui, d'ailleurs, bien que figurant dans la liturgie synagogale, ont une autorité plus traditionnelle que proprement normative : même au XXe siècle, le judaïsme reste avant tout une orthopraxie[20]. »

Aussi, dans le judaïsme intégré à l'empire arabe à partir du Ier/VIIe siècle, la réflexion critique sera-t-elle de deux sortes. La première prend sa source dans les anciennes ratiocinations des rabbins. Dès le Talmud, en effet, on avait vu poindre ici ou là des objections qui tranchaient avec la casuistique omniprésente par ailleurs. Par exemple, à propos des actes dont la réalisation est interdite le jour du sabbat, « Raba objecte : le rédacteur de la Mishna se donnerait-il toute cette peine pour nous enseigner tous ces cas inusités » (Talmud de Babylone, Shabbat I, 5 a) ; ou encore : « voici ce qu'enseigne la Mishna : les travaux originaux sont au nombre de quarante moins un ; et nous avons objecté à cela : qu'ai-je à faire du nombre ? » (*ibid.*, 6 b). La deuxième forme de réflexion provient de l'influence du contexte islamique. De même que si Maïmonide, et seulement lui, se décide à rédiger une profession de foi sur le modèle du genre islamique de la *'aqīda*, de même la réflexion critique sur la foi qui s'exerce à l'intérieur de l'islam peut déborder celui-ci, s'étendre aux autres monothéismes et remonter, en quelque sorte, dans le temps vers les origines. C'est ainsi qu'un Ḥayawayh appliquera au judaïsme la démarche suivie par Ibn al-Muqaffa' dans l'islam.

Avec l'apparition du christianisme, la question de la foi se diversifie. Dans les Évangiles synoptiques, Jésus parle de foi d'une part pour les miracles, d'autre part pour l'efficacité de la prière. Ce qui a fait dire à R. Bultmann que « le mot "foi" n'a pas chez Jésus un rôle particulier, [mais qu'] il est cependant caractéristique pour sa conception de Dieu dans la mesure [...] où Jésus ne parle pas de foi en Dieu d'une manière générale, mais seulement dans le contexte de possibilités définies et actuelles. [Pour lui] la foi est [...] la force de prendre au sérieux, à des moments précis de la vie, la toute-puissance de Dieu[21] ».

Avec Paul et Jean, la foi est « le fait que l'homme se soumette à la révélation du salut de Dieu[22] ». C'est qu'en effet apparaît quelque chose de tout nouveau, à savoir la foi en *une personne*, Jésus. Le cheminement a été long depuis le psalmiste ou même Job, pour qui la récompense est ici-bas. Il y a d'abord eu la progression de l'eschatologie et l'introduction de l'idée de *justification*, c'est-à-dire, selon la formule d'A. Schweitzer, « le droit [...] d'être déclaré juste lors du jugement à venir et, par suite, de participer à la gloire du Royaume messianique[23] ». Mais cette justification était conçue, à l'origine, comme prix de l'observance des commandements. Pour Paul, qui rompt ainsi définitivement avec le judaïsme, il y a incompatibilité de la Loi et de l'eschatologie. La Loi ne peut apporter la justification parce qu'elle a pour seul but de faire comprendre aux hommes la liberté apportée par le Christ. Par elle-même elle ne peut que rendre le péché manifeste et provoquer ainsi la malédiction, soit qu'elle ne saurait être entièrement accomplie (Épître aux Galates III, 10, 19), soit qu'elle se heurte à la chair qui annihile toutes ses dispositions au bien (Épître aux Romains III, 20 ; IV, 15 ; VII, 17-24). La justification ne peut donc provenir que de la « foi en la puissance rédemptrice de la mort de Jésus-Christ[24] ».

Avec l'Épître de Jacques (II, 19) se fait jour une forme de foi « intellectuelle », qui « fait partie d'une conception du monde et est une conviction purement théorique de l'existence de Dieu[25] ». C'est un retour à l'attitude psychologique des religions païennes purement nationales, mais avec la marque de leur aspiration à l'universalisme. R. Bultmann l'interprétait d'ailleurs comme résultat du « besoin de la mission[26] » contre le polythéisme. Par ailleurs, bien que l'Épître de Jacques ne l'invoquât que pour lui opposer la nécessité des œuvres, cette foi intellectualiste va être progressivement amplifiée : dès *Le Pasteur* d'Hermas, œuvre au demeurant essentiellement morale, le premier commandement est de croire qu'il existe un seul Dieu créateur de tout. Cet acte de foi conditionne tout le reste de la vie religieuse : « Crois donc en Lui et crains-Le, et par cette crainte sois continent[27]. » Les Pères de l'Église reprendront cette démarche, mais d'autres iront plus loin. Ainsi un fragment gnostique d'Oxyrhynchos (IIIe ou IVe siècle) accentue encore cet aspect intellectualiste : « Les disciples demandent : "Maître, comment donc trouverons-nous la foi *(pistis)* ?" Le Sauveur leur dit : "En passant de l'obscurité à la lumière des visions. Cette émanation de l'intelligence vous fera voir comment on peut trouver la foi claire du Père qui n'a pas de père" [...][28]. » Dès l'Évangile de Barthélemy (Égypte, IVe siècle), le « péché contre l'Esprit-Saint » est explicitement interprété comme « péché contre la foi », lequel est tout aussi explicitement assimilé à l'abandon de l'Église catholique pour adhérer à une hérésie[29]. On renoue ainsi, malgré l'affirmation de « catholicité », c'est-à-dire d'universalité, avec une forme nationale de foi.

À première vue la conception de la foi que l'on trouve dans les synoptiques semble se retrouver dans l'islam, qui insiste toujours sur la toute-puissance de Dieu. Mais ce Dieu lointain n'est proche, dans le christianisme, que parce qu'Il est « Père ». Sur ce point l'islam renoue avec le judaïsme autour du thème de l'objectivité de la Loi, alors que pour le christianisme la norme est la volonté du Père miséricordieux, telle que l'exprimait E. Buonaiuti : « Le Père qui, dans la prédication de Jésus, est indiqué à la morale croyante est un *heteros* de nature devenu *autos* dans la solidarité de l'amour[30]. » La conception paulinienne est également refoulée par l'islam ; aussi l'imposition de celui-ci comme religion dominante sur une grande surface du globe va-t-elle raviver la contestation qui était, en partie, éliminée par la solution donnée par Paul. Toutefois l'islam s'efforcera de la surmonter en affirmant qu'il n'y a pas d'obligation qui ne soit réalisable (Coran VI, 152 : « Nous n'imposons à toute âme que sa capacité »).

La profession de foi musulmane *(šahāda)* ne se contente pas, il est vrai, d'affirmer l'existence du Dieu unique. D'une part elle contient un deuxième volet qui proclame le caractère d'envoyé *(rasūl)* de Muḥammad. D'autre part si le mot *šahāda* exprime l'idée de témoignage, d'attestation, le mot *imān*, qui désigne la foi, vient de la racine *'-m-n*, qui connote la confiance. Les deux volets se retrouvent autour de cette dernière idée : remise à Dieu unique d'une part, confiance en l'élection du Prophète d'autre part et, par suite, dans la matérialité des paroles qu'il transmet. La foi en la personne de Muḥammad n'a rien à voir avec la foi en Jésus du christianisme, mais se trouve tout entière, comme la foi en ce qu'« il n'y a de dieu que Dieu », du côté de la foi « intellectuelle », de la conception du monde. C'est donc principalement autour du credo que vont tourner les polémiques et les réflexions que nous aurons à envisager.

Par ailleurs la formulation de la profession de foi est la condition nécessaire et suffisante pour être agrégé à la communauté *(umma)* sur laquelle est censé s'articuler l'empire. Mais pour lutter contre l'« hypocrisie », on a vite précisé que la foi était, comme le synthétisera Ġazālī par un jeu d'assonances, « la formulation par la langue, l'assentiment par le cœur et la pratique des piliers *(wa-l-imān qawl bi-l-lisān wa taṣdīq bi-l-ǧanān wa 'amal bi-l-arkān)*[31] ». Déjà le Coran insiste là-dessus, définissant les croyants comme « ceux qui accomplissent la prière, s'acquittent de l'aumône et sont convaincus de la [vie] dernière » (XXVII, 2-3), ou reconnaissant comme « devenus frères en religion » ceux qui « font la prière et donnent l'aumône » (IX, 5, 11). Sont ainsi réintroduits à la fois les questions de culte (les quatre *piliers* de l'islam autres que la profession de foi : prière, aumône, jeûne et pèlerinage) et l'aspect national de la foi. Aussi les vieilles remises en question de ces aspects seront-elles réactualisées dans le cadre de l'islam.

C'est autour de cette idée de confiance que se manifeste, du vivant même de Muḥammad, une première phase, en quelque sorte une « préhistoire » du processus intellectuel qui nous occupe ici : confiance dans l'Envoyé et confiance dans la matérialité du message qu'il transmet. Les traditions sur la vie et les batailles du Prophète signalent sans hésiter un certain nombre de personnes dont il a ordonné la mise à mort parce qu'elles avaient mis en cause ses prétentions. Dès la bataille de Badr (2/624), où la plupart des captifs obtiennent leur libération moyennant rançon, deux des quinze vaincus exécutés le sont l'un pour avoir fait des vers contre Muḥammad, l'autre pour avoir osé comparer ses propres récits sur la Perse aux contes du Coran[32]. Plusieurs autres poètes sont assassinés sur l'ordre du Prophète pour des raisons semblables : Ka 'b b. Ašraf cette même année, plus tard Abū 'Afak, bien qu'il fût un vieillard, et 'Aṣmā' bint Marwān, bien qu'elle fût une femme[33]. Après son entrée à La Mecque en 8/630, d'autres détracteurs sont exécutés ou contraints de s'enfuir.

Parmi eux aurait dû figurer 'Abd Allāh b. Sa'd qui avait accusé Muḥammad d'imposture. Il ne fut sauvé que par l'intercession de son frère de lait, le futur calife 'Uṯmān. L'accusation lancée par Ibn Sa'd mérite d'autant plus d'être relevée que celui-ci, qui devait devenir plus tard, sous 'Uṯmān, gouverneur d'Égypte, avait été d'abord un des « secrétaires de la Révélation » et qu'il se serait vanté d'avoir lui-même altéré le texte, ce qui l'aurait incité à renier l'islam dans un premier temps, n'y revenant que pour obtenir son pardon[34]. Quelle que soit la valeur historique de ces accusations lancées contre un individu qui était lié à un calife très controversé, elles rejoignent le témoignage du Coran lui-même qui se fait l'écho d'accusations de manipulations intellectuelles que ses adversaires adressaient à celui qui revendiquait le titre de prophète, par exemple : « Ceux qui sont infidèles disent : "Ceci n'est que forgerie inventée par cet homme, pour laquelle l'ont aidé d'autres personnes"… "[Ce sont] histoires de nos aïeux qu'il s'est écrites et qui lui sont dictées matin et soir !" »

(XXV, 4-5 ; trad. Blachère). Plus précisément, le verset 103 de la sourate XVI fait allusion à l'aide d'un non-Arabe (et les commentateurs proposent des noms d'esclaves ou d'affranchis) qui aurait transmis à Muḥammad des informations religieuses, mais y oppose une objection : « Certes, nous savons que [les Infidèles] disent : "Cet homme a seulement pour maître un mortel !" [Mais] la langue de celui auquel ils pensent est [une langue] barbare, alors que cette Prédication est [en] claire langue arabe. »

On comprend alors l'importance de l'idée de foi-confiance dans la prédication de Muḥammad. Des composés de la racine *'-m-n* apparaissent neuf cents fois dans le Coran, surtout sous la forme du verbe *amana* (croire) et du substantif *mu'min* (croyant, mis le plus souvent au pluriel), *imān* (foi) n'étant exprimé tel quel pas moins de quarante-sept fois. Nous verrons tout au long de cette étude les réactions que cela devait susciter.

Rappelons brièvement quelques données du contexte spécifique de la civilisation arabo-islamique.

1. Tout prophète demande à être cru sur parole et ne peut donner que des « signes » de la véracité de son enseignement. Mais le prophète de l'islam, après n'avoir été pendant huit ans passés à La Mecque qu'un simple « avertisseur », devient après l'Hégire à Médine un « prophète armé ». Certains auteurs modernes, comme 'Alī 'Abdelrāziq, ont soutenu qu'il ne voulait pas fonder un État[35]. La question n'est pas de notre ressort ici, mais il est indubitable que ses successeurs ont agi dans ce sens et qu'il leur avait donné tous les arguments favorables. Pour la question qui nous occupe, deux versets coraniques sont à citer. En XVIII, 29, il est dit : « croie qui veut [...] et mécroie qui veut » ; or non seulement le même verset menace les seconds du feu infernal, ce qui est un des signes qu'invoque le Coran dès les débuts de la Révélation, mais l'ensemble du Livre les désigne précisément comme des ennemis de l'islam. Ce que le droit musulman théorisera tout naturellement en partageant le monde en deux parts, et seulement deux : le *Dār al-Islām*, territoire où règne la Loi musulmane, et le *dār al-ḥarb*, « domaine de la guerre » où tout individu qui ne se soumet pas peut être détruit ou réduit en esclavage. C'est aussi pourquoi la fameuse exclamation : « pas de contrainte en

religion *(lā ikrāha fi-l-dīn)* » (II, 257) n'a jamais signifié « tolérance ». Le verset lui-même ne fait référence qu'au droit des non-musulmans à embrasser l'islam sans qu'on les en empêche. Et c'est bien comme cela qu'il a toujours été compris, du moins dans l'ordre de la pratique. Ce n'est qu'au VIIIe/XIVe siècle, avec la formation de la discipline des « buts de la Loi » *(maqāṣid al-šarī'a)*, que cette expression et d'autres qui pouvaient présenter une semblable allure « axiomatique » ont été isolées de façon à constituer une base de déductions possibles. Mais cette discipline est restée, jusqu'à nos jours, marginale. Dans la réalité, l'apostasie de l'islam a été classée comme crime punissable de mort, alors qu'une conversion à l'islam fait, encore actuellement, l'objet de beaucoup de publicité, jusque dans les journaux. Qu'il y ait eu dans l'histoire du monde musulman des places et des périodes de tolérance, peut-être plus grandes encore qu'ailleurs, est un fait indéniable ; mais cela relève uniquement du bon vouloir des responsables du lieu et de l'époque, bon vouloir qui est lui-même à rattacher à des causes sociopolitiques qu'il faut examiner au coup par coup. Par contre les pressions continues de la part de l'entourage des non-musulmans, les fureurs populaires si fréquentes dans l'histoire de l'islam, les réclamations incessantes de la plupart des ulémas, tout cela pouvait légitimement s'alimenter au Livre sacré. Certains, comme Ibn Taymiyya (661/1263-728/1328), devenu le maître à penser du wahhabisme et, par lui, de nombre de mouvements fondamentalistes modernes, ont même remis en question la seule forme légale de tolérance, à savoir le statut de *ḏimma*, ou droit pour les seuls « gens du Livre » (juifs et chrétiens) de n'être pas comptés comme relevant du *dār al-ḥarb* s'ils acceptent d'être intégrés à l'empire musulman pour tout ce qui touche au droit public.

2. Alors que le prophète Muḥammad est présenté comme n'étant qu'un être humain, l'islam lui conserve néanmoins, subrepticement, une forme de prérogative que le christianisme réserve à Jésus homme-Dieu. Muḥammad n'est pas celui auquel on croit parce qu'il apporte le salut par son sacrifice, mais il n'en reste pas moins celui auquel on fait confiance parce qu'il apporte le salut par son exemple. Le Prophète devient modèle par lui-même. Ses paroles, ses attitudes, voire ses silences approbateurs, qui tous trois constituent

le *ḥadīṯ*, font autorité comme tels et, s'ils ne peuvent abroger le Coran, ils peuvent s'y substituer éventuellement. Ainsi, par exemple, alors que le Livre ne prévoit que la réclusion ou le fouet pour la femme adultère, c'est sur la foi d'un *ḥadīṯ* seulement que la loi musulmane a opté pour la lapidation. Or celle-ci a tellement marqué la mentalité islamique que tout mouvement fondamentaliste se signale d'abord par la réclamation de l'application de cette peine légale, avec celle de l'amputation de la main du voleur. Il y a ainsi inflation de la foi-confiance dans le Prophète par rapport à la foi tout court, inflation qui se manifeste par cette tendresse particulière qu'a tout musulman pour la personne même de Muḥammad – par ailleurs l'insulte au Prophète est passible de la peine de mort.

3. La foi *(imān)* est conditionnée par une réception matérielle d'un texte *(naṣṣ)* qui doit être retenu. C'est cette action qui est désignée sous le nom de « savoir » *('ilm)*. Employé seul, ce mot ne peut désigner *que* le savoir religieux : mémorisation du Coran, des traditions *(ḥadīṯ)*, des règles juridiques... Pour désigner la science au sens moderne, il faut que le mot soit déterminé : *'ilm al-handasa* = science de la géométrie, *'ilm al-ṭabī'a* = science physique... Le *ḥadīṯ* célèbre enjoignant de « chercher la science, fût-ce jusqu'en Chine » ne se réfère qu'au savoir religieux.

La matérialité du texte prend donc une importance telle qu'elle peut être privilégiée par rapport à sa signification spirituelle. Ainsi le Texte sacré a-t-il pu être, par exemple, considéré comme un recueil de recettes médicales. Au-delà de la simple superstition, qui consiste à soigner une plaie en y posant une feuille du Coran (de tels gestes appartiennent à toutes les sociétés, seul variant l'objet sacré utilisé), on a pu sélectionner dans le Coran d'abord, dans le *ḥadīṯ* ensuite, des passages présentés comme de véritables traités médicaux[36] – phénomène qui aboutit, à partir du Ve/XIe siècle, à l'introduction de plus en plus grande dans les compilations médicales d'une « médecine du Prophète[37] ».

La foi religieuse est alors tenue d'englober la soumission à la moindre indication pratique, si profane soit-elle. Ainsi le Coran, comme exemple des bienfaits de Dieu, évoque la « liqueur de différents aspects » qui sort du ventre des abeilles, et la décrit comme contenant « un remède pour les hommes » (XVI, 69). Le *ḥadīṯ* a greffé là-dessus le récit d'un homme qui vient trouver le Prophète au sujet de son frère souffrant de maux de ventre. Le Prophète lui enjoint de faire boire du miel au patient, conseil qu'il répète une deuxième fois devant l'échec du remède. À la troisième fois, il s'exclame : « Dieu a dit vrai et c'est le ventre de ton frère qui *a menti (ṣadaqa Allāh wa kaḏaba batnu aḫik)*[38]. » Et le *ḥadīṯ* conclut triomphalement que cette fois-ci le malade est guéri !

Dans la mesure où elle est située à l'intérieur d'une civilisation dominée par le fait islamique, la réflexion critique sur la religion est donc non seulement confrontée aux questions générales suscitées par cette dernière (nécessité de la foi, scandale devant le mal…), mais doit tenir compte de tonalités spécifiques et d'accentuations particulières (la soumission religieuse comme facteur d'ordre et le rôle de la violence contre l'« insoumis », l'autorité du Prophète, etc.), du point de vue de la raison pratique, mais aussi théorique : la question de la nécessité ou non de disposer d'un texte, de la soumission totale de l'esprit à ce texte, etc. Tout cela conflue, d'une façon générale, dans la question des moyens de réception d'une croyance.

Les théologiens ont défendu d'une part la matérialité de leurs textes sacrés respectifs, de l'autre des positions dogmatiques d'école. Les *falāsifa*, eux, se sont efforcés de situer dans une hiérarchie intellectuelle la fonction prophétique, ainsi que les modes de réception de la prophétie soit par les sages de l'élite *(ḫaṣṣa)*, soit par la masse inculte *('amma)*, dans un but de rationalité sociale qui prolongeait naturellement leur rationalité scientifique. Tous ont accepté comme un fait indiscutable le contexte, qui était le leur, d'empire structuré par une foi.

Les penseurs que nous allons envisager ne sont pas des contestataires d'un ordre social, et certains ont pu éventuellement proposer sur le plan doctrinal des solutions, des modèles interprétatifs. Mais ils ont surtout contribué à souligner les points – pratiques ou théoriques – où l'esprit achoppe. Face aux deux premières catégories qui, souvent avec des sommes impressionnantes, bâtissent une architecture mentale, sans cesse fignolée mais fermée sur elle-même, celle qui nous intéresse, à travers des textes souvent brefs, des notations ténues, affirme la liberté de l'esprit.

CHAPITRE I

Autour d'Ibn al-Muqaffa' (milieu IIe/VIIIe s.)

Les prémisses multiples de la critique

Les réflexions individuelles apparaissent rarement *ex nihilo*, mais grâce à un « terreau » social favorable mettant en présence des tendances spirituelles et intellectuelles collectives dont l'affrontement s'avère particulièrement fécond.

Avec le triomphe de l'islam, l'arabe, langue que cette religion s'est appropriée, s'impose à des populations hétérogènes, ayant leurs propres traditions. Parmi celles-ci la tradition dualiste et la tradition sceptique vont jouer un rôle particulier. Moins nombreuses que les confrontations entre les trois religions monothéistes, les confrontations entre ces dernières et les deux traditions susnommées semblent néanmoins avoir été d'une plus grande richesse. La polémique intramonothéiste portait essentiellement sur les textes : leur interprétation, puis plus tard leur authenticité, leurs éventuelles altérations. Le dualisme et le scepticisme introduisent par contre la confrontation avec la raison *('aql)*, terme qui n'apparaît pas plus dans le Coran, en tant que substantif indépendant, que dans les deux Testaments. Sans ignorer, donc, l'apport des polémiques notamment avec le christianisme durant la période umayyade, au temps où la capitale était Damas, fortement byzantinisée, c'est surtout sur la polémique contre le dualisme *(zandaqa)* et le scepticisme que nous allons nous arrêter, car elle sert de base, semble-t-il, à l'apologétique *(Kalām)* qui sert de théologie à l'islam. D'après la tradition textuelle, c'est dans des œuvres attribuées à Ibn al-Muqaffa' que l'on trouve regroupés pour la première fois les divers aspects de cette confrontation. L'islam n'a alors guère qu'un siècle et demi d'existence.

Le Persan Rūzbeh pesar-e Dādūye (102/720-140/757 ou 106/724-142/759) prit, en se convertissant à l'islam, le nom d'Abū 'Amr (plus tard Abū Muḥammad) 'Abd Allāh ibn al-Muqaffa'. Son père était un noble du Fars, percepteur d'impôts, qui fut torturé pour malversations et reçut le sobriquet d'*al-Muqaffa'* : « le recroquevillé ». Notre auteur fut lui-même secrétaire de diverses personnalités à la fin de la dynastie umayyade et au début de celle des Abbassides, et semble y avoir fait fortune. Fixé en Irak, à Bassora et Kūfa, il fréquenta les cercles littéraires encore marqués par des mœurs et des opinions fort libres. Lui-même ne se serait résigné que tardivement à se proclamer musulman. Mais c'est pour des raisons purement politiques et personnelles qu'il fut supplicié sur l'ordre du calife, et son fils Muḥammad put, par la suite, être secrétaire de ce dernier[1].

Malgré sa mort prématurée, Ibn al-Muqaffa' reste un personnage considérable. Après l'œuvre de précurseurs de deux secrétaires des umayyades, Sālim Abū-l-'Alā' et son disciple 'Abd al-Ḥamīd b. Yaḥyā (m. 136/753), il est le véritable créateur de la prose arabe. Son style est généralement caractérisé par la concision, la méthode rationnelle dans la rédaction et la recherche de l'accord entre les idées. Il n'emploie que modérément les formes de rhétorique. À ce titre, il constitue un parfait équilibre entre la richesse de l'arabe et la clarté indo-européenne. Après lui la prose arabe évoluera différemment, Ǧāḥiẓ, au IIIe/IXe siècle, et Aḥmad al-Kātib, au IVe/Xe, jouant sur la variété des sujets, la digression, le mélange de plaisant et de sérieux, et surtout une virtuosité stylistique éblouissante. Au Ve/XIe siècle, la prose rimée deviendra prédominante et les figures de rhétorique envahissantes, prélude au déclin, lequel sera consommé lorsque la forme étouffera le fond.

Cette activité de synthèse qu'Ibn al-Muqaffa' manifeste sur le plan littéraire se retrouve dans le contenu de son œuvre qui est surtout de traduction et d'information sur les civilisations orientales. Son célèbre *Kalīla wa Dimna* est une adaptation arabe de la version pehlevie des fables indiennes du *Pançatantra* et du *Tantraḫyāyka*. Malgré les remaniements ultérieurs du texte qui nous empêchent de retrouver le travail exact de notre auteur – à l'exception sans doute de la confession de Burzōē, sur laquelle nous allons nous arrêter –, le caractère indien de l'œuvre subsiste sous les traces d'islamisation. Mais c'est surtout pour faire connaître sa propre civilisation, iranienne, qu'il a œuvré, notamment par la traduction de textes historiques ou documentaires.

Parmi ces documents il faut s'arrêter à un *Kitāb Mazdak*, malheureusement perdu. D'après le *Fihrist* d'Ibn al-Nadīm[2], on pourrait comprendre qu'il s'agit de la traduction pure et simple des textes de Mazdak, un réformateur iranien exécuté en 528 ap. J.-C. environ. Sa doctrine était très proche du manichéisme, si ce n'est que, selon lui, « la lumière agit intentionnellement, par libre choix, tandis que la ténèbre agit selon un mouvement aveugle, par hasard [...] ; et le mélange s'est produit par hasard [...] » (Šahrastānī)[3]. Sur le plan moral, il était également proche du manichéisme : pacifisme, refus de toute effusion de sang, interdiction de consommer de la chair. La révolution mazdakite fut un événement considérable dont l'influence s'étendit jusqu'au monde arabe. Aussi les sources mazdéennes la présentent-elles sous le jour le plus sombre et insistent-elles sur son aspect de « communisme » radical, qui est perçu comme le comble de l'anarchie. Les auteurs musulmans, plus sensibles à sa portée religieuse, sont aussi négatifs en ce sens : même un homme politique comme Niẓām al-Mulk, dans son *Siyāsa-Nāma* (485/1091-1092), considère Mazdak comme le premier à avoir introduit des doctrines athées, dans le but d'abolir toute croyance, que ce soit le zoroastrisme, le judaïsme, le christianisme ou même l'idolâtrie[4].

Qu'était exactement la position d'Ibn al-Muqaffa' vis-à-vis de lui ? Et, d'abord, son *K. Mazdak* n'était-il qu'une traduction, ou bien un récit historique ? L'orientaliste russe A. Krymsky a même émis l'hypothèse que ce genre de textes, dont un autre *zindīq* célèbre, le poète Abān al-Lāḥiqī (m. 200/815-816), a été un des auteurs, aurait été plutôt littéraire que religieux. Seule la redécouverte de cet ouvrage pourrait permettre de trancher[5].

Cet Iran qu'exalte Ibn al-Muqaffa' n'est d'ailleurs pas seulement « oriental », par lui-même ou comme trait d'union avec l'Inde ; il a assimilé une partie de l'héritage grec et a pu apparaître comme le lieu où s'incarnait l'universalité de la raison. Aussi notre écrivain s'est-il fait également le traducteur en arabe d'une adaptation, sans doute pehlevie, de la logique d'Aristote. Les auteurs anciens proclamaient tantôt qu'il avait résumé, tantôt qu'il avait traduit et « interprété » le texte même du Stagirite, et l'on avait peine à croire qu'il ait eu, en plus de son héritage propre, une formation d'helléniste. Vers 1933 on a cru résoudre la difficulté en s'appuyant sur un manuscrit de Beyrouth qui semble attribuer le texte à « Muḥammad b. 'Abd Allāh al-Muqaffa' », ce qui aurait désigné le fils de notre auteur, et aurait ainsi séparé l'iranisant de l'helléniste. Pourtant une récente édition du texte rétablit l'attribution première, tout en montrant que ce ne sont pas les paroles mêmes du philosophe grec qui sont ici en cause, mais une adaptation scolaire : « l'abrégé d'un commentaire[6] », dont la trace se retrouve chez d'autres représentants de cette première génération de traducteurs. Elle montre en outre qu'Ibn al-Muqaffa' a été, ici aussi, relativement isolé puisque son vocabulaire ne correspond ni à celui des grammairiens arabes contemporains (notamment Sibawayh, lui-même persan) ni à celui des grands traducteurs ultérieurs[7].

On comprend, par ces divers aspects, que notre personnage ait été perçu plutôt de façon mythique : il incarnait cette nébuleuse des influences étrangères sur la civilisation arabe, nébuleuse fascinante mais suspecte. Aussi ne sourcillait-on pas à agréger à son noyau évidemment persan des éléments grecs ou autres, et surtout la mort prématurée de cet écrivain apparaissait-elle comme une punition naturelle de cette délicate position intermédiaire. Ce n'est qu'en 1954 que l'on a pu prouver documentairement que son exécution ne devait rien à l'accusation de *zandaqa*.

Tout cela explique que les textes que nous allons voir sont tous « attribués » à Ibn al-Muqaffa', quoiqu'un seul, l'*Épître au calife*, lui revienne de façon certaine. Il ne nous appartient pas de nous prononcer sur ces questions d'érudition. Il nous suffit que la mémoire collective ait rassemblé autour d'un même personnage plusieurs thématiques. Si, comme nous le verrons, ce regroupement n'est pas sans cohérence, cela nous autorise à mettre en évidence une problématique d'ensemble.

1. La revendication éthique

Pour sa plus grande part l'œuvre propre d'Ibn al-Muqaffa' est celle d'un sage et d'un lettré qui emprunte ses sentences à la fois à toute une tradition littéraire, qu'il transmet par ailleurs en arabe, et à son expérience de la vie[8]. Elle n'a guère de résonances religieuses individuelles, mais pose indirectement d'importants problèmes. Son *Adab al-kabīr*[9] contient une critique de l'ascétisme, considéré comme le fruit des désillusions du monde, et prône une jouissance pleine et équilibrée de celui-ci. On a parlé, au sujet d'Ibn al-Muqaffa', d'« homme de la Renaissance », et on pourrait même le comparer à l'« homme de cour » de Baltasar Gracián. Sans être lui-même philosophe, il a préparé les esprits à une appréhension rationnelle des choses.

Le problème de la légitimité de l'attribution se pose en particulier pour le célèbre morceau d'introduction à *Kalīla wa Dimna*, qu'Ibn al-Muqaffa' place sous l'autorité du traducteur du sanscrit au pehlevi, Burzōē. Certains ont cru voir là une fiction, les thèses sceptiques étant en contradiction avec le fonds hindou de l'ouvrage[10]. F. Gabrieli, tout en reconnaissant qu'un passage du traité d'al-Birūnī sur l'Inde confirmerait cette hypothèse, pense plutôt que les principales idées de ce texte sont nettement indiennes et doivent bien remonter à Burzōē, Ibn al-Muqaffa' s'étant contenté de les amplifier[11]. P. Kraus, pour sa part, a montré que des ouvrages rédigés en Perse, à l'époque et dans l'entourage de Chosroès Anūšarwān, notamment la « Logique » en syriaque du nestorien Paul de Perse, témoignaient du même esprit critique[12]. Dans la préface à son *Isagoge*, celui-ci montre que le désaccord des théologiens sur Dieu et la création du monde est ruineux pour les religions mêmes. Cela s'inscrit dans tout un univers « sceptique », qui a été décrit par J. van Ess[13], univers où le goût des controverses s'alliait à la tradition empirique héritée de certaines écoles médicales hellénistiques. Le mot « scepticisme » ne doit d'ailleurs pas être pris dans un sens trop radical ; une certaine emprise du mazdéisme subsiste dans les formules et les concepts de référence. S. Shaked a montré la persistance de cette emprise jusque sur les œuvres attribuées à Ibn al-Muqaffaʿ[14]. Il donne des exemples, tirés de la littérature sassanide, de quêtes d'une religion authentique qui évite les pièges des religions constituées, et conclut que le personnage de Burzōē n'est pas l'image d'un sceptique mais celle d'un « homme de foi profonde qui n'est pas satisfait des [apparences] extérieures de la religion traditionnelle et cherche une expression plus profonde pour ses sentiments religieux[15] ». Nous allons voir que, si le *Bāb Burzōē* ne correspond pas exactement à ce que nous appelons actuellement le scepticisme, il paraît difficile de parler de « foi profonde ». Essayons de préciser la démarche suivie.

Dans quelle mesure ce texte reflète-t-il l'opinion du traducteur-adaptateur en arabe ? Se contente-t-il de transcrire sans s'impliquer lui-même ? Pour répondre à ces questions, disons tout de suite que le contenu du texte peut s'apparenter à d'autres œuvres plus personnelles de lui, sur lesquelles nous nous arrêterons : l'*Épître au calife* et la *Réfutation du Coran*. Par ailleurs il ne faut pas oublier que le traducteur est aussi un sélecteur, car la transmission de l'Inde au monde arabe par le pehlevi a été multiforme. Ainsi on peut opposer au *Kalīla* un autre recueil, comme lui promis à de nombreuses adaptations en diverses langues, et qui contient sinon tout un fonds indien, du moins de nettes traces de celui-ci : le *Kitāb Bilawhar wa Būḏāsf*[16], récit légendaire théoriquement inspiré par le personnage du Bouddha. Ce texte multiplie les apologues, comme le *Kalīla*, mais dans un sens ascétique que récuse l'*Adab* d'Ibn al-Muqaffaʿ. Le choix du texte traduit est donc en un sens la marque d'une connivence entre le traducteur et ce texte. Le « chapitre de Burzōē» appartient à la fois à la préhistoire de la critique religieuse dans le monde islamique, en tant que texte répandu dans un milieu conquis par l'islam, et à la seconde phase de cette critique par sa traduction dans la langue du pouvoir politico-religieux, et par son éventuelle amplification due aux soins d'Ibn al-Muqaffaʿ, dont le reste de l'œuvre éclaire ce texte.

Une marque tangible de son intervention est la façon dont il présente ce morceau. On est en effet surpris de voir une méditation religieuse à l'intérieur d'un ouvrage qui est du genre « miroir des princes » et qui relève surtout de la sphère éthico-politique. De fait, la version courante, visiblement remaniée et islamisée par la suite, fait passer directement du récit de la quête du livre par Burzōē à la description de son expérience psychologique[17], ce qui semble artificiel. Alors que dans l'édition ʿAzzām faite au Caire en 1941, qu'A. Miquel considère comme la plus proche de l'original, la transition est développée sur une page entière et mentionne notamment la raison pour laquelle l'empereur Chosroès fait écrire la vie de son serviteur Burzōē, qui lui a procuré le livre de sagesse : cela constitue « une exhortation à obéir aux rois », lesquels sont seuls source de noblesse pour les hommes[18].

Burzōē se présente comme héritier de la caste militaire par son père, et de la caste religieuse par sa mère[19]. Destiné très jeune à la médecine, il est confirmé dans ce choix par le fait qu'elle « suscit[e] les éloges des gens sensés et qu'elle n'[est] blâmée d'aucune religion, d'aucune confession[20] », surtout si on la pratique « sans rechercher rien d'autre que la récompense éternelle[21] ». Constatant que cela ne nuit nullement au bonheur d'ici-bas, il refuse tout honoraire et n'envie chez ses confrères que leurs qualités. C'est seulement après avoir choisi cette vie de dévouement, et pour surmonter les éventuelles résistances de son âme, que Burzōē s'adresse à lui-même un long discours ascétique (dans la version islamisée du texte, la moitié de ce discours ascétique *précède* le choix initial[22], ce qui bouleverse la perspective, la morale étant alors seconde par rapport à l'ascétisme, en totale contradiction avec l'éthique de l'*Adab al-kabīr*). Ce discours n'est d'ailleurs pas un renoncement total au monde mais une exhortation à la prudence : ne pas se laisser « abuser par la richesse et les honneurs, qui rendent insolents ceux qui les possèdent[23] » ; ne pas se décourager non plus en pensant « que la médecine est un fardeau pénible et avec cela d'une utilité méconnue[24] ». Le dévouement à la cause en vue de la seule récompense éternelle « ne [l']empêch[e] point, tant avant [son] départ pour l'Inde qu'après [son] retour, de recueillir de la main des rois, de [ses] protecteurs et de [ses] frères, un lot fort important et une part considérable de bonheurs terrestres *(ḥaẓẓ)*, bien au-delà de [ses] penchants et de [ses] désirs, bien au-delà de [ses] mérites[25] ».

Le passage à l'interrogation religieuse ne vient donc pas de l'ascétisme. Il naît de l'intérieur même de la pratique médicale, par la constatation du caractère éphémère de ses résultats : « C'est alors que je découvris qu'une activité [visant à] la vie éternelle constituait le moyen de nous *préserver* de nos maux *(huwa al-laḏī yuslimu min al-adwā')* et d'assurer au patient une guérison qui le mît à l'abri de toutes ses maladies. Pris de dédain pour la médecine, je recherchai alors la religion[26]. » On ne peut s'empêcher de trouver cette conclusion bien rapide, et soupçonner chez l'auteur un artifice pour entraîner l'adhésion du lecteur. Faute de connaître l'éventuel original pehlevi, on peut constater que le texte arabe joue sur le verbe *aslama*. Dans ce contexte il signifie évidemment « conserver sain, préserver ». Mais le Coran l'emploie pour signifier « se faire musulman ». Il y a donc là un appel à une réaction émotionnelle pour présenter comme évident ce qui reste problématique.

Pour bien saisir l'ambiguïté de la démarche d'Ibn al-Muqaffa', arrêtons-nous sur quelques aspects de son exposé. Nous nous en tiendrons à la version la plus répandue, avec comme présupposé que, si celle-ci a laissé passer des éléments contestataires, à plus forte raison ce qui n'est ici que trace à peine perceptible devait-il être bien net dans l'esprit de l'auteur.

Les premières pages du *Bāb Burzōē*[27] se présentent comme un texte littéraire, mais exprimé avant tout avec clarté et sans effet esthétique prédominant. Il est visible que l'écrivain a la volonté de parler au plus grand nombre. Cet effort de persuasion est renforcé par la nature du texte, à savoir son aspect autobiographique, très rare dans la civilisation arabe classique. Nous avons là la description d'une démarche intellectuelle et la nette expression du désir d'y faire participer les lecteurs.

Un premier paragraphe développe deux thèmes : l'excellence du contexte dans lequel a vécu Burzōē, et son intérêt pour la médecine. Il en tire une double conséquence : il est légitime de rechercher un rang élevé, mais cela ne doit pas être fait par la dispute, seulement par l'émulation. Dans ce cadre en apparence anodin on peut remarquer que le moteur reste un thème stoïcien : la recherche de « ce qui est utile à l'âme ». Non seulement nous sommes dans l'immanentisme, mais certains détails de l'expression tendent à y ramener ironiquement des formules de type religieux : par exemple l'expression *qawl*[an] *wa 'amal*[an], essentielle pour définir la foi (qui n'est pas seulement expression verbale d'une adhésion, mais aussi mise en pratique), est ici employée pour définir l'activité du bon médecin [28].

Puis viennent deux paragraphes d'auto-exhortation. L'au-delà est invoqué par opposition à ce qui est passager et périssable ; mais ici aussi nous avons affaire à un thème stoïcien : celui du mépris du corps. En outre il est exprimé dans le vocabulaire médical des « éléments », ce qui permet d'introduire l'idée d'antagonisme des humeurs, antagonisme fondamental qui n'est surmonté que par un « clou unique » qui chevillerait ensemble les diverses pièces. Rien n'est dit de ce « clou unique » et rien n'oblige donc à aller chercher au-delà de la vie, de la simple fonction vitale. Quant aux implications de ce mépris du corps, il est dit simplement, toujours en termes stoïciens, qu'il est nécessaire d'opérer un « choix ».

Pour ce choix Burzōē se laisse guider par un « indice » *(istadlaltu)*. Les termes *dalīl-istidlāl* sont des éléments fondamentaux du droit musulman puis de la théologie, et désignent le fait de s'appuyer sur les données de la Révélation pour résoudre leurs questions propres. Mais ici l'« indice du meilleur » est une constatation tout à fait mondaine : la médecine est appréciée par les gens intelligents et n'est pas rejetée par « les gens des religions et des sectes » *(ahl al-adyān wa-l-milal)*. Ici aussi on peut remarquer un usage ironique des termes religieux puisque Burzōē emploie dans cette phrase les concepts de « louable » *(maḥmūd)* et de « blâmable » *(maḏmūm)*, qui appartiennent aux cinq statuts légaux *(aḥkām)* définissant tout acte humain. Mais surtout le raisonnement avancé ne fait intervenir la religion que comme contre-épreuve, et non en premier lieu. La référence première faite aux « gens d'intelligence » *(al-'uqalā')* constitue donc une présentation volontairement pluraliste.

Le point de vue de Burzōē apparaît ainsi radicalement immanentiste. C'est « dans les livres de médecine », non dans des textes religieux, qu'il a lu que le meilleur médecin est celui qui n'agit que pour la récompense de l'au-delà[29]. Et il ajoute avec une certaine malice : « sans compter que *(ma 'a annī...)* j'ai trouvé dans les *livres des anciens* » que cela ne nuit pas à la vie de ce bas monde[30]. Quant à la mise en pratique, on peut constater que le but est la satisfaction d'*autrui*, par la guérison ou du moins le soulagement. Et pour ce qui est de la vie de l'âme, lorsqu'il dit qu'il n'envie plus que celui qui est un modèle de conduite, Burzōē est très proche de la thèse comtienne, profondément laïque, de l'« immortalité subjective ».

Cette analyse nous montre donc que le moteur de la méditation religieuse de Burzōē n'est pas lui-même religieux. On peut rapprocher, *mutatis mutandis*, cette démarche de l'effort de P. Bayle, au XVIIe siècle, pour montrer que l'athée *peut* être vertueux. Mais à l'époque d'Ibn al-Muqaffa' et dans sa civilisation, on ne parle pas d'athée, mais de *mulḥid*. Or ce mot a une connotation plus vaste et plus imprécise que le terme français : il n'est pas une simple forme privative, mais par sa racine *l-ḥ-d* il indique une déviation, et c'est en ce sens qu'il est utilisé dans le Coran et à l'époque umayyade. Ce ne sera qu'avec le mu'tazilisme que le mot *ilḥād* sera employé pour désigner le refus des religions constituées[31], notamment dans la réfutation d'Ibn al-Muqaffa' par al-Qāsim b. Ibrāhīm. Mais cette réfutation est postérieure d'une soixantaine d'années à celui qu'elle vise !

Quelle que soit la situation exacte de notre penseur aux yeux de l'orthodoxie, il est clair que celle-ci n'a fermé les yeux sur le passage sulfureux examiné ci-dessus que parce que les idées y sont exprimées indirectement. Cela nous conduit à revenir sur ce verbe *yuslimu* qui, dans le raisonnement de Burzōē, désigne l'activité visant la vie éternelle, et est donc censé introduire à la religion. On peut remarquer que la racine *s-l-m* rentre dans la catégorie typiquement arabe des « mots à double signification antithétique » *(aḍdād)* : de même que la forme *salīm* peut signifier à la fois « sain » et « mordu par un serpent »[32], de même la forme verbale *aslama*, outre les significations déjà données, peut avoir aussi celle de « trahir ». Ne serait-ce pas ce qui explique qu'*aussitôt après* avoir employé ce mot l'auteur insiste sur l'ambiguïté de la religion *(aštabaha 'alayya amr al-dīn)*, notant au passage que si la médecine l'y a conduit indirectement, par ses insuffisances, elle ne lui a rien dit de positif sur elle ni sur telle de ses formes historiques[33] ?

C'est alors que nous trouvons un démarquage direct de Paul de Perse : « Les diverses confessions ? elles pullulaient, toutes en désaccord, et chacune d'elles se composait de trois sortes de gens : ceux qui avaient hérité cette religion de leurs pères, ceux qu'on avait forcés, malgré leur répugnance, à entrer dans la secte, enfin ceux qui profitaient de la situation pour viser aux biens de ce monde. Tous se croyaient dans le vrai et sur la bonne route, tous pensaient que ceux qui n'étaient point avec eux [vivaient] dans l'égarement et l'erreur. Les désaccords abondaient au sujet du Créateur et de la création, du début et de la fin du monde, et d'autres problèmes du même genre. Chacun méprisait l'autre, était son ennemi et le dénigrait. Je décidai alors de me retourner vers les savants appartenant à ces différentes sectes, de discuter avec eux et d'examiner les opinions qu'ils professaient, avec l'espoir que je pourrais ainsi distinguer le vrai de la vaine apparence, choisir alors cette vérité et m'y attacher avec confiance et certitude sans me fier à ce que je ne connaissais point ni obéir à [des suggestions] qui demeureraient au-delà de mon intelligence. J'adoptai donc cette conduite, posai des questions et observai ; je constatai que les Anciens n'avaient jamais dépassé la mesure quand ils louaient leur propre religion ou blâmaient les confessions qui ne s'accordaient pas avec elle : ainsi, je le voyais clairement, c'était la passion et non le sens de la justice qui inspirait les réponses et les propos de mes contemporains, et parmi eux je ne trouvais personne à qui appliquer cette épithète de juste qui fait, lorsqu'ils la reconnaissent, le contentement des gens sensés[34]. » (Notons que la version courante[35] est quelque peu plus courte et évasive que cette version donnée par 'Azzām, omettant notamment les objections !)

Suit un apologue destiné à illustrer la maxime : « Ne crois jamais sur simple parole », concluant sur la remarque désabusée que, qu'ils parlent d'eux-mêmes ou qu'ils soient sollicités, les hommes ne savent pas justifier leur croyance. L'auteur se décide alors à s'en tenir à la religion de ses pères, mais constate que, pour cela non plus, il n'a

« aucun argument, aucune excuse[36] ». (Notons ici que la version courante[37] développe davantage cette critique !)

Enfin, il est pris par l'angoisse de la mort et la crainte que cette investigation ne le détourne de l'essentiel ; c'est ce qui détermine sa décision finale en faveur du sens commun (*al-anfus* = littéralement « les âmes ») : « Craignant donc cette hésitation et ce vagabondage, je décidai de n'y plus m'exposer et de me restreindre à ce que le sens commun sanctionnait comme étant le bien[38], à [des principes] sur lesquels s'accordaient les gens de toutes les religions[39]. » Ces principes sont presque exclusivement moraux : ne pas frapper, tuer, voler, tromper, se mettre en colère, mentir, médire, calomnier, commettre l'adultère, fréquenter les méchants, etc. Il s'agit donc de « vertu » *(ṣalāḥ)*, une vertu d'ailleurs purement négative, et la seule référence religieuse est dans l'injonction de « ne point taxer de mensonge le [jour] du Rappel *(baʿṯ)*, du Compte *(ḥisāb)*, de la Résurrection *(qiyāma)*, de la Récompense *(ṯawāb)* et du Châtiment *(ʿiqāb)*[40] », c'est-à-dire un prolongement de l'éthique dans une perspective qui pourrait faire penser aux postulats de la raison pratique de Kant.

La perspective éthique est, en effet, ambiguë. La seconde moitié du « chapitre de Burzōē » consiste en une méditation sur l'infirmité humaine qui fait désirer se libérer de sa condition souffrante et mortelle pour un au-delà transfigurant, et en même temps avoir peur de lâcher la proie pour l'ombre en renonçant totalement au monde. L'argument en faveur de la première option est laborieusement monté, reprenant des thèmes qui se trouvent, par exemple, dans le *K. Bilawhar wa Būḏāsf*[41], dont nous avons dit pourtant que son orientation est radicalement différente : dans ce livre il s'agit de puissants qui reconnaissent la vanité de leur situation et se réfugient dans la « vraie religion », celle des ascètes ; dans le *Kalīla*, le locuteur conclut simplement : « J'en vins ainsi à me contenter de mon sort *(al-riḍā bimā lī)* et à faire ce que je pouvais en vue de ma vie future ; j'espérais trouver à ce sujet, dans le passé, des exemples qui me montreraient la bonne voie et par lesquels je pourrais me laisser diriger et secourir[42] », avant d'enchaîner sur l'ouvrage proprement dit, composé essentiellement d'apologues moralo-politiques. De sorte que, comme il était annoncé dès le début, le renoncement n'est pas un abandon à Dieu, mais au souverain sage !

2. L'opposition entre le spirituel et le temporel

Tant dans l'*Adab al-kabīr* que dans le *Kalīla* la référence à la religion reste purement formelle et indéterminée. Bien plus, dans ce dernier, on voit poindre deux thèmes importants : 1. Méfiance à l'égard des « contemporains », qui sont mus par la seule passion, et préférence pour les « anciens », qui se sont montrés toujours équitables, sans pour autant que l'on doive suivre aveuglément le détail de leurs doctrines. C'est le critère éthique qui l'emporte. 2. Méfiance, également, envers ceux qui demandent à être crus sur parole et ne peuvent justifier rationnellement leur foi. Implicitement Ibn al-Muqaffa' oppose l'autorité religieuse, arbitraire, à l'autorité politique qui est, elle, incontestable si elle s'appuie sur la sagesse acquise au cours des temps.

Ces réserves mises à part, on trouve dans les textes attribués à Ibn al-Muqaffa' deux types de réponse. L'une, assez proche de ce qui précède, mais s'en distinguant par la violence du propos, est un texte qui semble opposer le manichéisme – religion des anciens, présentée dans sa quintessence qui la débarrasse de détails contestables – à l'islam – religion imposée par les vicissitudes de l'actualité. Nous y reviendrons plus loin. Arrêtons-nous d'abord sur une autre réponse, celle qu'on trouve dans l'*Épître sur l'amitié (Risāla fi-l-ṣaḥāba)*[43], document semi-officiel adressé au calife, et qui semble prendre son parti de la situation actuelle et tenter de l'aménager au mieux.

L'ouvrage se présente comme un ensemble de conseils donnés au souverain de l'empire musulman, non sur le plan personnel comme dans les « miroirs des princes » auxquels se rattache le *Kalīla*, mais sur le plan politique. Dans cette œuvre dont l'authenticité est indubitable, remarquons que le style est moins rigoureux que dans le reste des textes attribués au même nom. Cela s'explique sans doute par le contexte : il ne s'agit plus de s'adresser à tout un chacun dans un style clair et de façon rationnelle pour lui faire partager une expérience spirituelle individuelle ou pour transmettre un ensemble de données pédagogiques traditionnelles ; il s'agit de se faire entendre d'une grande autorité, que l'on n'atteint qu'à travers un certain protocole, dont l'ornementation de l'*Adab al-kātib* (procédés d'expression des secrétaires) fait partie.

Ce texte peut être lu selon deux points de vue antithétiques. Le plus souvent on l'a jugé en fonction de l'histoire ultérieure de l'islam. En ce début de période abbasside, le monde musulman pouvait évoluer de plusieurs façons. Ibn al-Muqaffaʿ en propose une qui se serait caractérisée par l'unification, sous l'impulsion du pouvoir, des décisions juridiques des diverses écoles, ce qui aurait ouvert la perspective d'une laïcisation de la civilisation islamique. S.D. Goitein a employé l'expression *turning point* à ce propos[44] et il a été suivi par nombre d'orientalistes.

À l'opposé de cette appréciation « révolutionnaire », on peut, avec S. Shaked, se placer dans la ligne de la civilisation sassanide, dont Ibn al-Muqaffaʿ se fait le chantre par ailleurs. On est alors en présence de nombre de thèmes et même de formules tout à fait traditionnels en Iran[45]. Loin d'amener à une laïcisation, au sens moderne, ce texte retrouve alors l'idée que « religion et souveraineté sont jumelles ». En contradiction avec l'islam tel qu'il se manifeste sous sa forme majoritaire, qu'on appellera plus tard « sunnite », cette idée correspond à la conception chiite, née, semble-t-il, dans les villes des royaumes théocratiques du sud de l'Arabie, opposés au démocratisme des tribus nomades du centre et du nord de la péninsule, et qui s'est imposée d'abord dans la moitié sud de l'Irak, pour devenir au Xᵉ/XVIᵉ siècle la religion officielle de l'Iran.

On voit que, si l'on juge la *Risāla fī-l-ṣaḥāba* du seul point de vue de son contenu, on aboutit à une impasse. À ma connaissance jamais le chiisme n'a revendiqué ce modèle littéraire, et il ne pouvait le faire étant donné la réputation suspecte, du point de vue religieux, de l'auteur. Quant à l'histoire du sunnisme, on risque de tomber dans le piège de la reconstitution a posteriori de la réalité. F. Gabrieli remarque avec regret que « cette subordination de la *šarīʿa* [loi religieuse] à l'autorité politique, prônée par Ibn al-Muqaffaʿ, ne se réalisa pas, et le développement du droit musulman suivit la voie opposée de l'*iǧmā'* [consensus], soustrait en théorie à toute intervention du *sulṭān*, ce qui aboutit en pratique à figer le *fiqh* en dehors de la réalité vivante[46] ». Mais en fait, quand la question de la séparation du temporel et du spirituel a été reprise à l'intérieur du monde sunnite, et ce seulement dans le livre du cheikh 'Ali 'Abdelrāziq : *L'Islam et les fondements du pouvoir* (1925), cela a été sur une tout autre base, à savoir la récusation de *tout* rôle religieux pour le califat.

Aussi nous intéresserons-nous à un autre aspect, qui est l'argumentation elle-même. Dans les deux passages qui concernent les rapports entre le pouvoir et la religion[47], l'auteur procède de façon classique en prétendant tenir le milieu entre deux extrêmes : « Ceux qui soutiennent que l'obéissance n'est pas due à une créature dans la désobéissance au Créateur ont pleinement raison, mais ils ne sont pas dans le vrai quand ils rejettent l'obéissance aux imams en la faisant apparaître comme une sottise. Ont également raison ceux qui maintiennent l'obligation d'obéissance aux imams sur des points qu'ils définissent avec précision, mais ils ont tort s'ils visent l'ensemble de leurs attributions laissées dans le vague[48]. »

Ces deux extrêmes sont choisis avec habileté, puisqu'il s'agit du début de la dynastie abbasside. Le premier est le kharigisme contre lequel toute la communauté s'est liguée, reprochant à son rigorisme d'empêcher toute réalisation du *Dār al-Islām*. Le second est une forme radicale de quiétisme, développée par certains partisans des umayyades qui ont cru pouvoir faire taire toute contestation à leur égard en les présentant comme « lieutenants de Dieu » *(ḫalīfat Allāh)*[49]. Tous deux sont disqualifiés alors : les premiers par le maintien, par les Abbassides, non seulement du califat hors d'un système électif généralisé, mais encore du fait dynastique ; les seconds par la présentation du souverain comme simple « lieutenant du Prophète » *(ḫalīfat al-Nabī)*.

Ibn al-Muqaffa' ne prenait donc aucun risque en choisissant de tels repoussoirs. Mais du même coup il se lie à l'autorité du moment et à sa doctrine fondatrice. Il est en effet obligé de céder sur l'essentiel, à savoir l'idée d'une législation d'origine révélée. Tout son effort va consister à faire de la casuistique pour distinguer ce qui en relève indubitablement, et ce qui peut lui être soustrait : « Quand nous affirmons [...] que l'imam n'a pas à être obéi quand il désobéit à Dieu, [nous pensons] aux obligations divines et aux sanctions légales sur lesquelles Dieu n'a donné pouvoir à personne : si l'imam [voulait] prohiber la prière, le jeûne ou le pèlerinage, interdire [l'application] des peines canoniques ou autoriser des [actes] déclarés par Dieu illicites, il n'en aurait absolument pas la faculté. [...] Quand nous maintenons que, sur certains [points], obéissance est due à l'imam et à nul autre, [nous songeons...] aux mesures, aux dispositions et aux décisions que Dieu a laissées à la discrétion des imams et à propos desquelles personne d'autre n'a le droit d'émettre des ordres et d'être obéi ; il s'agit du départ à la guerre, du retour des opérations, de la recherche et de la distribution [des ressources de l'État], de la nomination et de la révocation [des fonctionnaires], des jugements rendus en vertu d'une opinion personnelle dans le cas où n'existe aucune disposition scripturaire, de l'exécution des peines et des sentences [rendues] selon le Livre et la Sunna, de la lutte armée ou de l'emploi de la ruse contre l'ennemi, de la perception [des tributs et du butin] au profit des musulmans et de la disposition [de ces ressources] en leur nom. Tous ces actes et d'autres semblables [entrent dans le domaine] de l'obéissance obligatoire à Dieu, et personne d'autre que l'imam n'a le droit de s'en [mêler] ; quiconque lui désobéit sur ce chapitre ou le trahit perd son âme[50]. »

On remarque le glissement subtil, dans ce dernier paragraphe, des attributions de l'État qui n'ont de portée que pratique à celles qui relèvent de sa fonction religieuse. De tout temps les hommes de religion ont reconnu que la *šarīʿa* ne pouvait tout couvrir et ont laissé le champ libre à la coutume *(ʿurf)* ou à des décrets *(qanūn)* pour tout ce qui relevait des nécessités du temps et du lieu, pourvu qu'il n'y ait pas de contradiction avec l'esprit de la Loi divine. Mais l'application des peines légales, la perception des impôts, s'ils relèvent du seul souverain et de ceux auquels il a délégué la charge, ne peuvent dépendre de son arbitraire : il est « tenu » de les réaliser selon des formes qui ne dépendent pas de lui. Il y a donc une certaine mauvaise foi à placer sur le même plan ce qui ressortit à l'arbitraire et à la fonction. On notera aussi que la transition de l'un à l'autre est faite par « les jugements rendus en vertu d'une opinion personnelle dans le cas où n'existe aucune disposition scripturaire ». Nous verrons plus loin que c'est le point focal de l'attaque d'Ibn al-Muqaffa' contre le pouvoir religieux.

Notre auteur profite de la faille ainsi notée entre le domaine où les prescriptions divines sont explicites et le reste pour y enfoncer son coin. Il commence par une révérence toute formelle à la nécessité de la Révélation : « Les deux catégories [d'attributions] qui précèdent ne se distinguent l'une de l'autre qu'au moyen d'un élément d'appréciation [inspiré] de Dieu. En effet, Il a placé le bonheur de l'homme, la réussite de son existence ici-bas et dans l'au-delà en deux principes : la religion et la raison. Or la raison humaine, même si les hommes ont bénéficié à cet égard d'immenses grâces divines, ne saurait atteindre à la connaissance de la bonne voie, ni assurer à l'humanité la satisfaction de Dieu, sans cette parfaite faveur qu'Il lui a accordée : la religion qu'Il a établie pour elle et grâce à laquelle Il a réjoui le cœur de qui veut connaître Sa Voie[51]. » Ici encore le mobile semble être purement de circonstance. La révolution abbasside s'est faite autour de l'accusation portée aux Umayyades de tiédeur religieuse. Ibn al-Muqaffa' ne peut éviter de reprendre les formules coraniques : « Ce n'est qu'une Édification pour le monde, pour ceux qui veulent, parmi vous, suivre la Voie droite » (LXXXI, 27-28). On ne retrouve pas cette prudence dans la réfutation du Coran attribuée à notre même personnage, ni chez ses successeurs des IIIe/IXe et IVe/Xe siècles, qui mettront en cause la Révélation comme telle.

Ibn al-Muqaffa' est, en effet, obligé ici de recourir à une argumentation très serrée pour limiter autant que possible la portée de sa concession. Il le fait en invoquant une autre formule coranique, à savoir l'idée que la religion n'est pas une charge intolérable pour l'homme (« Nous n'imposons à toute âme que sa capacité » [VI, 152]), mais en en détournant le sens vers un aspect intellectuel. Il ne s'agit plus d'évoquer une religion accessible à l'homme, mais de protester contre la trop grande minutie des prescriptions. Il est très vraisemblable que les réticences de Burzōē contre les excès des religions existantes (et dans son cas, notamment, la minutie du ritualisme mazdéen) transparaissent ici dans le registre de l'islam :

« Cependant, si la religion [qui nous est] venue de Dieu n'avait rien laissé [dans l'ombre, si tous] les cas d'espèce, les mesures et les décisions, tout ce qui peut se produire et apparaître chez les hommes entre le jour où Dieu a envoyé Son Prophète et celui où ils Le rencontreront avaient fait l'objet d'une disposition révélée, ils auraient eu à porter une charge excessive, ils se seraient sentis à l'étroit dans leur religion, ils auraient reçu [des enseignements trop détaillés pour] que leurs oreilles pussent les entendre et leur cœur les comprendre ; leur raison et leur esprit seraient restés perplexes, car ces deux [instruments] dont Dieu les a particulièrement dotés auraient été inutiles, ils n'en auraient eu nul besoin et ne les auraient exercés que sur des questions déjà réglées par une révélation. Mais Dieu [s'est borné à] leur faire la grâce d'une religion que leur esprit n'aurait pas été capable de concevoir [seul], ainsi que l'ont reconnu les pieux adorateurs d'Allah quand ils ont dit : "Nous n'aurions pas été à même de nous diriger si Dieu ne nous avait pas dirigés" [Cor. VII, 41/43]. Ensuite, Dieu a laissé à l'opinion personnelle [toute latitude pour inspirer] les décisions et les mesures qui n'entrent pas dans ce [cadre général], mais Il en a réservé l'usage aux [seuls] détenteurs du pouvoir, le peuple n'ayant à cet égard d'autre [droit] que celui de conseiller quand on le consulte, de répondre quand on l'appelle et de donner en secret des avis sincères. Un gouvernant ne mérite obéissance que s'il applique les dispositions révélées et les traditions qui jouent un rôle analogue[52]. »

Malgré le caractère péremptoire de cette dernière phrase, on est bien obligé de constater que tout ce qui précède a tendu à montrer que le domaine de la religion est restreint par Ibn al-Muqaffa' « aux obligations divines » (c'est-à-dire les cinq piliers de l'islam : profession de foi, prière, aumône, jeûne, pèlerinage) « et aux sanctions légales » (*ḥudūd*, frappant automatiquement quiconque entre dans l'« interdit », *ḥarām*). Cette dernière conciliation est donc toute formelle. Il sait que l'islam attribue un « statut légal » à chaque acte humain, mais joue sur la latitude laissée en matière d'appréciation puisqu'en plus de ce que la Révélation déclare franchement « obligatoire » ou « interdit », il y a la grande masse de ce qui n'est que « recommandable » ou « blâmable », voire seulement « permis ». Un peu ironiquement il souligne que la religion ne pourrait, sous peine d'être « une charge excessive », tout ramener aux deux premières catégories, et la voie est libre pour lui de confier toutes les autres appréciations au pouvoir politique. Nous ne sommes apparemment pas loin de l'argumentation chiite en faveur de l'imam inspiré, mais en fait, avec les dernières phrases, l'auteur reste sur un plan politique en invoquant des possibilités de consultation et même un droit d'appréciation *in petto*.

Cette démarche a d'ailleurs été favorisée par l'arrière-plan culturel iranien. Comme l'a rappelé S. Shaked, alors que les mots pehlevi *dēn* et arabe *dīn* sont très proches phonétiquement, ils sont très différents sémantiquement. L'arabe *dīn* désigne surtout un phénomène institutionnel, le pehlevi *dēn* renvoie essentiellement à la psychologie de l'individu[53]. En associant religion et raison *(al-dīn wa-l-'aql)* comme critères d'action, l'auteur persan retrouve la paire zoroastrienne *dēn-xrad*, qui sont des puissances de l'âme, et il insuffle ainsi dans les catégories arabes une tonalité toute nouvelle.

Mais si ses prémisses sont tirées de la psychologie individuelle, Ibn al-Muqaffa' ne renonce pas à agir dans le sens de la nouvelle civilisation et à leur trouver une application concrète d'ordre sociopolitique. Le *fiqh* (ensemble des prescriptions culturelles et juridiques) n'aboutit à des décisions divergentes que dans la mesure où la Révélation n'est pas explicite, comme pour les points indiqués plus haut. Or les juristes, constate-t-il, ont parfois l'outrecuidance de présenter leurs propres déductions comme ayant la même portée que la formulation du Texte sacré, notamment pour désigner l'« illicite » :

« Une des questions qui doivent retenir l'attention [...] est le manque d'uniformité, la contradiction qui se fait jour dans les jugements rendus ; ces divergences présentent un sérieux caractère de gravité en ce qui a trait au sang [= condamnation à mort], aux femmes [= délits sexuels] et aux biens. À al-Ḥīra, condamnation à mort et délit sexuel sont considérés comme licites, alors qu'ils sont illicites à Kūfa ; on constate semblable divergence au cœur même de Kūfa, où l'on juge licite dans un quartier ce qui est illicite dans un autre. Pourtant, en dépit de leur fantaisie, ces sentences entraînant la mort ou concernant les femmes sont exécutoires à l'égard des musulmans, puisqu'elles sont rendues par des cadis dont les ordres et les décisions sont valables. Cependant, parmi les Irakiens et les Ḥiğāziens qui ont examiné ces [problèmes], il n'y a pas une école qui n'ait la vanité de croire [à la supériorité] de sa doctrine et ne dédaigne toutes les autres ; ce sentiment entraîne à des propos qui scandalisent les hommes de cœur[54]. »

Aussi le pouvoir a-t-il non seulement le droit, mais même le devoir d'intervenir sur tous ces points :

« Si le Commandeur des Croyants jugeait opportun de donner des ordres afin que ces sentences et ces pratiques judiciaires divergentes lui soient soumises sous la forme d'un dossier, accompagnées des traditions et des solutions analogiques auxquelles se réfère chaque école ; si le Commandeur des Croyants examinait ensuite ces [documents] et formulait sur chaque affaire l'avis que Dieu lui inspirerait, s'il s'en tenait fermement à cette opinion et interdisait aux cadis de s'en écarter, s'il faisait enfin de ces [décisions] un corpus exhaustif, nous pourrions avoir l'espoir que Dieu transforme ces jugements, où l'erreur se mêle à la vérité, en un code unique et juste ; nous pourrions espérer que l'unification des pratiques judiciaires soit un moyen d'harmoniser la justice selon l'opinion du Commandeur des Croyants et par sa bouche. Ensuite, un autre imam procéderait de la même façon [et ainsi de suite] jusqu'à la fin des temps, si Dieu le veut[55]. »

Mais cette solution – dont nous avons vu l'ambiguïté – n'est que la réponse à une critique féroce du pouvoir que la société musulmane laisse aux hommes de religion. Cette critique est d'abord esquissée avant même de proposer la solution politique : « Le cadi qui prétend respecter la Sunna baptise *sunna* des [dispositions] qui n'en sont point [...] Qu'il soit seul de son avis n'émeut point l'intéressé, qui applique sa sentence [sans scrupule], tout en reconnaissant qu'elle s'appuie sur une simple opinion personnelle que ne fondent ni Coran ni Tradition[56]. » Elle met donc en cause l'arbitraire des décisions d'une catégorie sociale qui est seule juge de sa légitimité : en effet si le titre de cadi ne peut être, en temps normal, que délégué par l'autorité, la population à l'intérieur de laquelle se recrutent les détenteurs de cette fonction se définit elle-même et, comme ensemble d'« experts en savoir » (ulémas), ne peut être contestée de l'extérieur.

Aussi Ibn al-Muqaffa' cherche-t-il la faille dans cette autodésignation de la classe des savants, à l'intérieur de laquelle le pouvoir peut choisir tel ou tel, mais sans avoir la possibilité d'en sortir. Il la trouve dans les divergences qui existent entre les solutions proposées, et fait aussitôt remonter ces divergences à la faiblesse des matériaux religieux eux-mêmes :

« Les divergences qui apparaissent dans les jugements peuvent provenir d'une tradition remontant aux anciens, mais sur laquelle l'unanimité n'est pas réalisée, de sorte que les uns l'interprètent d'une façon, et les autres d'une manière différente ; il faudra donc rechercher lequel de ces deux groupes est le plus digne de confiance et laquelle des deux interprétations est la plus proche de la justice. [Ces divergences peuvent encore provenir d'] une opinion personnelle formée à la suite de l'application du raisonnement inductif et qui s'est éloignée [des solutions communes] puis s'est répandue ainsi, alors qu'elle comportait une erreur sur le principe du raisonnement et était fondée au départ sur l'assimilation d'un cas à un cas dissemblable, ou encore parce que son auteur a poussé trop loin le raisonnement par analogie. En effet, si, en matière de religion et de justice, on veut suivre un raisonnement inductif sans jamais le lâcher, on finit par tomber dans des embarras, passer sur des équivoques et fermer les yeux sur des abominations que l'on connaît pourtant et dont on se rend bien compte, mais qu'on refuse d'écarter parce qu'on répugne à abandonner cette forme de raisonnement[57]. »

En remontant ainsi du désordre social vers une mise en question du matériau religieux lui-même, Ibn al-Muqaffa' fait là un pas décisif. D'une part il se démarque nettement d'une démarche de type chiite. Les missionnaires chiites ont systématiquement pratiqué une méthode apparemment sceptique de mise en question des contradictions apparues au cours de l'histoire entre les divers courants et docteurs, afin d'amener le fidèle désorienté à s'en remettre à l'autorité de l'imam infaillible[58]. La proposition politique d'Ibn al-Muqaffa' aurait abouti à résorber, au contraire, ces divergences, privant ainsi les propagandistes chiites d'argument. Nous touchons là du doigt une différence essentielle entre le « scepticisme » des penseurs indépendants et celui des adeptes d'une faction. Les penseurs indépendants ne cherchent pas la critique pour elle-même, afin de récupérer, dans une obéissance aveugle à une autorité, les esprits égarés par le spectacle des déficiences humaines. Si l'aspect nettement politique de la perspective d'Ibn al-Muqaffa' peut choquer un esprit moderne – esprit moderne habitué à voir, depuis la Réforme, dans la religion une « simple affaire du cœur » –, dans le cadre de l'islam, c'est *parce qu'il n'y a pas de séparation entre temporel et spirituel* qu'il faut s'appuyer sur une autonomie accrue du premier pour libérer le second : pour notre penseur, le souverain sage sera, quelle que soit sa puissance autocratique, infiniment moins tyrannique que le *faqīh* prisonnier de traditions partiales.

D'autre part, ces écrivains que l'on qualifie généralement de « rationalistes » ne font pas du jeu débridé de l'esprit une fin en soi. Ibn al-Muqaffa' est très explicite sur ce point : « Ce raisonnement, le *qiyās*, n'est qu'un guide dont on se sert pour découvrir ce qui est bon : si le résultat auquel il conduit est acceptable, on le retient, mais s'il mène à quelque chose de mauvais, de réprouvable, on doit l'abandonner. En effet, le *qiyās* n'est pas en lui-même un but, mais [ce qu'on recherche, ce sont] des solutions qui soient bonnes et admissibles, qui rendent justice aux gens dans leur droit. Si quelque chose de juste pour le peuple se prête à un raisonnement soutenu, c'est la vérité, et l'on n'a pas [besoin d'en] mesurer [la qualité] au moyen de critères analogiques ; mais si l'on veut plier la vérité au raisonnement par analogie, elle ne s'y prête pas [nécessairement][59]. »

La récusation éthique des religions historiques est donc prolongée ici par une récusation, par avance, de tout usage purement dialectique de la raison au profit d'une justification a posteriori de la Révélation, tel qu'il se manifestera dans le *Kalām*. Ce qui est affirmé, c'est une conception de la raison comme exigence de la conscience.

3. *La critique religieuse effective*

L'autobiographie de Burzōē conclut la recherche d'une religion épurée d'une part avec un retour à la sérénité éthique des anciens, opposée au sectarisme dogmatique contemporain de l'expansion de l'islam, de l'autre avec un appel au souverain éclairé par une sagesse traditionnelle. L'*Épître au calife* – dont nous avons vu que la portée était très subversive – reconnaît néanmoins formellement une valeur sociale pédagogique à la religion institutionnelle : nul n'a le droit, en matière d'action concernant la collectivité, de faire prévaloir son opinion personnelle. Mais il existe tout le champ de la conviction personnelle, ce champ que l'accusation de *zandaqa* visera précisément à supprimer au nom de l'adage selon lequel toute opinion personnelle est subversive par essence. Ce n'est pas sans raison qu'Ibn al-Muqaffa' a retourné contre la classe des ulémas cette accusation d'« opinion personnelle » !

On connaît, sous le nom du même auteur, une critique du Coran qui ne nous a été conservée que par quelques fragments, cités dans la réfutation qu'en fait, vers 200/815-211/826, l'imam zaydite al-Qāsim b. Ibrahim (169/785-246/860)[60]. Ibn al-Muqaffa', qui traite souvent ironiquement ses adversaires, s'est vu prendre à son propre jeu à travers la polysémie du mot « imam ». Ce terme qui ne désigne, littéralement, que « celui qui est devant » est employé par lui au profit du souverain, doté de fonctions religieuses, mais il est employé aussi dans l'islam pour connoter, au profit de la classe des hommes de religion, une prééminence de droit sur toute catégorie humaine, même détentrice de pouvoir[61].

Il est difficile de retrouver l'ordre originel des idées dans le remaniement polémique opéré par l'adversaire, vraisemblablement en vue de la prédication. L'éditeur du texte, M. Guidi, a proposé la reconstitution suivante : l'ouvrage aurait commencé par une longue doxologie sur la lumière, à laquelle étaient attribuées les qualifications, rituelles en islam, de Clément et Miséricordieux. Cette doxologie aurait été suivie des premiers éléments de la cosmologie manichéenne. Après une exhortation à embrasser le manichéisme, qui seul donne la direction droite, l'auteur aurait posé des questions au candidat à la conversion, dont une, concernant l'unité et éternité de Dieu, nous est transcrite. Viendrait ensuite la critique des croyances musulmanes, tant du point de vue des détails que pour le problème général du fidéisme[62]. J. van Ess pense, pour sa part, que les fragments cités ne justifient pas une attribution décidément manichéenne : ce serait al-Qāsim qui aurait accentué ce trait pour des raisons particulières, liées sans doute au lieu où il avait trouvé ce texte (l'Égypte)[63]. Essayons de voir de plus près ce que l'on peut tirer des passages en notre possession.

La première chose qui frappe est la reprise presque textuelle de la critique du fidéisme que l'on trouvait dans le *Bāb Burzōē* : « Et rejette le pouvoir de l'ignorant qui insinue en toi l'ignorance et t'ordonne de ne pas réfléchir ni questionner, mais de croire ce que tu ne connais pas et de proclamer vrai ce que ton intellect ne saisit pas. Supposons que tu ailles au marché avec ton argent pour acheter quelque marchandise et que vienne à toi l'un des détenteurs de ces marchandises pour t'inviter à [acheter] ce qu'il a, en te jurant qu'il n'y a rien de mieux sur le marché que ce qu'il t'a invité [à acheter] ; tu répugnerais à lui faire confiance et craindrais la tromperie et l'imposture. Tu considérerais cela comme de la faiblesse et de la débilité de ta part, jusqu'à ce que tu choisisses par tes propres yeux et demandes l'aide de Qui tu espères assistance et succès[64]. »

En second lieu, on constate que, indubitablement, l'auteur désigné comme étant Ibn al-Muqaffa' est violemment hostile à l'islam : « Nous ne connaissons pas, depuis qu'existe ce monde [et] jusqu'à notre temps qui a vu arriver sa corruption, de religion dont chaque barattage produise pire beurre, dont l'agitation soit plus trompeuse pour ses adeptes, qui soit plus mutilée quant à son origine, plus amère quant à ses fruits, de plus mauvais effet sur son peuple et sur ceux que celui-ci a vaincus, plus sauvage quant à sa conduite, plus insouciante d'intelligence, plus esclave envers le monde et plus abandonnée aux passions que votre religion[65]. » De tous les fragments, c'est le seul qui puisse être opposé formellement à l'*Épître au calife*. On peut penser soit que la critique du Coran date d'avant la conversion d'Ibn al-Muqaffa' à l'islam, et qu'il ait estimé ensuite que, la conquête islamique étant un fait irréversible, il valait mieux réguler son pouvoir que le contrer, soit que le présent texte exprimait son attitude profonde et n'était pas destiné à la publication.

Qu'en est-il, maintenant, de l'étiquette de manichéen que lui appose al-Qāsim ? Remarquons que, si ce texte rejoint, pour l'essentiel, le « chapitre de Burzōē » dans la critique du fidéisme, la méthode change. Au lieu de prôner d'emblée une religion individuelle, Ibn al-Muqaffa' s'appuierait ici sur une religion déjà existante, de façon à montrer qu'elle est aussi consistante si ce n'est plus encore que l'islam. Il s'agirait par là d'éviter le reproche de pur scepticisme. F. Gabrieli a cru y voir le résumé de l'évolution de l'écrivain lui-même qui, parti du mazdéisme de ses ancêtres, aurait cheminé vers un scepticisme rationaliste, lequel ne se serait apaisé que dans une autre pensée dualiste, inspirée celle-ci du manichéisme. Car ce n'est pas la révélation dualiste dans sa matérialité qui est défendue ici, mais sa quintessence, toute la mythologie si pittoresque du manichéisme étant réduite à son ossature intellectuelle. Gabrieli a fortement insisté, en effet, sur le fait que le scepticisme d'Ibn al-Muqaffa' porte sur l'islam, non sur le manichéisme qu'il expose avec précision, et parfois même enthousiasme. Il montre que cet auteur pouvait y retrouver « une grandiose tentative gnostique d'interprétation de l'Univers et de l'homme, naturaliste et sotériologique en même temps, sur la base de concepts purement hellénistiques et rationalistes comme *theos, hylè, noûs, psychê*[66] ».

Une telle démarche ne serait néanmoins pas propre à Ibn al-Muqaffa'. Un autre *zindīq* célèbre, Ibn Abī-l-'Awǧā', exécuté en 156/772, et qui fréquentait le même milieu que lui, eut une activité encore plus violente contre l'islam, au profit du manichéisme. Mais sa stratégie semble avoir été tout autre : il soulevait essentiellement la question de la possibilité du mal, de la souffrance humaine et de la justice divine, et n'hésitait pas non plus à propager de fausses traditions religieuses ou à rendre perplexes les gens simples par des questions de comput rituel, ce qui est en contradiction avec l'*Épître au calife*[67].

Les origines et l'imprégnation mazdéennes d'Ibn al-Muqaffa' sont suffisamment manifestées par la persistance, chez lui, de formules spécifiques et le parallélisme de sa démarche avec divers textes sassanides, comme l'a montré S. Shaked[68]. Aussi peut-on concevoir non pas un cheminement personnel de sa part, mais une option stratégique : le choix, comme point d'appui, de la forme la plus opposée à la religion officielle. Il faut, en effet, tenir compte de deux éléments :

1. Le premier est l'ambiguïté de la notion de « gens du Livre », catégorie désignant les bénéficiaires d'une mesure de tolérance (*ḏimma*, ou « protection », non contre l'extérieur mais contre la rigueur de la Loi musulmane qui contraint tout non-musulman à choisir entre la conversion et la destruction, allant de l'esclavage à la mise à mort). Ces citoyens de seconde zone, gardant leur propre système d'organisation et de droit personnel, sont indubitablement les juifs et les chrétiens, détenteurs de la Bible et des Évangiles. Mais on leur a parfois ajouté les mazdéens, à cause de l'*Avesta*, voire les sabéens. Se présenter comme mazdéen n'aurait donc pas eu d'inconvénient majeur pour notre Persan. À l'inverse les manichéens, malgré l'importance quantitative de leur production écrite, n'ont jamais pu se réclamer d'un « Livre », et ont par suite été toujours exclus de toute mesure de tolérance. On peut même dire qu'ils ont été particulièrement visés par les éventuelles persécutions. Se dire ouvertement manichéen aurait été sinon suicidaire, du moins très risqué, ce qui ne correspond pas à la pondération des autres textes d'Ibn al-Muqaffaʿ. En contrepartie, faire ressortir les mérites du manichéisme apparaissait comme un acte extrême d'indépendance.

2. La virulence de l'islam contre le manichéisme est peut-être due au fait que celui-ci a joué un rôle important dans les régions frontalières de l'Arabie à l'époque de l'apparition de la nouvelle religion[69] et aussi dans le cœur du monde musulman, notamment à Kūfa, au début de la formation de la nouvelle civilisation[70]. Au temps d'Ibn al-Muqaffaʿ, les souvenirs de cette rivalité initiale étaient certainement encore vifs. En même temps qu'il explique la violence de la réaction d'al-Qāsim, ainsi que sa tendance à caricaturer l'adversaire, le choix de thèmes « manichéisants » par ce dernier marque plus sa volonté de pousser la polémique à l'extrême que de se rattacher effectivement à une foi particulière.

C'est en effet le refus des religions « installées » qui est manifeste chez notre auteur. On trouverait dans un fragment un peu obscur l'idée que la contrainte est nécessaire pour maintenir les croyants dans les diverses religions dont la raison les ferait, sans cela, sortir tout naturellement : « Satan a construit, pour chaque catégorie des adeptes des religions, un mur fortifié, une muraille renforcée, dans laquelle il les serre. Il leur a délégué un de ses démons et le leur a imposé. Si celui qui en est chargé garde la muraille, il fait preuve de loyauté [à son égard] ; mais s'il ne la garde pas, cela constitue de sa part une infidélité envers celui qui l'en a chargé : le mur est comme s'il n'existait pas, et il n'y reste pas un de ceux qui étaient emprisonnés[71]. » Ce passage peut être mis en parallèle avec le célèbre verset coranique : « Nulle contrainte en religion ! La Rectitude s'est distinguée de l'Aberration… » (II, 257). Dans cette sourate qui passe pour la toute première de la période médinoise, le Prophète est en quelque sorte sur la défensive par rapport à des religions installées. Il ne réclame que la liberté, pour ceux qui voudraient le rejoindre, de le faire, et compte sur le seul bon sens. L'Ibn al-Muqaffa' de la critique du Coran ne fait rien d'autre, et c'est un paradoxe remarquable de voir qu'il reprend spontanément des attitudes du Prophète avant que celui-ci ne se transforme en chef politique. En voici un autre exemple : la sourate LXXXIX du Coran commence par une invocation naturaliste, telle qu'en faisaient les devins du paganisme : « Par l'aube ! par dix nuits ! par le pair et l'impair ! par la nuit quand elle s'écoule ! » (v. 1-4), pour la ridiculiser aussitôt après : « est-il en cela un serment pour un [homme] respectueux du sacré ? » (v. 5)[72]. De même, le texte d'Ibn al-Muqaffa' contient une invocation initiale qui est une parodie de la formule coranique : « Au nom de la lumière, clémente et miséricordieuse[73] ».

On sait que plusieurs auteurs arabes importants, dotés d'une personnalité un peu forte (non seulement Ibn al-Muqaffa' mais aussi Tawḥīdī, al-Ma'arrī, al-Mutanabbī …), ont été accusés d'avoir composé une *mu'ārada* du Coran. Ce terme technique poétique désigne le fait de composer des vers « sur la même rime et dans le même mètre qu'un original », le plus souvent dans le but de le surpasser[74]. Si l'on a de nombreux exemples de cette pratique, notamment dans la littérature andalouse, on est moins sûr de sa réalité historique quand il s'agit de réplique au Coran lui-même. Il semble bien pourtant que certains vers d'al-Mutanabbī imitent les versets coraniques de l'époque mecquoise, ce qui renverrait au surnom de leur auteur : *al-mutanabbī* = « celui qui se présente comme prophète ». Pour Ibn al-Muqaffa', la question est assez complexe. M. Guidi a cru que le texte conservé en fragments était une telle *mu'ārada*. Mais on lui a objecté que, à la seule exception de l'invocation de la lumière, ces passages n'avaient stylistiquement rien à voir avec le Coran. J. van Ess a, par contre, retrouvé et publié sept fragments qui sont indubitablement une *mu'ārada* stylistique[75]. Toutefois ces fragments n'ont, pour la plupart, aucune portée religieuse ou intellectuelle et n'ont de but que littéraire : soit « montrer que le matériel coranique peut être réarrangé, avec un effet semblable, suivant une nouvelle forme de prose rimée *(sağ')*[76] » ; soit « montrer la banalité du langage coranique[77] » ; et van Ess conclut en disant que « strictement parlant, il n'y a pas d'hérésie. L'intention d'Ibn al-Muqaffa' est expérimentale plutôt que polémique[78] ».

Un fragment à part, que van Ess n'a pu retrouver que par deux manuscrits, a une portée doctrinale et a dû figurer en conclusion du texte original. L'idée en est qu'Ibn al-Muqaffa' ayant été capable, à ses propres yeux, de donner un texte aussi beau et linguistiquement aussi parfait que le Coran, « on devrait réciter l'un des deux aussi fréquemment que l'autre [...] car c'est par habitude *(bi-l-ilf)* que les gens trouvent agréables des [textes] récités et apprécient nourriture, boisson et copulation, et c'est par déplaisir et manque d'expérience qu'ils en sont détournés et s'éloignent de ce qui est droit. La gorge doit être exercée par [la récitation de] ce [texte] comme par chaque autre chose[79] ».

Ce texte est à replacer dans l'histoire de l'évolution des attitudes vis-à-vis de la matérialité du texte coranique. Le dogme officiel est celui d'*i'ğāz* (inimitabilité) du texte sacré. Ce dogme se fonde sur le défi *(taḥaddī)*, lancé à plusieurs reprises aux incroyants, de produire un texte semblable (Cor. LII, 33-34 ; XVII, 90/88 ; XI, 16/13 ; X, 39/38 ; II, 21/23). En suivant l'ordre chronologique de ces textes, on voit d'une part que le défi va croissant (défi d'abord de fournir un discours [*ḥadīṯ*] semblable, puis dix sourates, et enfin une seule !), d'autre part qu'il est lié au milieu mecquois ou au tout début de la période médinoise. La transformation du Prophète en chef politique semble, en quelque sorte, le dispenser par la suite de cet argument. Mais se pose alors la question : sur quoi porte exactement le défi ? Est-ce une joute littéraire ? Est-ce l'opposition d'un discours vrai émanant de Dieu au discours menteur ? Ou est-ce les deux, comme le veut la doctrine généralement admise actuellement : le Coran est un « miracle » à la fois par son contenu *et* par sa forme. Pourtant, il n'en a pas toujours été ainsi.

Il convient de rappeler d'une part que le Prophète fait incidemment une *mu'ārada* du style des devins, et que tout au long de la période mecquoise le Coran s'efforce de le distinguer de ceux-ci (Cor. LII, 29-30 ; LXIX, 41-42 ; XXXVII, 35/36 ; XXXVI, 69 ; XXI, 5). De tous ces versets il ressort clairement que le Prophète était considéré par ses adversaires comme un poète et un devin parmi les autres. C'est ce qui explique, entre autres, l'acharnement de Muḥammad, lors de ses victoires, contre ceux qui l'ont ridiculisé dans des vers. Mais aussi les premiers musulmans étaient sensibles avant tout à l'opposition d'un discours vrai au discours menteur des poètes (stigmatisés en Cor. XXVI, 224-225, comme ceux qui « divaguent en chaque vallée et disent ce qu'ils ne font point »). Cl. Audebert a montré que ce n'est que progressivement que l'islam s'est replié sur la thèse de l'inimitabilité *formelle* du Coran[80]. Ibn al-Muqaffa' appartient à la fin d'une première période où « le concept d'*i'ǧāz* semble être absent des préoccupations de la communauté musulmane[81] ». Les croyants cherchent alors seulement à fixer le texte, à le situer *linguistiquement* par rapport à la poésie, et à préciser l'origine de la Révélation. On voit des musulmans éminents (al-Ḥaǧǧāǧ, Anas b. Mālik...) prendre des libertés étonnantes avec le texte, le corrigeant ou substituant çà et là des synonymes aux mots obscurs. Cette époque a avant tout le souci du *sens* du texte. Ce n'est que dans une seconde période (env. de 150/767 à 250/864) que va apparaître une comparaison entre le Coran et les livres saints des autres religions ou les œuvres des philosophes grecs – mais uniquement du point de vue du contenu. La thèse marquant cette période est celle du mu'tazilite al-Naẓẓām qui soutient que les Arabes « pouvaient » réaliser une *mu'āraḍa* du Coran, mais que le miracle réside en ce que Dieu les en a « détournés » (*ṣarfa* = dissuasion). Encore au Ve/XIe siècle, le grand auteur littéraliste Ibn Ḥazm, pourtant adversaire acharché d'al-Naẓẓām, sera d'accord avec lui sur cette idée. Pour lui, l'argument de la perfection stylistique mine le caractère divin du texte coranique, car on peut parler de « degré suprême d'éloquence » pour beaucoup d'œuvres humaines, chacune dans son genre (Ibn Ḥazm cite Imru-l-Qays en poésie et Ǧāḥiẓ en prose) ; mais toute œuvre, si haut placée soit-elle, peut, un jour ou l'autre, être surpassée, tandis que la valeur d'un texte religieux doit être éternelle[82]. C'est pourtant la thèse arabocentrique qui l'a, historiquement, emporté : d'environ 250/864 au premier quart du IVe/Xe siècle, apparaît toute une série d'ouvrages consacrés à l'ordonnance *(naẓm)* du Coran, ouvrages perdus mais qui préfigurent les traités d'inimitabilité *(i'ǧāz)* qui fleurissent à partir du IVe/Xe siècle.

En résumé, on constate trois faits. Le dogme de l'inimitabilité formelle du Coran est tardif et ne s'est imposé que contre des résistances parfois très vives. Il correspond à un repli sur soi : les non-arabophones sont sommés de se soumettre à des critères traditionnels purement arabes. Il consiste en un choix métaphysique en faveur de la *matérialité* d'un texte au détriment de sa *portée*. Ces deux derniers traits constituent un véritable processus d'intimidation de tout adversaire potentiel, intimidation qui se manifeste dans le fait que les critiques stylistiques qui ont pu être formulées malgré tout, et qui sont rassemblées en vue de leur réfutation par le plus ancien de ces auteurs, al-Ḫaṭṭābī (IVe/Xe siècle), sont toutes anonymes[83].

Mais Ibn al-Muqaffa' est *antérieur* à ce processus. On n'a donc pas à lui demander de faire un « contre-Coran » total, *à la fois* stylistique et doctrinal. À son époque la question du sens reste détachée de celle du style. La conclusion de sa *mu'āraḍa* règle la seconde en traitant le Coran comme un simple objet littéraire. Le texte conservé en partie par al-Qāsim b. Ibrāhīm s'attaque, lui, à la question du sens. On peut distinguer, dans les fragments en notre possession, deux grandes catégories : l'une où notre auteur semble compiler des objections courantes, l'autre où il fait preuve d'originalité.

Les objections courantes sont de trois sortes :

a) Exemples de réserves que l'« intellect » peut faire à la foi, notamment à l'idée de création qui est doublement contradictoire, du point de vue éthique et du point de vue gnoséologique : « Sais-tu, toi, pourquoi Dieu a créé les créatures[84] ? » « Qu'a-t-il voulu par sa création : le bien ou le mal[85] ? » « [...] Car la venue à l'être *(kawn)* d'une chose sans que ce soit à partir d'une chose, l'esprit *(wahm)* ne peut en recevoir l'intuition *(mitāl)*. Et ce dont l'esprit ne peut recevoir l'intuition est invraisemblable *(muḥāl)*[86]. »

b) Les anthropomorphismes du Coran : la description de Dieu par le Coran apparaît à Ibn al-Muqaffa' comme une insulte à sa transcendance : « Ils firent entrer en Lui l'affliction, la lassitude et l'irritation[87]. » (Ailleurs, sans citer littéralement, al-Qāsim rapporte qu'il jugeait ridicule de parler de la « colère » de Dieu.) « Et qu'en est-il de Son affliction hors de propos au sujet de [ce qui est] le travail de Ses mains[88] ? » « Leur Seigneur est assis sur Son trône ; Il "demeura suspendu et fut à deux arcs ou moins" [Cor. LIII, 8-9[89]][90]. »

c) Imposture des prophètes : sur ce point al-Qāsim ne nous transcrit que deux brèves remarques d'Ibn al-Muqaffa'. On ne sait si celui-ci a volontairement mis ce thème en sourdine puisqu'il se serait réclamé du prophète Mani, ou si l'imam zaydite a été effrayé par l'impact psychologique de ce sujet. Chaque hypothèse est contredite par un des deux fragments : « Ses ennemis ont tué Ses prophètes et Ses envoyés[91] », dit-il d'une part ; il s'agit d'une objection qui ne se comprend que dans l'optique de l'*Adab al-kabīr*, qui refuse que l'on puisse opposer l'ordre du monde et l'ordre divin, mais cela n'a rien de manichéen. D'autre part il proclame que Muḥammad « a combattu en vue de la domination *(mulk)* et des choses de ce monde *(dunya)*[92] ».

Un autre genre de remarques, propres à notre personnage celles-là, vise à montrer que le dualisme est inhérent au monothéisme, qui ne le masque que par des subterfuges. C'est l'aspect le plus neuf de la critique d'Ibn al-Muqaffa'. Il est, certes, tenté par un argument manichéen simple, à savoir le triomphe évident du principe du mal : « La victoire revint à Satan du fait que les créatures, à l'exception d'un petit nombre, le suivirent dans son erreur[93]. » Mais la plupart des autres fragments vont beaucoup plus loin et mettent en question le Dieu même de l'islam. Par là Ibn al-Muqaffa' dépasse les polémiques interreligieuses et pénètre dans le domaine de la démystification.

Il relève d'abord les contradictions internes à la mythologie musulmane, contradictions qui renvoient nécessairement à une vision dualiste : « Ses créatures se révoltèrent contre Lui, elles qui sont l'œuvre de Ses mains, de l'appel de Sa parole et du souffle de Son esprit. Elles Lui devinrent ennemies, L'injurièrent et L'affligèrent. Il commença à combattre les unes sur la terre et à se défendre des autres dans le ciel, en leur lançant les étoiles et en envoyant Ses anges et Ses armées pour les combattre[94]. » « Il rend malade Ses créatures et les tourmente par les maux qu'Il leur inflige[95]. » « Il anéantit toutes Ses créatures par la destruction[96]. »

De là, Ibn al-Muqaffa' passe insensiblement à la mise en question de l'option monothéiste comme masque et falsification des mobiles profonds de la foi. L'idée de jugement dernier, par exemple, est la source d'une manipulation qui, autour de l'idée de résurrection, thème apparemment glorieux, introduit en fait une limitation au pouvoir de Dieu. Dans la croyance manichéenne, le châtiment intervient dès la mort de l'individu ; le monothéisme, au contraire, parle d'un délai « octroyé » : « Et Il a accordé à Ses ennemis un délai jusqu'au jour où ils seront ressuscités[97]. »

Plus généralement, on peut percevoir des accents nietzschéens dans les remarques de l'auteur persan qui dénonce, dans les récits des châtiments divins, des aspects « humains, trop humains » : récits dérisoires, soit par la disproportion entre la réalité invoquée et sa mise en scène (« Dieu dispute avec l'homme et lui dit : "Qu'il appelle son clan ! Nous appellerons les archanges" [Cor. XCVI, 17-18]. Puis Il s'enorgueillit de Sa victoire envers un village ou envers un peuple qu'Il a fait périr, parmi des populations isolées[98] »), soit par le contraste entre ce qui devrait être transcendant et sa réalité anthropomorphique (« Il passe de Son contentement à Sa colère, de Son amour à Son dégoût, du bien envers Ses serviteurs au mal pour eux, de la miséricorde à leur égard au châtiment sur eux. Puis Il Se vante et Se glorifie de ce qu'Il les a vaincus et subjugués ; et pourtant ils ne sont que néant, tirés du néant[99] »).

Mais dépassant la simple dérision, Ibn al-Muqaffa' pressent très nettement les mécanismes de ressentiment et de transmutation des valeurs qui font moduler les jugements de façon inverse, en fonction des situations : « Il a envoyé Ses anges. Quand ils l'emportent sur l'ennemi, Il dit : "Je l'ai vaincu." Et quand c'est un de Ses amis qui est vaincu, Il dit : "Je l'ai éprouvé"[100]. »

Les théologiens s'attacheront à répondre point par point aux premières objections[101]. Mais il semble bien qu'aucun n'ait perçu la portée de ces quatre dernières. En effet la conception purement instrumentale que le *Kalām* a eue de la raison lui interdisait de sortir de l'alternative : attaque morale-réfutation *ad hominem*. L'idée même d'une mise en question des présupposés de la pensée lui était totalement inaccessible.

Une autre voie cependant pouvait être utilisée par l'islam, quoique de façon très marginale. Pour résorber les critiques de l'auteur persan, il pouvait procéder en apparence de la même manière, pour dire en fait le contraire. C'est ce qui nous reste à examiner brièvement.

4. Limites d'Ibn al-Muqaffa' : thèmes renversables

Non seulement le nom d'Ibn al-Muqaffa' recouvre peut-être divers personnages, et en tout cas – s'il s'agit bien d'un auteur unique – des sources d'inspiration multiples, mais ces sources ne lui appartiennent pas en propre. Un autre *zindīq* célèbre, le poète Abān al-Lāḥiqī (m.v. 200/815), a versifié les contes de *Kalīla wa Dimna* et l'histoire de Mazdak. Il a fait le même travail pour le *K. Bilawhar wa Būḏāsf*, dont nous avons vu à la fois les points de rencontre thématiques avec Ibn al-Muqaffa' et la divergence profonde d'esprit d'avec lui. Or ce *K. Bilawhar* va avoir sa propre fortune, certes moindre que l'œuvre de notre auteur mais non négligeable toutefois[102], et servir d'antidote à cette dernière.

La réfutation de la *zandaqa* a, bien sûr, pris surtout la forme de l'indignation, justifiée notamment par les imprécations directement adressées à l'islam. Même un poète libertin comme Abū Nūwās éprouva le besoin de polémiquer contre Abān. La réfutation prit aussi la forme scolastique : discussion ponctuelle *(radd)*, défense de l'inimitabilité du Coran, sommes kalâmiques, etc. Mais tout cela restait extérieur et ne servait à convaincre que ceux qui étaient déjà convaincus. Au Vᵉ/XIᵉ siècle, Ġazālī, qui parle en connaissance de cause puisqu'il manipule avec virtuosité aussi bien le *fiqh*, le *Kalām*, le soufisme, la *falsafa*, reconnaît d'un ton désabusé que les discussions n'ont pas d'effet sur les esprits adverses : « On n'a jamais vu une séance de discussion – soit chez les *mutakallimūn*, soit chez les juristes – se terminer par le passage d'un seul mu'tazilite ou innovateur à un autre groupe [orthodoxe]. Il n'y a pas non plus d'exemple d'un passage du système juridique de Šāfi'ī à celui d'Abū Ḥanīfa, ni vice versa. Les passages ont lieu à la suite d'autres causes, et même à l'issue d'une lutte par l'épée[103]. » La dispute n'a d'intérêt, pour lui, que pour conforter une foi rendue vacillante par des objections, « pour écarter le doute et parer à l'équivoque lorsqu'il s'agit de résoudre la difficulté[104] ».

L'intérêt du *K. Bilawhar*, pour ce qui nous occupe, est qu'il transpose la polémique de la défensive sur le terrain adverse, en tablant sur le fait qu'il est possible de donner une autre lecture – ascétique – des thèmes orientaux : tant les sujets folkloriques de fables que les manifestations populaires de scepticisme. Certes cet ouvrage, qui a eu de nombreuses versions non islamiques (grecque, géorgienne...), ne saurait être intégralement islamisé. La version ismaélienne procède plus subtilement : tout d'abord, comme dans la version courante du *Kalīla*, certaines touches musulmanes sont introduites, certains passages difficilement assimilables résorbés. Ensuite, même quand elle se met à employer le langage coranique, elle reste cependant réservée et n'évoque, par exemple, le prophète Muḥammad qu'une seule fois, vers la fin du livre, et sans donner son nom. Or c'est selon une formule d'invocation stéréotypée[105] qui aurait pu apparaître n'importe où ailleurs, si l'ouvrage était ouvertement musulman. La raison de cette réserve semble être pédagogique : on approche alors du moment où Būḏāsf, débarrassé des illusions dues à son éducation, va faire triompher la vraie religion contre les prêtres de l'Inde. Il s'agit de montrer – comme dans le *Ḥayy ibn Yaqẓān* d'Ibn Ṭufayl – que la raison droite aboutit logiquement à l'islam.

Mais chez l'auteur andalou la raison s'est exercée dans la solitude absolue ; dans le *Bilawhar* elle s'est formée en réaction contre la prétendue religion de l'Inde.

Dans un long passage[106] celle-ci est présentée, sous le nom de *Budd* (idole), par le père de Būḏāsf qui veut justifier à ses yeux la tradition que lui-même et ses ancêtres ont suivie. Il conclut ainsi son plaidoyer : « Avons-nous [...] commis par mégarde quelque action coupable selon la raison *(fa'la nāqiṣa li-l-'aql)* : une innovation introduite, une tradition détruite, ou bien un droit refusé à celui qui le mérite, ou accordé à quelqu'un qui ne le mérite pas[107] ? » Malgré la référence aux « innovations » et aux « traditions » – autres formules musulmanes stéréotypées, projetées ici dans un contexte tout différent – les exemples qui sont donnés coïncident avec la religion « morale négative » de Burzōē (ne pas faire de tort, ne pas laisser les malheureux sans aide) et même avec le caractère social de celle-ci, encore que ce ne soit que sous l'angle politique des gouvernants, et non sous celui des gouvernés : « Tels ont été tes ancêtres, à qui la royauté n'a pas fait négliger la religion, ni la religion interdit les joies de la royauté, et qui ne pensaient pas que l'une pût être pour l'autre un préjudice ou un obstacle[108]. »

Or cette religion rationnelle va justement être l'objet du rejet de Būḏāsf, qui comprend que « Satan lui avait tendu un piège *(kayd)*[109] ». Deux arguments sont avancés contre elle : 1. Ce sont les ascètes qui réalisent le mieux cette religion rationnelle : « Il n'y a personne, parmi les gens de la terre, pour réaliser ce que tu présentes être la conformité à la règle et aux actions du *Budd*, que le petit groupe de ceux à l'égard de qui tu es rempli de haine et d'effroi[110]. » Ce sont eux qui réalisent pleinement l'exigence de miséricorde, de piété, de sagesse et de compassion. 2. S'il y a des points communs entre la sagesse de la fausse religion et la vraie sagesse, c'est parce que la religion de l'Inde s'est, en fait, dégradée : authentique à ses débuts, elle s'est altérée pour laisser place à l'idolâtrie. Un apologue raconte comment le premier roi de la dynastie fut sauvé de la folie par le *Budd*, lequel est devenu ainsi une sorte de prophète. Mais d'autres, notamment ses successeurs, n'ont été que partiellement guéris, et d'autres, enfin, pas du tout, qui ont pris le *Budd* pour une idole[111].

Or les premiers hommes à avoir été sauvés n'ont pu l'être que par la violence, puisque aucun raisonnement sensé n'est accessible à un monde composé exclusivement de fous. Un autre apologue justifie le recours périodique, par Dieu, à la violence pour rappeler les hommes qui ne sont pas fidèles à leurs devoirs[112]. Toutefois le texte souligne que même les idolâtres les plus fanatiques ont gardé un souvenir des exigences premières de leur religion puisqu'ils ont assimilé l'idéal ascétique, quoique celui-ci fût travesti[113].

Ainsi la version ismaélienne du *K. Bilawhar* est-elle axée sur la démonstration que ce qu'il y a de bien dans cette religion rationnelle, ou du moins raisonnable, qui est prêtée à l'Inde, trouve son plein épanouissement dans son contraire, la religion des ascètes qui, par un tour de passe-passe, est assimilée subrepticement à celle du Prophète. Aucune justification positive de cette assimilation n'est donnée, mais seulement un argument a contrario : la perversion de cette religion vient de son acceptation de l'idolâtrie. Il est donc sous-entendu que l'islam, étant la négation de celle-ci, sera le seul moyen de surmonter cette perversion.

Le recueil d'apologues indiens qu'est, elle aussi, cette version ismaélienne du *Bilawhar* constitue donc une récusation de la façon dont le *Kalīla* est composé. Celui-ci suppose que le bien humain est universel, que la raison s'exprime partout, et qu'on peut introduire sans danger dans la civilisation musulmane un corpus culturel étranger. Idée implicitement présentée, dans le *Bilawhar*, comme une séduction diabolique : convaincu par son fils Būḏāsf, le roi Ǧunaysar hésite cependant, puisqu'on lui a montré que sa propre religion avait un fonds sain, et pense qu'« il n'y avait pas d'autre solution pour lui que de demeurer attaché à ce qu'il tenait pour certain dans la doctrine des idoles *(rā'y al-awṯān)* qui invitait et incitait aux concupiscences[114] ».

Bien plus, la tentative d'épuration de cette culture étrangère faite par Ibn al-Muqaffa', qui écarte tout élément idolâtre, n'est pas à l'abri de cette action satanique. Un long passage du discours d'initiation fait à Būḏāsf l'explique : « [Satan] a deux armes principales : l'une ne manque pas de suggérer à l'homme l'idée qu'il n'a pas d'intelligence, et qu'il n'a pas de profit à en attendre, afin de le détourner par là de la connaissance de Dieu, Puissant et Grand, et de l'amour du vrai, de sa recherche, de sa quête, et de l'occuper aux divertissements de ce monde. [...] L'autre arme [est que], une fois que l'homme a compris et saisi une chose, il lui montre d'autres choses qu'il s'afflige et s'inquiète de ne pas connaître, et lui fait détester son état, en rendant ces choses difficiles à comprendre, par la complication qu'il y apporte [...]. Par cette arme il détourne une grande part des forces humaines de la recherche du vrai et de la recherche du salut. Le secret de ces deux armes tient en deux mots : la première consiste à empêcher d'acquérir une science utile, la seconde à faire prendre en aversion le peu de science et de bien qui a été acquis[115]. » Ces paroles pourraient être signées par Ibn al-Muqaffa', mais la suite du texte va leur donner une résonance tout à fait étrangère à l'esprit de celui-ci : « Car tu es dans une maison, parmi des gens, dont, pour la plupart, Satan s'est rendu maître, par toutes sortes d'illusions et toute espèce d'égarement. Il en est dont il a paralysé l'ouïe, la vue, et l'intelligence, et qu'il a laissés sans désir de connaître la science et le bien, comme des bêtes. Et il a établi pour eux des religions diverses. Il en est qui appliquent l'effort de leur intelligence à l'égarement, de sorte que l'effort d'intelligence des adeptes de leur égarement a été pour lui un moyen de tenter les autres, et que leur effort d'intelligence est devenu ainsi un de ses pièges et une de ses ruses. Puis il a jeté entre eux la haine, si bien qu'ils ont jugé licite de se tuer et de se dépouiller de leurs biens les uns les autres. Et il a introduit dans leur égarement une part de vérité, afin de tromper par là ceux qui aiment le vrai et recherchent le bien, et de les détourner de la Religion Immuable, où n'entre aucune espèce de fausseté[116]. »

On voit ainsi que, par une série de pétitions de principe, ce texte subvertit le plaidoyer d'Ibn al-Muqaffa' en faveur de la raison, récuse à celle-ci le rôle de législatrice qu'il réclamait et lui attribue un rôle seulement instrumental. Finalement on retrouve textuellement le message coranique, même s'il n'est pas cité explicitement : « La Science [est ce] qui montre le chemin de la bonne direction », à savoir « la Religion de Dieu, qu'Il a fait descendre sur la langue des Envoyés et des Prophètes [...] dans les premiers siècles[117] ».

La sagesse du monde extérieur est récupérée dans un vaste syncrétisme qui élargit hardiment la revendication – que le Coran avait limitée au monothéisme abrahamique – à des éléments radicalement étrangers.

CHAPITRE II

Ḥunayn ibn Isḥāq (IIIe/IXe s.)

Le pourquoi de la croyance

1. Situation de Ḥunayn

Ibn al-Muqaffa' est surtout un auteur charnière. Non seulement les textes qui lui sont attribués reprennent en partie des idées antérieures à lui mais celles-ci et plusieurs de celles qui lui sont propres se retrouveront, simplement amplifiées, chez des auteurs des IIIe/IXe-IVe/Xe siècles que nous envisagerons plus loin. Entre les deux il est difficile de désigner des penseurs jalons et l'on repère plutôt la présence diffuse de thèmes contestataires multiples, présence favorisée par l'ébullition intellectuelle d'une époque particulièrement brillante.

Mais vers le milieu de cette période d'environ deux siècles, nous trouvons un philosophe isolé sur lequel il convient de s'arrêter. La réflexion de Ḥunayn ibn Isḥāq, volontairement détachée de tout cadre polémique, vise la question essentielle du pourquoi de la croyance en général. Sous la forme qu'il lui a donnée, cette démarche est celle d'un précurseur et ne semble pas avoir eu d'écho par la suite. Mais on peut en déceler les antécédents, en mettant en lumière la césure qui a permis l'apparition de ce nouveau phénomène.

Constatons d'abord que, seulement cent trente ans après l'Hégire, au tout début de l'époque abbasside, se trouve rassemblé, autour du nom d'Ibn al-Muqaffa', l'essentiel des questions que nous allons voir reparaître jusqu'au VIIe/XIIIe siècle : Pourquoi adhère-t-on à telle croyance ? Peut-on admettre un message dont la seule garantie est l'autorité du prophète qui la transmet ? Quels sont les risques de manipulation psychologique que véhicule la religion ? Quelle est la part de l'éthique dans le religieux ? Quel est le rapport entre le spirituel et le temporel ?

À l'exception des deux dernières, ces questions sont déjà sous-jacentes dans toute polémique interconfessionnelle. Chacun est tenté de soupçonner l'interlocuteur de mauvaise foi. Le Coran l'exprime clairement, qui répète à ses adversaires : « Si vous êtes sincères *(ṣādiq)*... » Chez les musulmans, ce soupçon a vite pris l'allure d'une mise en cause de la rationalité des croyances opposées, le critère de celle-ci étant évidemment le message coranique. Cela ne laisse pas de poser problème à l'intérieur même de l'islam et entraîne des polémistes musulmans, dans leur souci de rationalité, jusqu'à des positions jugées condamnables, comme nous le verrons par la suite. Ce sont par contre les religions soumises qui reprennent telles quelles ces questions pour justifier leur maintien sur leurs positions.

Deux textes chrétiens, constituant « la plus ancienne somme théologique en langue arabe », en sont un témoignage éloquent. Il s'agit du *Kitāb al-Burhān* (« Livre de la Preuve ») et du *K. al-Masā'il wa-l-aǧwiba* (« L. des Questions et des Réponses ») du nestorien ʿAmmār al-Baṣrī (début IIIe/IXe siècle)[1]. À l'accusation d'irrationalité portée par la religion dominante, ces textes répondent de deux façons : l'une implicite, l'autre explicite.

La réponse implicite réside dans l'emploi que l'auteur fait de la langue même. S. Griffith a montré qu'il ne répondait pas aux seuls critères d'utilité. L'aspect du christianisme qui fait le plus problème pour les musulmans étant la Trinité, ʿAmmār s'insère dans la polémique musulmane au sujet des attributs divins pour l'exploiter à son profit. Les positions antagonistes sont en effet régies chacune par une compréhension spécifique de la grammaire arabe : les noms *(asmā')* et les adjectifs *(ṣifāt)*, qui désignent Dieu dans le Coran, renvoient-ils à un acte « qui Lui appartient » *(lahu)* et « subsistants en Lui » *(qā'im bihi)*, ce qui est la solution d'Ibn Kullāb, ou à un acte « qui est Lui-même » (et dont le contraire est nié), et à un objet auquel cet acte s'applique, ce qui est la solution du muʿtazilite al-ʿAllāf. ʿAmmār réduit les positions musulmanes à l'absurde en s'appuyant sur les principes grammaticaux eux-mêmes, et propose la solution chrétienne pour résoudre les contradictions soulevées. Il exploite donc les attributs « vivant » et « parlant » et, conformément à la démarche de critique du muʿtazilisme, qui aboutira à l'ašʿarisme, promu par la suite doctrine officielle de l'islam sunnite, il montre que ces attributs renvoient à la possession par Dieu d'une « Vie » et d'une « Parole », puisqu'une chose ne peut être désignée que par ce qu'elle a, et non par ce qu'elle n'a pas. Il ne lui reste alors qu'à montrer que les autres attributs ne sont que des fonctions de ces deux premiers, ou des métaphores indiquant les activités de ces particularités essentielles, pour justifier ainsi la Trinité. En tout ceci il s'est réclamé hautement de la logique de la grammaire arabe[2].

La réponse explicite consiste en une prise de recul par rapport aux oppositions dogmatiques elles-mêmes. Les deux textes commencent par montrer l'existence de Dieu et, pour le second, Son unicité. Puis, soit juste avant d'établir l'authenticité des Écritures, soit à l'intérieur même de cette démonstration, mais en tout cas avant de développer la dogmatique nestorienne, ils s'arrêtent longuement[3] sur les critères du vrai et du faux en religion.

Selon le *K. al-Burhān*, les diverses religions se présentent comme devant satisfaire les exigences rationnelles de l'homme : résurrection, pour que l'œuvre divine ne soit pas détruite ; amour mutuel, pour que les hommes ne soient pas livrés à eux-mêmes ; primauté de l'effort pour mériter le bonheur. Ce sont trois points qui prolongent les exigences du *Bāb Burzōē*. Aussi ʿAmmār pose-t-il la question : comment alors distinguer la vraie religion ? Outre le miracle, il voit deux types de raisons de diffusion d'une religion : 1. Par contrainte, ou par corruption et flatterie, ou par solidarité ethnique, ou par convenance *(istiḥsān)*, ou enfin par complicité. Ce sont les moyens dont, selon lui, ont usé judaïsme, islam, manichéisme, zoroastrisme, etc. Ils sont susceptibles d'expliquer n'importe quel type d'adhésion. 2. Non seulement le christianisme leur échappe, mais il exclut également d'autres motifs d'adhésion plus spécifiques : attirance des richesses et du pouvoir, licence morale, voire illusion par la magie. Le *K. al-Masā'il* mélange, pour sa part, les deux listes, ne distinguant plus entre moyens généraux et moyens spécifiques, et les réduisant à six : convenance, licence, violence, attrait des biens, solidarité ethnique, illusion de la magie.

'Ammār élargit donc l'analyse du *Bāb Burzōē* et de Paul de Perse (tous deux, selon P. Kraus, contemporains, étant l'un et l'autre proches d'Anūšarwān) qui envisageaient, eux, outre la saine réflexion, trois causes d'adhésion à une croyance : par tradition aveugle, par contrainte, par intérêt. S. Stroumsa pense que cette problématique remonterait à Alexandre d'Aphrodise (v. 200 ap. J.-C.)[4]. En effet, au témoignage de Maïmonide, le penseur grec affirmait que « les causes du désaccord au sujet de certaines choses sont au nombre de trois : 1. les prétentions ambitieuses et rivales qui empêchent l'homme de percevoir la vérité telle qu'elle est ; 2. la subtilité de la chose perceptible en elle-même, sa profondeur et la difficulté de la percevoir ; 3. l'ignorance de celui qui perçoit, et son incapacité de saisir même ce qu'il est possible de saisir[5] ». Mais sommes-nous vraiment dans la même problématique ? On voit d'abord que le ton d'Alexandre est celui de quelqu'un qui parle de la connaissance d'une façon toute générale. En outre Maïmonide éprouve le besoin d'ajouter : « De nos temps, il y a une quatrième cause qu'il n'a pas mentionnée parce qu'elle n'existait pas chez eux : c'est l'habitude et l'éducation[6] », expliquant immédiatement après qu'« il est *de la nature de l'homme* d'aimer ce qui lui est familier et d'y être attiré[7] ». Les Grecs en auraient donc été miraculeusement préservés. En fait, la contradiction est levée par ce qui suit : d'une part Maïmonide prend comme exemple de l'effet « gnoséologique » de l'habitude la conception anthropomorphique qu'a le vulgaire des choses de la religion. De l'autre il affirme que ce qu'il a dit des limites de l'intelligence humaine n'a pas « été dit du point de vue de la religion ; c'est au contraire une chose que les philosophes ont dite et qu'ils ont parfaitement comprise, sans considération de secte ni d'opinion[8] ». Ainsi, non seulement Alexandre parle de la connaissance en général, sans distinguer à ce niveau les divers domaines auxquels elle s'applique, mais Maïmonide montre qu'il est conscient de jouer sur des registres différents entre la citation, générale, qu'il fait de l'auteur grec et l'amplification, spécifique, qu'il lui donne.

Aussi, si l'idée de théoriser par classification est sans doute d'origine philosophique, faut-il plus vraisemblablement chercher le contenu des situations ainsi cataloguées dans les expériences religieuses elles-mêmes. Les textes religieux (Bible, Évangiles, Coran) abondent en effet en reproches adressés aux hommes de se laisser abuser par les fausses religions, ou de ne pas se laisser convaincre par la prédication authentique, du fait de l'habitude, de l'intérêt, etc. On en voit un exemple particulièrement frappant dès le Livre de la Sagesse (milieu du Ier siècle av. J.-C.), où l'on trouve une « démystification » de l'idolâtrie (XIV, 12-21) qui met en jeu aussi bien la « vanité humaine » que la « contrainte », l'« ordre des princes », la « flatterie », l'« ambition » que le « charme de l'œuvre » enfin. Il y a là toute une phraséologie apologétique qui s'est accumulée et transmise sans que la mise en forme scolastique en changeât la nature. Si bien que l'effort de ʿAmmār tourne court dans la mesure où, chez lui, cette volonté apologétique reste première. Cet auteur tombe d'ailleurs, par la suite, dans un irrationalisme qui, comme nous le verrons, enferme sa démarche sur elle-même.

Tout en semblant reprendre la même voie, un autre nestorien, Ḥunayn ibn Isḥāq, lui donne en fait une tout autre portée. À ce titre il pourrait apparaître comme un autre point de départ possible (conceptuel, non chronologique) de notre enquête.

Tout semble opposer Ḥunayn ibn Isḥāq à Ibn al-Muqaffaʿ. Celui-ci appartient à une période agitée : crise du régime umayyade et triomphe de la révolution abbasside. Celui-là vit, un siècle plus tard, sous les califes al-Ma'mūn et al-Mutawakkil, l'apogée de la dynastie issue de cette révolution. L'un est un Persan, converti officiellement à la religion des Arabes vainqueurs, mais ne traitant celle-ci que du point de vue social et s'en remettant, pour son intériorité, à une idéalisation de la religion qui a été celle de certains de ses compatriotes, mais pas celle de ses ancêtres, et qui est en train de devenir un phénomène exotique. L'autre est un Arabe, mais un Arabe chrétien, c'est-à-dire se réclamant d'une religion autochtone, antérieure à la religion du pouvoir. Le premier est un littéraire, jouant à merveille de la langue, avec la complexité psychologique que cela entraîne et que l'on décèle dans son mélange d'habileté et de naïveté, de diplomatie et d'exaspération violente, de soumission à l'ordre établi et de révolte au nom d'un idéal. Le second est un scientifique, passionné de précision et d'exactitude, sans recherche de style – ce qui l'oppose aussi bien à Ibn al-Muqaffa' qu'à la tradition arabe de la Jāhiliyya, reprise par la civilisation islamique.

Si différents soient-ils, ils ont pourtant une situation semblable par rapport à la religion du pouvoir : l'islam. Nous verrons par la suite certains thèmes particuliers qui se retrouvent chez l'un et l'autre, et qui relèvent chez tous deux, outre du refus de se fondre dans la religion majoritaire, d'une volonté claire de dire le pourquoi de ce refus. Ils ont également en commun un mélange de fermeté et de prudence, qui se manifeste chez le Persan par la diversité des cadres littéraires employés (de l'ouvrage pour grand public au « mémoire au prince », et enfin au « samizdat » à diffusion très confidentielle ; du masque de l'apologue exotique à la prise de position dans le cadre du régime islamique et enfin au pamphlet indigné) et chez l'Arabe chrétien par une réticence initiale à s'expliquer ouvertement, suivie par un exposé très net mais très bref, évitant les frictions inessentielles.

Ḥunayn ibn Isḥāq appartient au groupe des 'Ibād, Arabes chrétiens ayant joué un rôle dans la vie du royaume lakhmide, principauté du nord de la péninsule arabique, souvent affrontée aux Ghassanides, situés plus à l'ouest. Ils se sont affirmés comme satellites les uns de la Perse, les autres de Byzance, ont contribué à faire admettre les Arabes sur la scène internationale, et en même temps préparé le contact entre les nouveaux conquérants et les grandes civilisations soumises par l'islam. Enfin la confession nestorienne, qui est celle de Ḥunayn, a eu un passé complexe. Née dans le cadre byzantin, mais refoulée par lui, elle a été tolérée par les Persans qui voulaient ainsi faire pièce à l'empire adverse. Dans le royaume lakhmide, cependant, elle est restée minoritaire et a été parfois persécutée.

Né à al-Ḥīra en 192/808, Ḥunayn est donc lié à trois cultures : arabe, byzantine et persane, de façon complexe et contradictoire, non seulement entre elles, mais à l'intérieur de chacune. Il réussit pourtant à en faire une synthèse admirable. Dans sa ville natale, il se forme au syriaque. Puis il séjourne en Perse, où il étudie la langue et la science médicale. Ṣā'id d'Andalousie[9] prétend qu'il étudia aussi l'arabe à Bassora avec le célèbre grammairien et lexicographe al-

Ḫalīl ibn Aḥmad ; même si, d'un point de vue chronologique, cette thèse est impossible (un siècle séparant les deux hommes), elle témoigne de la réputation qu'avait Ḥunayn d'être un excellent connaisseur de la langue arabe.

Il se fixe ensuite à Bagdad, devenue la brillante capitale de l'empire musulman, et y complète ses études médicales. Brouillé avec son maître, il s'exile en pays byzantin et y apprend le grec à la perfection. Or, si les Arabes ont largement puisé dans l'enseignement grec en matière scientifique et philosophique, imbus de leur tradition exclusivement littéraire, de ce culte du verbe qui a été le leur dès la Jāhiliyya et qui les a fait se qualifier eux-mêmes de « gens du langage » (*ahl al-lisān* ; Ǧāḥiẓ), ils se sont refusés à la moindre assimilation des lettres grecques. Tout au plus les Arabes chrétiens pouvaient-ils éventuellement magnifier les hymnes syriaques contre les prétentions esthétiques du Coran. On trouve bien, çà et là, dans des ouvrages philosophiques ou scientifiques, des citations, généralement peu correctes, d'Homère, parmi d'autres formules gnomiques[10], mais chez Ḥunayn elles sont plus exactes et, si l'aspect littéraire de l'auteur grec ne transparaît pas dans ses écrits, une anecdote le décrit comme capable d'en réciter oralement des vers[11]. Ici encore on constate, chez notre personnage, une liberté d'attitude tout à fait remarquable.

Il revient se fixer définitivement à Bagdad vers 211/826 et y œuvre essentiellement comme traducteur, du grec au syriaque mais aussi à l'arabe. Protégé par le calife al-Ma'mūn, il est promu chef des médecins de cour sous al-Mutawakkil, et *amīn 'alā-l-tarǧama* (responsable de la traduction), chargé de corriger les travaux d'un groupe de traducteurs. On a cru, sur la foi de ce fait, que Ḥunayn aurait été un des directeurs du célèbre *Bayt al-Ḥikma* (Maison de la Sagesse). En fait rien ne permet de l'affirmer. D'une part cette institution a suivi une évolution : « Sous Hārūn al-Rašīd [170/786-194/809], le *Bayt al-Ḥikma* apparaît comme une bibliothèque réservée à l'usage du calife et de ses proches, toujours mentionnés comme bénéficiaires des travaux effectués, alors que sous al-Ma'mūn [198/813-218/833], des savants l'utilisent pour leurs travaux, et l'institution connaît un développement [...]. La fonction de *Ṣāḥib bayt al-Ḥikma* [chef de la Maison de la Sagesse] passe sous al-Ma'mūn d'une tâche technique confiée à un savant traducteur, à une tâche administrative, confiée à des *Kuttāb* [secrétaires], éventuellement associés à un spécialiste, ce qui dénote un degré supérieur d'organisation[12]. » Or c'est en 211/826, à l'âge de dix-sept ans, que Ḥunayn réalise sa première traduction et on pourrait penser qu'il a pu profiter ainsi de l'élargissement de cette institution. Mais d'autre part le seul document où il indique l'origine de ses sources (en l'occurrence pour ses traductions de Galien) ne la mentionne pas. Il semble donc qu'il y ait eu d'un côté la bibliothèque au nom prestigieux, et dont on connaît plusieurs directeurs (parmi lesquels Ḥunayn ne figure pas), et de l'autre des groupes de traducteurs rétribués par le calife, dont Ḥunayn fut un des coordinateurs. Il est difficile de dire s'il y a des liens entre les deux ; cela ne semble pas avoir été le cas pour l'œuvre médicale : « Parmi le grand nombre de médecins exerçant à l'époque de Hārūn al-Rašīd et al-Ma'mūn, nous n'en rencontrons aucun dont le nom soit mis en relation avec le *Bayt al-Ḥikma* [...]. De par la pratique que requérait leur discipline, les médecins menaient une activité relativement indépendante de celle des autres hommes de science. Ils disposaient de leurs propres circuits d'enseignement et d'un lieu d'échange : l'hôpital [...]. On y effectuait des traductions [...]. Les médecins à Bagdad étaient alors en général de confession chrétienne et, assez longtemps, la médecine resta une prérogative des milieux chrétiens. Or, ceux-ci, qui disposaient de circuits scientifiques, de moyens d'expression individuels et communautaires auprès du pouvoir, étaient peu concernés par une institution dont les buts étaient avant tout liés au devenir de l'islam[13]. » Cependant le champ d'action de notre auteur ne se borne pas à la médecine et on a pu remarquer que, dans un texte sur lequel nous nous arrêterons ultérieurement, Ḥunayn employait l'expression *Buyūt* [pl. de *bayt*] *al-Ḥikma* pour désigner les lieux où se tenaient des réunions de philosophes anciens[14].

Accusé d'incroyance par des envieux, il tombe en disgrâce en 240/854 et est emprisonné durant six mois, se voyant confisquer ce trésor que constituait sa bibliothèque. Il est réhabilité ensuite et peut achever, avant sa mort en 260/873, une œuvre impressionnante de traduction d'ouvrages grecs portant non seulement sur les matières qui lui sont familières, comme la médecine et la pharmacologie, mais également sur l'astronomie, les mathématiques, la philosophie et même les sciences occultes. Il traduit également en arabe la Bible des Septante et en donne une version qui fait autorité.

Il marque cette discipline de la traduction en inculquant à ses disciples le refus du mot à mot et en créant la terminologie scientifique arabe. Sa méthode repose déjà sur l'établissement du texte par la confrontation de plusieurs manuscrits, qu'il recherche parfois lui-même en voyageant. Ces voyages ne dépassent cependant pas le territoire musulman, car il consulte surtout les archives et les bibliothèques des monastères de la région de Mossoul, de la Jazīra, de la Syrie, de la Palestine ou de l'Égypte. Mais c'est avant tout sur le plan de la méthode qu'il est révolutionnaire, si bien que les anciens distinguaient déjà l'ensemble de ses prédécesseurs sous le nom générique de *naql qadīm* (traduction ancienne). Outre les données matérielles – effort pour permettre la critique des textes, meilleure connaissance du grec (et sans doute de l'arabe) que les devanciers –, deux autres facteurs apparaissent comme décisifs dans ce changement. D'une part Ḥunayn et après lui son fils Isḥāq s'efforcent de créer une terminologie arabe très proche de la structure du grec, qui entraîne des révolutions dans les habitudes lexicales : ainsi *antikeimenon* n'est plus rendu par le mot très imprécis de *iḫtilāf* (différence, divergence...), mais par *mutaqābil.* Certains de ces choix pouvaient avoir été déjà faits épisodiquement (*ittifāq al-asmā'* pour *homônumia* ; *maqūla* pour *kategoria*...), et ils les imposent alors comme définitivement constitutifs du vocabulaire technique arabe. D'autre part cet effort de précision s'appuie sur une vaste compilation lexicographique : Ṣā'id de Tolède, en prétendant que c'est Ḥunayn qui introduisit à Bagdad le *Kitāb al-'ayn*, dont les bases viennent de l'enseignement d'al-Ḫalīl b. Aḥmad, le lie à la tradition de ce premier monument de la lexicographie arabe[15].

Mais l'orientation de Ḥunayn est très spécifique. Il est un des tout premiers à expliquer les termes techniques syriaques, en particulier ceux qui avaient une origine grecque et que l'on s'était souvent contenté de transcrire plus ou moins phonétiquement. On ne connaît pas d'exemplaire original de son lexique mais on sait qu'il a servi de base à des compilations ultérieures plus vastes qui, elles, nous sont conservées[16].

Il crée aussi une méthode d'exposition (en particulier dans ses « Questions sur la science médicale ») par questions et réponses, qui est une adaptation des méthodes syriaques d'exégèse biblique, née peut-être de la nécessité, pour le pouvoir, d'instaurer des examens pour les candidats à l'exercice de la médecine. Enfin, il laisse également une œuvre originale sur diverses sciences, en philosophie et en histoire. On a pu le comparer à Érasme, et G. Troupeau a souligné son rôle capital dans quatre domaines : il est un des savants les plus pluridisciplinaires de toute la période Antiquité-Moyen Âge ; il a eu le mérite d'assimiler la culture païenne grecque et de la confronter à sa propre culture syriaque chrétienne et à la culture arabe musulmane ; il tient une place essentielle dans la transmission du savoir antique ; il a pris au sérieux ses fonctions de diacre de l'Église nestorienne et a participé par ses écrits au dialogue islamo-chrétien[17].

Encore faut-il préciser que, tout en s'affirmant chrétien et pratiquant sa religion, il a eu des démêlés avec son catholicos qui l'a excommunié et dépouillé du *zunnār*, ceinture distinctive des chrétiens en pays d'islam.

L'épisode de sa disgrâce est particulièrement révélateur de cette tension : l'historien de la médecine Ibn Abī Uṣaybi'a nous a conservé l'espèce d'*Historia calamitatum* dans laquelle Ḥunayn en fait le récit[18]. Il y répète qu'il a été victime de la jalousie des autres médecins chrétiens, ceux-là mêmes qu'il avait formés, alors que les gens des autres religions lui étaient favorables. Mais tout son discours est foncièrement chrétien : invocation du modèle d'Abel, victime de la jalousie de Caïn ; affirmation que, malgré ses épreuves, jamais personne, ami ou ennemi, n'a frappé à sa porte pour être soigné sans qu'il y ait répondu de son mieux ; conclusion dans laquelle il rappelle que quiconque peut être éprouvé et que « la seule voie du sage est de ne pas désespérer de la faveur de Dieu pour la délivrance de ce qui le frappe, qu'il faut au contraire avoir une bonne confiance en son créateur, le glorifier davantage et lui rendre grâce[19] » ; et surtout affirmation tranquille que son retour en grâce a été motivé non par une intercession humaine mais bien par une apparition miraculeuse, au calife endormi, du Christ flanqué d'un Ḥunayn souffrant.

À cela s'ajoutent en contraste quelques traits beaucoup moins chrétiens : avant même le complot fatal, voyant ses adversaires se liguer pour le dénigrer comme un simple traducteur, face à eux, les praticiens, et le désigner comme un simple « artisan » qui doit être payé à la tâche, Ḥunayn se déclare « prêt à se tuer[20] ». Il insiste aussi sur le fait que le calife lui donne finalement bien plus que ce qu'il avait auparavant et rend grâce à Dieu qui l'« a manifesté au-dessus de [ses] ennemis [...] et [l'] a placé au meilleur degré et dans la meilleure situation[21] ».

Tout ceci dessine une personnalité plus complexe qu'il n'y paraît à première vue : Ḥunayn n'est pas seulement un intellectuel rigoureux, un pur rationaliste ; il est aussi un homme d'une grande sensibilité.

2. *Un manifeste pour une réflexion fondamentale*

De son œuvre immense se détache un bref opuscule, composé en 247/861-862 : « Modalité de l'appréhension de la vérité de la religion » *(Kayfiyat idrāk ḥaqīqat al-diyāna)*. Ce texte à la fois suppose l'arrière-plan philosophico-scientifique de notre auteur, ainsi que sa conviction religieuse, et les transcende tous deux en une réflexion générale sur l'adhésion intime à une foi.

L'ouvrage se situe dans un contexte de discussion courtoise entre certains individus, mais d'inquisition sociale. Les débuts abbassides ont, en effet, connu un climat de grande liberté d'expression, où des souverains organisaient eux-mêmes des confrontations plus ou moins amicales entre représentants des diverses croyances officiellement reconnues dans l'empire, soit comme sectes de la religion officielle, soit comme religions tributaires. Mais par ailleurs l'islam a connu l'épisode du muʿtazilisme, attitude de justification rationnelle de la Révélation coranique se prolongeant en une coterie politique. Le muʿtazilisme s'est d'abord imposé comme doctrine d'État mais, sous al-Mutawakkil, il s'est vu refouler, les deux processus ayant été chacun l'occasion d'inquisitions redoutables. Il n'est pas impossible que l'accusation dont a été victime, un moment, Ḥunayn se situe dans ce cadre.

Après diverses publications de ce texte, sous forme abrégée ou sous forme développée décrivant les circonstances dans lesquelles il avait été conçu, est récemment paru l'ensemble du dossier[22], auquel je renvoie pour l'aspect historique, me contentant ici d'analyser la démarche en elle-même. Un musulman, Ibn al-Munağğim, ami sincère de Ḥunayn, après l'avoir entendu au cours d'une réunion de lettrés proclamer son « blâme contre quiconque voit la vérité et ne l'embrasse pas, ou qui prend connaissance d'un argument probant et le repousse », lui propose une démonstration de la vérité de sa propre foi. Deux arguments principaux sont invoqués : l'état d'arriération des Arabes au temps de la prédication du Prophète, contrastant avec le degré de civilisation auquel l'islam les a conduits, et l'inimitabilité du Coran.

Il s'agit là du devoir islamique de « bon conseil » *(naṣīḥa)* et, si la littérature polémique interconfessionnelle est immense, ce premier document tranche agréablement par la bonne volonté qui s'y manifeste. Pourtant Ḥunayn ne répond pas et allègue la difficulté du texte qui lui est soumis. Ibn al-Munağğim insiste, dénonçant la mauvaise foi d'un savant habitué à manipuler les ouvrages les plus ardus et renonçant devant si peu ! C'est un autre intellectuel chrétien, le melkite Qusṭā ibn Lūqā, lui aussi traducteur émérite, qui fera une réfutation détaillée du texte musulman. P. Nwyia pensait que le désistement de Ḥunayn pourrait être dû au contexte de suspicion et au mauvais souvenir de sa disgrâce, Qusṭā répondant vraisemblablement beaucoup plus tard, au temps du calife al-Muqtadir, une fois les tensions apaisées, et alors que lui-même finit sa vie en marge du monde islamique, en Arménie où il mourra vers 300/912.

Mais si Ḥunayn refuse de donner la réponse qui lui est demandée, il ne refuse pas de s'expliquer. Ne faisant que quelques allusions à la lettre de son ami musulman, il développe sa propre méditation, et nous donne un ouvrage unique dans la littérature arabe.

D'emblée il décide de se placer sur le plan du vrai et du faux *en général* : « J'ai remarqué ton intention de me donner le bon conseil et de me convaincre de ce dont tu es convaincu toi-même. Mais, à ce qui me paraît, tu n'as fait cela que par souci d'apprendre ce que ton antagoniste peut dire d'opposé à cette conviction, afin d'instaurer ensuite une comparaison entre les deux partis et discerner en chacun ce qu'il y a de vrai et ce qu'il y a de faux[23]. » L'hypothèse que cette formule serait dictée seulement par la prudence ne paraît pas tenable car, aussitôt après, Ḥunayn invoque – très rapidement mais très clairement – les deux arguments d'Ibn al-Munaǧǧim comme étant susceptibles d'être retournés contre l'islam. Cette démarche est donc soit un pari sur la psychologie réelle de l'interlocuteur-ami – mais alors pourquoi ne pas avoir donné cette réponse tout de suite ? – soit, beaucoup plus vraisemblablement, un appel à dépassionner le débat, tout en l'approfondissant et le généralisant.

En effet Ḥunayn se présente, avec une feinte naïveté, comme un simple logicien. Après une brève série de critiques de détail (que nous reverrons plus loin, en les replaçant dans un contexte élargi), il met en question la perspective même de son interlocuteur : « Ce qui m'a aussi fort étonné, c'est que tu prétends que cela est une "démonstration" *(burhān)* contre moi. Tu sais pourtant qu'une "démonstration" ne s'impose contre quelqu'un qu'à partir de ce à quoi il donne son assentiment *(min iqrārihi)*. Or moi je ne t'ai jamais concédé que le livre apporté par ton contribule *(ṣāḥibuka)* soit véridique, ni qu'il en soit comme on le rapporte, en ce qui concerne tout ce que tu as écrit à son sujet dans ta "démonstration". Comment peux-tu alors argumenter *(an taḥtaǧǧa)* contre moi à partir de choses que je ne te concède pas en y donnant mon assentiment *(bimā lā uqirru bihi)*[24] ? »

Un peu plus loin il insiste : « Cela et d'autres choses semblables que j'ai lues dans ton épître m'indiquent que tu n'as pas lu le "Livre de la Démonstration". Et même si tu l'as lu, tu n'en as pas approfondi le sens pour toi-même...[25] » En effet, le « Livre de la Démonstration », terme par lequel les Arabes désignaient les *Seconds Analytiques*, d'Aristote, *débute* par ces mots : « Tout enseignement donné ou reçu par la voie du raisonnement vient d'une connaissance préexistante [... soit pour les "arts"] en prenant les prémisses comme comprises par l'adversaire [soit pour le syllogisme ou l'induction] en prouvant l'universel par le fait que le particulier est évident [...]. La préconnaissance requise est de deux sortes. Tantôt ce qu'on doit présupposer, c'est que la chose est ; tantôt c'est ce que signifie le terme employé qu'il faut comprendre ; tantôt enfin ce sont ces deux choses à la fois[26]. » Ibn al-Munağğim prétend « argumenter ». S'il le faisait vraiment, il procéderait par une manipulation formelle à partir de présupposés. La démonstration en tirerait ce qui y est implicitement, mais n'aurait pas de prise sur eux car ils relèvent de l'assentiment *(iqrār)*. Ḥunayn va donc d'une part rappeler qu'il n'a pas donné son assentiment aux présupposés de son interlocuteur, et de l'autre se consacrer aux modalités de l'assentiment, et à elles seules.

Il avance d'abord qu'il n'a pas admis *(lā uqirru laka)* que le Livre du prophète arabe (le « contribule » d'Ibn al-Munağğim) fût véridique. Sa position sur ce point est courante et on la retrouvera encore au IVe/Xe siècle dans les célèbres confrontations interconfessionnelles tenues à Bagdad dans les *mağālis al-kalām*. Un faqih andalou, Abū ʿAmr Aḥmad b. Muḥammad al-Saʿdī, a raconté le scandale qu'il ressentit quand il entendit les représentants des religions « infidèles » déclarer, d'emblée, avec l'approbation de leurs interlocuteurs : « Que les musulmans ne tirent pas argument contre nous de leur Livre, ni des paroles de leur Prophète. Nous n'y croyons tout simplement pas et nous n'y ajoutons aucune foi. Limitons donc nos controverses aux arguments rationnels et à ce qui peut faire l'objet d'examen et de syllogisme[27]. »

À cela Ḥunayn ajoute un second point plus délicat : « Je n'ai jamais su *(lā ʿalimtu)* non plus que ton contribule ait défié *(taḥadda)* les gens de son peuple en disant : "apportez une sourate [...]" et qu'ils en aient été incapables *(fa-ʿağazū ʿan dālika)*[28]. » P. Nwyia a cru que Ḥunayn se contentait de jouer sur les mots car la phrase qu'il donne ne correspond pas exactement aux formulations coraniques. Cela est peu probable, et de toute façon Ḥunayn ne renvoie pas aux paroles du Coran mais à la formulation de son partenaire, formulation dont il ne peut pas dire qu'il l'ignore ! Mais sa phrase se comprend si on tient compte de deux faits : 1. Le verbe et sa négation ne portent pas uniquement sur la partie de l'énoncé qui évoque le défi du Prophète, mais sur sa totalité, et donc aussi sur l'incapacité supposée des Arabes à répondre au défi. 2. Ḥunayn parle de « savoir » *('ilm)*, c'est-à-dire d'une notion beaucoup plus forte que le ouï-dire. Il suggérerait donc qu'il « ne croit pas » au caractère inimitable du Coran, fait parfaitement compréhensible puisque la doctrine de l'*i'ǧāz* est caractéristiquement arabocentrique, alors que Ḥunayn maîtrise plusieurs cultures différentes. Il renverse donc l'argument d'Ibn al-Munaǧǧim : pour celui-ci, son livre sacré est un miracle qui est probant par lui-même, mais non pour Ḥunayn qui n'y aurait, de toute façon, vu qu'une *prémisse*, et qui conteste donc qu'il y ait « démonstration ».

Par là il se place très heureusement en dehors du gigantesque malentendu qui va opposer les théologiens *(mutakallimūn)* et les tenants de la philosophie grecque *(falāsifa)*. Les seconds ne refusent pas la Révélation mais prétendent partir de la structure de la raison et de ses principes pour élaborer leur savoir, quitte à montrer après coup l'harmonie de la Religion et de leur doctrine. Pour eux, *burhān* traduit *apodeixis*, c'est-à-dire « argumentation probante » (syllogistique ou inductive). Le *mutakallim*, lui, part du principe tout différent que le premier devoir de l'homme est de chercher *(qaṣd)* à raisonner sûrement *(al-naẓār al-ṣaḥīḥ)* pour se convaincre de la contingence du monde, et par suite de l'existence d'un Créateur[29]. Il ne cherche donc que des « signes » *(sèmeion - dalīl)* et ne procède que « dialectiquement »[30]. La remarque un peu ironique de Ḥunayn reprochant à son ami de ne pas avoir lu le « Livre de la Démonstration » est donc plus qu'un argument *ad hominem* ; c'est un rappel – malheureusement ignoré par tous – des conditions mêmes de la pensée.

Mais l'aspect « logicien » que se donne notre penseur n'est qu'un subterfuge car il ne se limite pas à rappeler les lois de la raison. Il ne parle pas du raisonnement en général, mais de la démonstration religieuse. Aussi chez lui Aristote est-il « rejoint » par Pascal.

En effet, dans le domaine religieux, le présupposé du raisonnement est l'assentiment à une doctrine reçue « par tradition » *(bi-l-ḫabar)*. Pour elle, « on peut discerner le vrai du faux à partir des raisons qui ont motivé, dès le commencement, [son] acceptation[31] ». Ici, il faut le reconnaître, Ḥunayn se contente d'affirmer que « les raisons d'accepter le vrai sont différentes *(mubāyyina)* de celles qui amènent à l'acceptation du faux[32] », et il joue sur l'effet moral que produira son énumération. Tout se passe comme s'il acceptait le postulat : ce qui nous choque moralement ne peut être que le résultat de l'erreur ou, tout au moins, la véracité *(ṣiḥḥa)* ne peut aller de pair avec la laideur morale. On peut supposer que l'helléniste qu'il est juge admises depuis longtemps les démonstrations dans ce sens de Platon, notamment dans le *Gorgias*.

Quoi qu'il en soit, Ḥunayn voit six raisons d'accepter le faux : par contrainte ; quand on est dans une situation malheureuse dont on espère sortir par ce biais ; pour la recherche de la gloire, de l'honneur ou de la puissance ; par l'effet de la ruse ; quand on se trouve dans un peuple très ignorant ; quand il y a un lien de parenté naturelle entre les deux interlocuteurs, lien qu'on ne veut pas rompre. Bien que ce soit l'aspect le plus faible et le moins personnel de notre texte, il convient de s'y arrêter pour mieux situer Ḥunayn.

Remarquons tout d'abord que, dans la brève réponse au détail du texte d'Ibn al-Munaǧǧim, Ḥunayn a déjà fait allusion aux quatrième et cinquième points : le musulman a loué le prophète Muḥammad d'avoir réussi auprès des Arabes qui étaient alors très arriérés, ce qui prouverait qu'il ne pouvait y avoir de ruse *(ḥīla)* de sa part. Il répond : « Mais je te demande : y a-t-il conditions plus avantageuses pour tromper les gens que le fait que leur état soit semblable à celui dans lequel tu situes le peuple de ton contribule[33] ? » Il n'y a certes pas accusation de fraude mais l'argument reste possible. Par ailleurs les trois raisons d'adhésion aveugle à une religion, indiquées dans le « chapitre de Burzōē », correspondent respectivement au sixième point, au premier et aux troisième et quatrième ensemble, et nous les avons déjà retrouvés, textuellement ou presque, chez ʿAmmār al-Baṣrī. Par contre le second point est beaucoup moins violent que l'accusation de corruption, que Ḥunayn n'écarte pas pour autant puisqu'il l'énonce juste après, témoignant peut-être d'une vision plus nuancée des choses. Malgré ces marques d'une plus grande souplesse intellectuelle que ses prédécesseurs, Ḥunayn n'a cependant pas, à ce stade, modifié sensiblement leur position. C'est la suite de la réflexion qui est neuve.

À ces six raisons, uniquement morales, d'adhésion au faux, Ḥunayn oppose quatre raisons d'attachement au vrai qui paraissent hétérogènes. La première est « la vue des miracles dépassant les forces humaines » *(Ayāt ta'ǧizu 'anhā ṭāqat al-bašar)*[34]. La seconde et la quatrième sont d'ordre moral : l'aspect visible *(ẓāhir)* de ce à quoi appelle le message, par quoi Ḥunayn désigne sans doute les attitudes religieuses ; la conformité du terme *(āḫir al-amr)* à son commencement, c'est-à-dire l'enseignement historique, qui donne confiance pour les suites du choix. Entre les deux notre auteur intercale curieusement « la démonstration qui contraint *(muḍṭarr)* à admettre[35] ». La place de cet argument ne peut être fortuite chez un esprit aussi rigoureux et on peut penser qu'en rapprochant les deux premiers, Ḥunayn « moralise » en quelque sorte le miracle, puisque sa constatation, comme celle d'une bonne attitude de la part du messager, aboutit au même résultat d'adhésion, tandis qu'il « logicise » l'enseignement historique d'une doctrine, faisant de la cohérence de ses effets une véritable démonstration.

La polémique semble reprendre alors avec l'injonction suivante : « C'est un devoir, pour qui le désire, de comprendre pour quelles raisons sa religion a été, à l'origine, adoptée et si ces raisons sont de celles pour lesquelles est accepté le vrai ou de celles pour lesquelles on accepte le faux[36]. » Mais Ḥunayn atténue son propos en annonçant qu'on ne va parler ni des religions antérieures au christianisme ni de celles qui lui sont postérieures – l'islam étant ainsi évidemment escamoté – mais seulement de celui-là : 1. le christianisme ne s'est pas imposé par la force mais a, au contraire, été combattu par tous ; 2. il n'a pas fait passer ses adeptes à une condition meilleure mais les a appelés à quelque chose de « contraignant, de difficile et de désagréable, qui répugne à la nature humaine et qu'elle déteste[37] » ; 3. il ne les a pas faits accéder à la gloire, mais à l'abaissement et à l'abandon du monde ; 4. il ne s'est pas imposé par la ruse, car les Apôtres étaient de simples pêcheurs ; 5. les convertis étaient des sages connaissant la logique *(manṭiq)*, la philosophie *(falsafat al-'ālam)* et la recherche *(baḥṯ)* ; 6. ils n'ont pas opté pour lui afin de s'unir à des amis, mais ont été isolés des leurs. À quoi Ḥunayn ajoute une septième raison : « Rien n'est plus difficile que ce que les Apôtres ont prêché[38]. »

Ici aussi il y a des points communs et des différences avec ʿAmmār al-Baṣrī[39]. Les deux auteurs reprennent dans l'ordre la liste des « motifs de diffusion du faux » qu'ils ont respectivement donnée et montrent que leur religion ne correspond à aucun d'eux. Mais Ḥunayn n'a pas seulement nuancé et amélioré cette liste ; il a introduit, par le biais des motifs d'adhérer au vrai, une progression. ʿAmmār insiste sur le scandale que constitue le christianisme pour la psychologie ordinaire : mystères incompréhensibles, orientation vers un autre monde, lutte contre les passions ordinaires, rejet de la puissance et des biens… Cette opposition à la raison commune aboutit naturellement à se disculper de l'usage de procédés supranaturels dans le sens de la magie. Or Ḥunayn répugne à opposer le miracle à celle-ci. Les procédés thaumaturgiques ne valent pas pour eux-mêmes, mais sont à rattacher à l'histoire du christianisme, laquelle devient alors une véritable démonstration quand la continuité est établie entre la simplicité des Apôtres et les hautes élaborations intellectuelles des chrétiens ultérieurs.

Vis-à-vis d'Ibn al-Muqaffaʿ, les choses sont différentes. Ḥunayn le prolonge dans sa partie critique. Il récuse, comme lui, les moyens pervers de propagation d'une religion (ruse, violence…). Il le prolonge aussi par sa négation de l'« inimitabilité du Coran ». Mais il s'oppose à Ibn al-Muqaffaʿ par le rôle privilégié qu'il accorde au critère ascétique. Sa réconciliation de l'ascétisme et de la raison ne s'exerce pas toutefois dans le sens du *K. Bilawhar* ismaélien. La raison reste autonome et n'est pas jugée droite seulement quand elle reconnaît les signes de Dieu. Le champ des sciences est infini et Ḥunayn l'explore avec passion. La fin du texte va nous éclairer sur le statut exact de la raison chez lui.

Les motifs d'adhésion au faux étant, à ses yeux, écartés pour le christianisme, il conclut : « aussi personne ne peut soutenir que [le christianisme] a été accepté si ce n'est à cause des signes et des miracles qui ont été vérifiés par ceux qui ont embrassé cette religion[40] ». Les trois notions de « signe », « miracle » et « vérification » recouvrent-elles les quatre raisons d'adhérer au vrai ? D'autres chrétiens ont insisté sur le caractère paradoxal de leur croyance. D'après l'écrivain musulman Masʿūdī, le « *credo quia absurdum* » de Tertullien se retrouverait tel quel, vers la même époque que Ḥunayn, dans l'argumentation d'un auteur copte qui, ayant montré les contradictions de toutes les croyances, aurait tiré la vérité du christianisme de son aspect suprêmement incompréhensible[41]. Ce témoignage est incertain, mais nous venons de voir les tendances irrationalistes chez 'Ammār al-Baṣrī, que l'on trouve aussi chez Abū Rā'iṭa, tous deux antérieurs de quelques décennies à Ḥunayn. Chez 'Ammār, outre les motifs moraux d'adhérer au faux (violence, etc.) repris par notre penseur, et l'invocation de la magie, que ce dernier ignore pour sa part, il convient de s'arrêter au quatrième motif, qui est la « convenance doctrinale » *(istiḥsān)*. Que faut-il entendre par là : si c'est une critique de l'arbitraire des opinions, Ḥunayn aurait très bien pu y souscrire et on ne comprend pas qu'il ne l'ait pas reprise. En fait, 'Ammār souligne par ailleurs complaisamment les aspects dogmatiques du christianisme qui lui paraissent inadmissibles à la raison commune : Dieu un et trine, conception virginale, mort et ensevelissement du Fils de Dieu. Aussi ne voit-il de mobile d'adhésion que dans le *seul* miracle, devant lequel la raison se soumet[42].

Or ce n'est pas cet irrationalisme que suit Ḥunayn, et cela aurait été bien peu compréhensible de la part d'un savant de sa stature. Le miracle n'est pour lui qu'une des quatre causes d'adhérer au vrai, et il a tendance à ne le prendre qu'« historicisé » et non comme un phénomène isolé. C'est donc tout un ensemble qu'il faut envisager et ses derniers mots sont un retour très clair à la question initiale des présupposés de la croyance : « Si tu considères bien cela, tu ne tarderas pas à savoir qu'il n'y a, entre cette religion et les autres, aucune analogie *(qiyās)* ni aucune argumentation *(ḥuǧǧa)* claire et nette *qui serait admise par ceux qui renoncent* à l'égarement et au penchant mauvais *(tārikū-l-zayġ wa-l-mayl)*[43]. » Ils font écho au début du texte où Ḥunayn annonce qu'il va suivre « les voies de l'argumentation qu'emploient ceux qui ont un cœur et qui sont justes – sans tactique ni partialité *('alā ṭarīq ḏū-l-lubb wa-l-'adl, min ġayri taḥāyul wa lā mayl)*[44] ». Prises séparément, ces deux formules peuvent faire penser aux clauses de style qu'emploient tous les polémistes de la même époque, sans pour autant se libérer – pour l'immense majorité d'entre eux – du caractère purement dialectique de leur argumentation. Mais le contexte de l'ensemble de l'opuscule conduit à les distinguer fortement. Les dialecticiens ne sortent jamais du jeu des arguments. Au mieux certains (comme al-Warrāq[45]) entendent ces formules déontologiques dans un sens purement technique : s'en tenir à la seule logique et au seul enchaînement des concepts. Ḥunayn, au contraire, tire un enseignement de cette déontologie elle-même : l'aspect moral est présent dès la saisie des prémisses. Le miracle et l'aspect visible du christianisme sont une préparation psychologique qui protège des passions. Comme chez Pascal, il faut « nous disposer » au vrai.

À ce moment-là l'argumentation peut intervenir, mais elle dépend, en bonne logique, de la validité des prémisses. L'enseignement historique, enfin, montrant « la conformité du terme à son commencement », en est une vérification expérimentale.

3. Sagesse humaine et ouverture à la transcendance

En annonçant son projet, Ḥunayn signale incidemment : « Je t'indiquerai aussi l'état de mon Prophète *(wa ubayyinu laka ḥāla nabiyya)* et ce qu'il en est des autres *(wa-l-ḥāl fī ġayrihi)*[46]. » Pourtant, ce qui frappe dans ce texte, c'est que la question du prophétisme n'est jamais évoquée en elle-même. On peut, bien sûr, l'inclure dans la catégorie des « signes », mais Ḥunayn ne s'y arrête pas explicitement.

Dans le *K. al-Masā'il*, 'Ammār avait éprouvé le besoin, après une première section consacrée à réfuter les objections rationalistes inspirées par le dualisme, de faire la soudure avec l'examen des raisons de croire par l'évocation du « Testament » *('ahd)* divin[47]. À plus forte raison dans l'islam, dont la moitié de la profession de foi porte sur le prophétisme de Muḥammad, l'apologétique va-t-elle tourner autour de la nécessité de la Révélation pour pallier les insuffisances de la raison humaine[48] et justifiera-t-elle les enseignements révélés par la « sincérité » *(ṣidq)* du Prophète. Non seulement une critique rationaliste comme celle d'Ibn al-Muqaffa' sera réfutée par l'invocation des limites de la raison, mais on va s'efforcer, éventuellement, de montrer que l'intervention divine est nécessaire y compris pour la formation du savoir humain. À l'exception de ce dernier point seulement, les philosophes vont accepter cette thématique, l'appuyant sur la distinction aristotélicienne entre ceux qui sont capables de saisir un raisonnement et le reste des hommes. Or, s'il est vraisemblable que Ḥunayn ait accepté cette distinction, il l'atténue fortement – du moins dans le domaine religieux – par son exigence *pour tous* d'une préparation psychologique au vrai.

La prophétie joue-t-elle un rôle essentiel dans cette préparation, ou celle-ci ne peut-elle être interne à l'activité raisonnante ? Je ne connais pas de texte où Ḥunayn traite explicitement cette question, mais on peut tirer quelques indications – au moins a contrario – d'un autre de ses ouvrages qui est un « recueil d'aphorismes des sages ».

Ḥunayn est le promoteur, dans la civilisation arabo-islamique, de ce genre littéraire. Son livre *Nawādir al-falāsifa wa-l-ḥukamā'* (« Les joyaux des philosophes et des sages »), qui est fondé sur des florilèges byzantins analogues et contient des matériaux très anciens[49], devait renfermer néanmoins, au milieu des citations et des récits, des réflexions qui lui étaient propres. Il ne nous est malheureusement connu, sous le nom de *Ādāb al-falāsifa* (« Finesses d'esprit des philosophes »)[50], que par le biais d'un résumé d'un certain Muḥammad al-Anṣārī, inconnu par ailleurs, et dont on ne peut savoir dans quelle mesure il a été fidèle à l'original[51].

Le texte, tel qu'il nous est connu, se réfère essentiellement aux Grecs : philosophes reconnus universellement comme tels, mais aussi sages à divers titres : savants, que nous rapprocherions de la philosophie, comme Hippocrate ou Galien, voire Euclide ; Homère, que les Grecs considéraient comme la source de leur éducation, et dont les *Ādāb al-falāsifa* ne donnent que des citations vagues, alors que, nous l'avons vu, Ḥunayn était le seul Arabe à en avoir par ailleurs tiré parti ; hommes historiques « mythicisés », comme Solon et Alexandre ; et enfin personnages franchement mythiques, en soi comme Hermès, ou par l'inflation de la légende les concernant, comme Apollonios de Tyane (nommé Balīnās). On voit donc que le philosophe arabe traite en bloc l'héritage grec et ne fait pas, comme plus tard Ibn Rušd (Averroès), un tri entre ce qui est rationnellement acceptable et le reste.

Cette part d'irrationnel semble encore accentuée par le fait qu'en dehors des Grecs, ce livre ne cite que le sage antéislamique Luqmān et, en conclusion, « les enseignements des djinns », recueillis dans des conditions fantastiques par Salomon. C'est sur ces aspects qu'il convient de s'arrêter. Concernant Luqmān, le fait qu'il figure aux côtés des Grecs se justifie quelque peu par un remodelage de ce personnage énigmatique. L'aspect monothéiste que lui donne le Coran n'est pas repris et les *Adab* sont peut-être à l'origine de la transformation de Luqmān en « fabuliste par excellence [qui] constitue un frappant pendant d'Ésope[52] ».

Le chapitre sur les djinns[53], lui, pose de nombreux problèmes. Et tout d'abord celui de son rajout à un fonds byzantin étranger. Un copiste, ou peut-être un simple lecteur, a précisé sur le manuscrit de l'Escurial que c'est « un livre des juifs », preuve du sentiment d'étrangeté qu'il ressentait. Certes nous savons maintenant que le judaïsme tardif n'était pas sans lien avec l'hellénisme. Mais les anciens Arabes – et Ḥunayn lui-même, sans doute – ne le savaient pas, et ce n'était certainement pas le matériau des sources grecques, qu'ils recherchaient, qui le leur aurait rappelé.

Il est donc très important de voir Ḥunayn décider d'ajouter le « sage sémite » par excellence à cette sagesse universelle, disponible pour tous. Comment interpréter cela ? J. Jolivet a proposé, sans choisir, deux lectures possibles : quand il cite Luqmān le sage et ces « djinns sages qui s'entretiennent de la sagesse », n'aurait-il pas voulu replonger dans un univers étranger à l'islam, et les données coraniques à leur sujet, et leur sagesse ? Ou bien « marquer la solidarité de la philosophie représentée dans le reste de l'ouvrage avec un passé ethnique, linguistique et religieux[54] ». Les deux interprétations ont en commun la mise entre parenthèses de la révélation coranique pour remonter à des éléments culturels de l'antéislam. Comme le note J. Jolivet, en effet, bien que le compilateur des *Adab al-falāsifa* à partir des *Nawādir* fût un musulman, l'œuvre n'en garde pas moins une allure nettement « laïque », alors que tous les auteurs islamiques s'efforcent de donner des gages de foi religieuse. Cette tonalité laïque ne peut donc provenir que de l'original de Ḥunayn et on peut l'opposer à l'œuvre philosophique de son contemporain, al-Kindī, qui vise nettement à concilier sagesse et religion[55]. Il semble que, pour l'auteur chrétien, le problème ne se pose même pas. Bien plus, alors que tous les recueils ultérieurs du même genre[56] « on en commun [...] d'enraciner la sagesse philosophique dans la sagesse prophétique[57] », Ḥunayn ne dit rien d'explicite à ce sujet.

Mais il y a sans doute davantage qu'une simple neutralité vis-à-vis du fait prophétique. Plusieurs traits font subodorer une véritable « ruse » de la part de Ḥunayn. En premier lieu, il est frappant que Salomon, gratifié de la formule rituelle « sur lui soit la paix » *('alayhi al-salām)*, n'ait rien, dans les *Adab al-falāsifa*, d'un prophète ou même d'un saint, catégories auxquelles cette invocation revient. Le titre du chapitre dit qu'il a recueilli les paroles des djinns « dans le livre de sa sagesse » *(fī kitāb ḥikmatihi)*[58]. Ce terme ne peut désigner le Livre biblique des Proverbes, dont une partie s'appelle pourtant « Sagesse de Salomon », car seules deux maximes peuvent y renvoyer par le sens, mais avec des formulations différentes. Ḥunayn, qui a traduit la Bible en arabe, n'aurait pu faire cette confusion. Pourrait-on penser alors que, précisément, il a voulu compléter sa traduction par ce chapitre en se référant à des apocryphes ? Cependant, non seulement le Livre des Proverbes se caractérise par son aspect souvent terre à terre (une partie des maximes vient des sagesses païennes de l'Orient), mais notre texte n'a pratiquement plus de portée religieuse. Seules les quatorzième et quinzième maximes, qui parlent de la vie future, ont une telle coloration, et encore peut-on les considérer, d'une certaine manière, comme antagonistes : l'une reprend le *topos* selon lequel « le meilleur viatique est celui dont on se munit pour le jour de la résurrection » (littéralement : du « retour »), mais l'autre désacralise aussitôt cette dernière en disant que « gagne la résurrection celui qui satisfait son désir »[59]. Il y a donc nettement une intention réductrice.

En outre, on peut constater une manipulation dans la forme même du texte. Le caractère gnomique, voire énigmatique, des maximes de ce dernier chapitre est renforcé par la brièveté voulue des énoncés, contrastant avec les formes plus développées du reste du livre. Toutefois, il s'agit là d'un pur artifice, car non seulement les djinns parlent exactement comme les autres sages (la disposition thématique est la même, et certaines phrases se retrouvent telles quelles dans d'autres chapitres), mais encore certaines formes, développées ailleurs, sont reprises ici, simplement découpées en deux ou trois morceaux, présenté chacun comme une maxime indépendante[60]. Un esprit rigoureux comme Ḥunayn ne pouvait s'y tromper, mais il pouvait, par contre, compter malicieusement sur la naïveté de l'immense majorité de son public, fasciné par les formules gnomiques qui constituent un fonds polymorphe et dont les éléments ont toujours été interchangeables.

Mais que pouvait viser Ḥunayn par cette mystification ? Il faut se rappeler que, si les textes sacrés acceptent comme un fait les croyances populaires sur les « êtres intermédiaires », le Coran, dans sa position envers les djinns, et l'Évangile, dans sa présentation des esprits, sont radicalement opposés. Le Coran (XLVI, 29/28-29) sacralise une tradition prophétique selon laquelle trois ans avant l'Hégire, après son échec à Ṭa'if, le Prophète aurait rencontré une bande de djinns auxquels il aurait récité la Révélation et qui seraient devenus ses missionnaires[61]. L'Évangile, au contraire, considérant que les puissances du mal gouvernent le monde, ne présente Jésus et ses disciples que comme « chassant les démons ».

Ces deux perspectives ont un effet rétroactif, quand on remonte au personnage de Salomon : la tradition grecque, commençant dès le juif hellénisé Flavius Josèphe, n'envisage de rapport entre lui et les esprits que sous forme d'exorcisme[62]. La tradition arabe n'ignore pas totalement cet aspect mais le réduit à des cas rares et très spécifiques[63]. Elle exalte par contre la maîtrise de Salomon sur les djinns et le fait qu'il les ait mis à son service. Le Coran intègre cette vision[64] et souligne l'hétéronomie de ces djinns par l'image d'un Salomon qui, même mort, continue à les dominer pendant qu'ils œuvrent pour lui, et ne s'effondre que quand un termite a rongé le bâton qui soutenait son cadavre[65] !

En tant que chrétien, Ḥunayn ne peut voir qu'avec scepticisme cette intégration des djinns au monde de la prophétie dont ils deviennent les serviteurs. Attaquer directement la prophétie elle-même eût été impensable. Opposer la vision judéo-chrétienne du fait, nettement sélective, à celle de l'islam, qui multiplie complaisamment les prophètes et qualifie comme tel tout personnage un peu saillant de l'histoire du monothéisme, eût été entrer dans la polémique courante dont Ḥunayn a montré, dans la réponse à Ibn al-Munaǧǧim, combien il s'en méfiait. Aussi inverse-t-il, ironiquement, le rapport : là où le Coran souligne que les djinns étaient abusés parce qu'ils n'avaient pas « su l'invisible » *(law kānū ya'lamūna al-ġayb)*[66], Ḥunayn exploite la tradition paganisée, présentant au contraire le sage comme recevant d'eux un enseignement. Non seulement cette tradition faisait aussi partie du vieux fonds sémitique, mais en outre elle avait été islamisée en présentant les djinns comme notant sur des feuilles ce qu'ils surprenaient de la conversation des anges, feuilles que Salomon, à son tour, leur aurait dérobées[67]. Et le lecteur ordinaire ne prenait pas garde au renversement opéré. C'est là le piège de l'*Adab* et de son caractère encyclopédique, et non discriminatoire !

Dans le cas présent, la confusion des traditions littéraires était favorisée par le caractère syncrétique des données coraniques concernant les djinns. T. Fahd a souligné qu'il y avait plusieurs strates dont la juxtaposition permet bien des illogismes : « Un examen de l'ensemble des données coraniques révèle à maintes reprises une identité certaine entre *shaytān* – surtout le pluriel *shayātīn* – et djinn. C'est en particulier le cas des passages relatifs à la légende de Salomon[68]... » Le lecteur musulman moyen – dont a sans doute fait partie celui qui a résumé l'œuvre originale – était donc doublement abusé : d'une part il croyait trouver, dans un chapitre final mettant en scène Salomon, un prolongement prophétique de la philosophie ; de l'autre son esprit modelé par le Coran lui faisait voir dans l'évocation des djinns des serviteurs de la prophétie. Seul un esprit perspicace et sans idée préconçue pouvait comprendre ce que le texte dit effectivement : le Salomon des *Adab al-falāsifa* est un sage parmi d'autres, qui ne donne aucune « touche finale » religieuse à l'ouvrage, et les djinns ne sont pas ceux du Coran mais ceux du paganisme.

On retrouve ici un phénomène observé à propos du *Kalīla wa Dimna*. Tant cet ouvrage que les *Nawādir al-falāsifa* ont subi des retouches, par d'autres auteurs, qui les ont islamisés ; ils n'en ont pas moins gardé leur fonds critique qui échappait à des esprits modelés par d'autres critères. Est-ce à dire que Ḥunayn témoigne ici du même rationalisme qu'Ibn al-Muqaffa' ? C'est peu probable puisque l'auteur arabe, notamment, est très attaché au fait du miracle, qu'il considère comme un signe de validité d'un message religieux, et qu'il a expérimenté dans sa propre vie. En réalité ce n'est pas la prophétie en général que récusent les *Adab al-falāsifa*, mais une *conception* de la prophétie, celle qui s'appuie sur les djinns et sur une image mythique de Salomon. La fin du livre est une démonstration par l'absurde de ce qu'en étendant trop la prophétie on la prive de consistance : si tout ce qui sort de l'ordinaire est prophétie, plus rien n'est prophétique.

La réponse à Ibn al-Munağğim nous enseignait qu'il fallait « se préparer » à recevoir la vérité. Les *Nawādir* nous disent en outre qu'il ne faut pas se tromper sur cette préparation et qu'il faut nettement distinguer ce qui relève de l'homme, si exceptionnel que cela paraisse, et dont le but reste la morale de tous les jours ; cela n'exclut pas une touche éventuelle de religiosité, mais celle-ci demeure pratique. Nous retrouvons donc, d'une certaine façon, la concession d'Ibn al-Muqaffa' pour l'aspect pédagogique de la religion courante. Quant à l'adhésion intime, elle touche à un autre registre et chaque auteur a une position différente : Ibn al-Muqaffa' insistait sur l'exigence éthique et culminait dans un rationalisme strict, ce qui limite la portée de son œuvre à l'aspect critique et lui ôte toute positivité religieuse ; Ḥunayn est à la fois plus ouvert à la transcendance, qui se traduit par des « expériences » personnelles et collectives, et plus méfiant envers toute dérive psychologique qui confondrait le religieux avec n'importe quel sentiment d'exception. La divergence entre les deux penseurs se fait donc dès leur manière de concevoir l'éthique : pour Ibn al-Muqaffa', un héritage « raisonnable » est une source nécessaire, mais aussi suffisante ; pour Ḥunayn, l'éthique ne s'interdit pas quelques éléments merveilleux, mais même alors elle reste close sur elle-même et c'est la raison qui, en distinguant le merveilleux humain du transcendant, nous manifeste à la fois cette clôture et l'exigence de la « préparation à la vérité ».

CHAPITRE III

Le monothéisme sous l'aiguillon du dualisme

La démarche esquissée par Ḥunayn ibn Isḥāq ne semble pas avoir eu de partisan après lui. Au lieu de l'interrogation pour soi-même qu'il a cherché à promouvoir, c'est la polémique qui l'emporte. Si la plupart du temps celle-ci reste figée dans le plaidoyer *pro domo*, mené avec plus ou moins de talent, mais n'ayant de toute façon pas d'autre but que le contentement de soi, elle a cependant permis quelquefois des attitudes neuves : soit la prise au sérieux des attaques adverses ; soit un effort de construction mentale sur des bases inhabituelles ; soit un dépassement de la polémique dans un esprit œcuménique ou dans une approche objective de la diversité. Ce sont ces trois attitudes que nous allons examiner successivement.

Le conflit entre les trois monothéismes reposant sur la réception de textes différents autour d'un même noyau dont chacun prétend donner le vrai sens, il n'y est guère possible de prendre au sérieux l'argumentation adverse, si ce n'est dans une attitude de respect œcuménique. Aller plus loin signifie le passage d'une religion à l'autre, ou alors le syncrétisme, qui est la négation même de la pensée. Aussi est-ce de l'extérieur, du dualisme, que la stimulation féconde est venue, attirant l'attention sur des points que le monothéisme avait tendance à escamoter. Nous en avons vu des prémices dans l'attaque d'Ibn al-Muqaffaʿ contre le Coran, et notamment dans l'idée que le monothéisme pourrait n'être qu'un masque jeté sur un dualisme fondamental, et les mobiles de la foi beaucoup moins nobles que l'image de l'adoration de la transcendance sous laquelle il se présente.

1. Présence du dualisme dans la civilisation arabe classique

Les mazdéens – mais non les manichéens – furent souvent considérés comme *ḏimmī* car ils possédaient un « Livre », l'*Avesta.* Ils subsistèrent, bien qu'en nombre très réduit, et eurent assez de force pour produire encore aux IIIe/IXe-IVe/Xe siècles une série d'ouvrages écrits en pehlevi puis en persan, qui sont soit des polémiques, soit des encyclopédies à but apologétique.

Certains de ces documents n'ont de valeur qu'historique, comme par exemple l'ouvrage *Guǰastak Abāliš* (« Le maudit Abāliš »)[1]. Son contenu est pauvre mais il a l'intérêt de relater une controverse, tenue en présence du calife al-Ma'mūn (régnant de 198/813 à 218/833), entre un mazdéen schismatique nommé Abāliš – déjà qualifié dans le texte pehlevi de *zandik* – et un grand prêtre de cette religion. Le premier soulève des contradictions internes à cette doctrine, que le second résout aisément. Le caractère vraisemblable de cette joute est confirmé par l'historien musulman Mas'ūdī qui en donne d'autres exemples[2].

Pour sa part, le *Škand Gumānīk Vičār* (« La solution décisive des doutes »), qui est du IIIe/IXe siècle, est un ouvrage beaucoup plus élaboré et beaucoup plus riche, notamment parce qu'il synthétise dans sa seconde partie les arguments du mazdéisme contre les autres religions[3].

J. de Menasce, son éditeur, indiquait que l'ouvrage est destiné à des mazdéens, déjà convertis à l'islam ou en danger de l'être, mais non arabisés. L'auteur lui-même explique que son livre ne s'adresse pas aux savants mais aux « étudiants et [aux] novices[4] ». L'ouvrage exploite habilement une bonne information sur les contemporains : il oppose, à l'intérieur de l'islam, les aš'arites aux mu'tazilites, lesquels sont les principaux adversaires des dualistes ; à l'intérieur du monothéisme, il oppose l'islam au judaïsme et au christianisme ; enfin, il confronte le manichéisme au christianisme, afin de faire ressortir les aspects dualistes de celui-ci, pour finalement réfuter le manichéisme lui-même.

Nous nous intéressons ici à sa démarche intellectuelle. Après avoir répondu à des objections, venant sans doute d'un musulman, contre le dualisme, le *Škand* s'en prend successivement aux athées (chap. V) et aux matérialistes (en arabe *dahriyya* : chap. VI). La prémisse essentielle est que « l'existence de Dieu et de son rival doit être une connaissance acceptable à la raison et qui rentre dans les lois de la logique[5] ». Une fois qu'il a montré que la connaissance de Dieu est indispensable et rappelé qu'elle englobe la connaissance de Sa nature, il passe en revue quatre modes de connaissance (apodictique, par analogie, par conjecture du possible et du convenable, par exclusion de l'absurde), pour les appliquer au présent objet. Cette application a une allure nettement finaliste et le second chapitre prolonge cette démonstration générale par l'affirmation d'une providence et d'une rétribution. Cela permet, dans le chapitre VII, d'élaborer une progression établissant l'existence d'un principe antagoniste au Dieu bon : le créateur d'êtres finalisés doit agir lui-même pour une fin, non par mode de nature, et cette fin ne peut s'expliquer que par l'action contraire d'un agent non rationnel. La nature de ce contraire est à son tour examinée dans les chapitres VIII-X. Remontant du spectacle du monde visible à un ordre invisible qui doit le commander, l'ouvrage exprime, par l'inclusion dans un contexte persan des catégories grecques d'émanation et de génération et corruption, son refus de toute création *ex nihilo*. « Celle-ci est censée aboutir à cette conséquence fâcheuse que Dieu pourrait aussi bien réduire à néant ce qu'il a sorti du néant[6] » (J. de Menasce).

Cette attitude rationaliste explique que la critique des autres religions ne soit pas faite selon un ordre chronologique, mais selon un ordre (relativement !) logique. L'islam vient en premier lieu car il incarne de façon particulièrement nette la doctrine moniste : « Tout d'abord au sujet des théoriciens d'un premier principe unique qui disent qu'il y a un Dieu unique, bienfaisant, sage, puissant, généreux et miséricordieux, et que les actes bons et mauvais, la vérité et le mensonge, la vie et la mort, la bonté et la malice proviennent de Lui[7]. » L'auteur persan prend chacun de ces caractères et en montre les contradictions, procédant toujours par alternative. Il serait vain et fastidieux d'en examiner le détail (puisqu'on a là l'accumulation des résultats d'une multitude de polémiques à travers les âges, dont des éléments que nous avons vus chez Ibn al-Muqaffa' et d'autres que nous examinerons par la suite) ; ce qui est remarquable c'est son substrat logico-psychologique. Vers la fin du premier des deux chapitres consacrés à cette réfutation, la polémique se transforme progressivement en une démonstration positive du dualisme, le jeu des alternatives apparaissant à l'auteur comme la marque sensible de la procession de toute chose à partir de deux principes.

Le dernier paragraphe, qui se présente comme la quintessence de la polémique qu'il conclut, est caractéristique de cette démarche : « Au sujet des théories que nous méditons, on n'échappe pas à cette alternative : ou bien tout est vrai, ou bien tout est faux, ou bien c'est en partie vrai et en partie faux. Si tout est vrai, tout ce qui ne s'accorde pas avec ce discours est mensonger, et certaines vues seront à la fois vérité et mensonge. Si tout est faux, tout ce qui ne s'accorde pas avec ce discours est vrai, et quelque chose sera l'un et l'autre. Si c'est en partie vrai et en partie faux, ce qui en est vrai est de la substance et de la lignée de la vérité, et ce qui est faux est de la substance et de la lignée et de la causalité du mensonge. Il y a deux Principes : de l'un procède la vérité, de l'autre le mensonge[8]. » Dans cette alternative, les deux premières possibilités sont ainsi exclues par l'application du principe logique du tiers exclu, et la troisième, qui est la théorie dualiste, est établie de deux façons : négativement par l'exclusion des deux autres ; positivement par l'application du principe d'identité.

Une fois fait l'examen de l'islam, celui des autres religions semblerait n'obéir qu'à un critère chronologique : judaïsme, christianisme (avec ses trois principales Églises), puis manichéisme. Mais l'auteur ne le marque expressément qu'à propos du second en affirmant que « toutes trois ayant pour fondement connu le judaïsme, quand on réfute l'une d'elles on atteint du même coup l'erreur des autres[9] ». Les spécialistes ont très tôt noté que la critique du judaïsme n'a pas de structure particulière : elle est composée des strates successives d'une polémique déjà ancienne et mélange des niveaux de qualité intellectuelle très variable. En fait il y a une sorte de division des attributions. La critique du judaïsme ne porte que sur la création, sur la chute du premier homme et sur divers textes proches de ce que nous avons vu avec l'islam. Si les deux derniers points rejoignent les tiraillements et les affirmations contradictoires de l'islam au sujet de Dieu (« Il est évident qu'entre sa volonté [du Dieu de la Bible], sa science et son commandement, il y a contradiction[10] »), la discussion sur la création concerne uniquement les incompatibilités avec la saine raison. Curieusement, cette réfutation, qui ne porte que sur la partie « mythologique » de la Bible, s'avère d'emblée beaucoup plus logique que la précédente, qui n'a atteint ce stade qu'en fin d'exposé. Cela a l'intérêt de montrer comment l'idée de création *ex nihilo* est difficilement rationalisable. Ainsi, au sujet de la création de la lumière (principe bon, pour le dualisme), le *Škand* énonce le raisonnement suivant : « Voulant faire la lumière, il ordonna qu'elle fût. Il a donc réfléchi et pensé : La lumière, de quelle espèce est-elle, belle ou laide ? Or si la lumière se trouvait exister, selon sa propre manière d'être, dans la science et la pensée d'Adonaï, c'est donc que la lumière existait déjà, et dans la science et la pensée d'Adonaï, et en dehors d'elle, car on ne saurait connaître ou atteindre que ce dont l'existence est manifeste[11]. »

La critique du christianisme renoue plus décisivement avec la méthode suivie pour celle de l'islam : montrer que le dualisme explique mieux les choses que les récits évangéliques. À l'intérieur de ceux-ci les « paroles » du Christ sont même franchement annexées : « Les discours du Messie sont particulièrement contradictoires en tant qu'ils démontrent le dualisme [...]. Tout ce discours montre bien qu'il y a deux Principes : l'un "qui m'a envoyé", l'autre "qui a créé les juifs", et qu'il appelle non pas juste, mais malin[12]. » Mais le *Škand* intègre aussi des éléments de la polémique musulmane antichrétienne, d'autant plus facilement que, comme nous venons de le voir, l'auteur mazdéen se réfère à la même logique sensualiste que les *mutakallimūn*.

Bien que destiné à des non-arabisés, du fait qu'il n'est pas tant une œuvre personnelle que la synthèse d'un stock d'arguments polémiques tous azimuts, constitué au cours des temps, ainsi que d'une attitude psychologique impliquant une utilisation spécifique de la logique, le *Škand* témoigne de la présence et de la permanence d'une opposition mazdéenne aux divers monothéismes. Le passage à l'arabe pouvait se faire soit dans des confrontations orales, y compris dans des joutes organisées officiellement, soit lorsque les théologiens éprouvaient le besoin d'anticiper d'éventuelles objections et de réfuter par écrit des thèses étrangères qu'ils rendaient ainsi accessibles à un plus grand public. Ainsi, par exemple, le *Gušastak Abāliš* se veut la retranscription pehlevi (fidèle ?) d'une discussion orale en arabe, devant « tous les docteurs de [la] religion [du calife], ainsi que ceux des juifs et des chrétiens » ; et, déjà auparavant, Abāliš, après son apostasie du mazdéisme, était présenté comme venant de « proposer la discussion à tous les savants des mazdéens, des Arabes, des juifs et des chrétiens du Fārs[13] ».

Par ailleurs, la réfutation du mazdéisme tient une place non négligeable dans la bibliographie du plus ancien Kalām. Avant les deux premiers grands théologiens « sunnites », al-Aš'arī (m. 324/935) et al-Māturīdī (m. 333/944), qui jettent les bases du Kalām classique tout en prenant position par rapport aux autres religions qu'ils mentionnent explicitement[14], G. Monnot a pu recenser cinq ouvrages mu'tazilites expressément et exclusivement consacrés à la réfutation du mazdéisme[15]. Cela sans compter un nombre équivalent de réfutations du dualisme en général et d'ouvrages d'information générale sur les religions qui sont le plus souvent perdus, et dont on ne peut savoir s'ils allaient au-delà du catalogue des thèses et fournissaient des exemples d'arguments.

N'ayant pas de « Livre », le manichéisme n'a pas joui du statut de « protection » et il a été persécuté – le terme de *zindīq* qui le désignait de façon privilégiée subissant une inflation sémantique caractéristique de l'inquiétude qu'il suscitait. Nous ne nous y attacherons pas puisque nous avons vu, avec Ibn al-Muqaffa', combien il était porteur de contestation. Signalons seulement que les premiers théologiens ne s'y sont pas trompés, qui l'ont réfuté beaucoup plus encore que le mazdéisme[16]. Les auteurs musulmans étaient le plus souvent conscients des grandes divergences, voire des oppositions irréductibles, qu'il y avait entre mazdéisme et manichéisme, mais sans doute du fait que l'un comme l'autre, dans leurs attaques contre l'islam, invoquaient des arguments logiques à prétention universaliste, ils ont cru possible parfois de s'en prendre au dualisme en général[17].

Il est en tout cas notoire que le dualisme, soit en lui-même, soit sous des formes spécifiques, a été l'objet d'une inquiétude constante chez les théologiens et qu'ils ont eu tendance à interpréter dans ces termes beaucoup de simples « phénomènes déviants ». On le voit, par exemple, avec le cas de Ṣāliḥ b. ʿAbd al-Quddūs, à qui l'on attribue un *Kitāb al-šukūk* (« Livre des doutes »), qui aurait été réfuté par le muʿtazilite al-ʿAllāf. Mais en l'absence des textes originaux, comme l'a souligné J. van Ess, rien ne permet de dire qu'il ait été plus qu'un sceptique et qu'il ait vraiment adhéré au dualisme[18]. Par contre, le fait qu'il ait été crucifié après emprisonnement a donné lieu à bien des constructions a posteriori, notamment qu'il aurait tenu dans sa ville de Bassora d'abord, puis en Syrie, plusieurs conférences où il aurait défendu le principe dualiste. Rien dans son *Dīwān* ne peut le confirmer[19] et les thèmes contestataires qu'il laisse transparaître sont purement moralisateurs et ne touchent le domaine métaphysique que par la présupposition du libre arbitre. La date même qui est proposée pour son exécution (167/783-784) semble avancée dans le temps pour coïncider avec le règne d'al-Mahdī, qui a été présenté ultérieurement comme un grand défenseur de l'orthodoxie, ayant créé la fonction de « responsable des hérétiques » *(ṣāḥib* ou *ʿarīf al-zanādiqa)*. Selon van Ess, le seul point sur lequel la psychologie collective a pu se fixer, afin de « broder », c'est que le style gnomique et le moralisme de cet auteur seraient caractéristiquement iraniens.

On peut donc penser que le dualisme était certes une survivance assez active, dans le monde iranien notamment, mais qu'il était relayé dans le reste du monde musulman, et principalement en Irak, non pas tant par des adeptes confessionnels que par des thèmes diffus ; paradoxalement, ce sont les défenseurs des diverses orthodoxies monothéistes qui ont maintenu présents ces thèmes par leur obsession à les réfuter. En effet, la littérature syriaque, depuis au moins saint Éphrem (IVe siècle ap. J.-C.) et son traité « à Hypatios, contre les hérétiques, Marcion, Bardesane et Mani[20] », faisait de la réfutation de toute forme (ouverte ou larvée) du dualisme un de ses thèmes favoris. Cela se retrouve dans l'hérésiographie musulmane, qui est parfois la seule à nous conserver une documentation perdue par ailleurs. Dans ce processus il faut souligner deux traits :

1. La prégnance considérable des textes anciens. Les auteurs n'hésitent pas à reprendre une réfutation portant sur un mouvement disparu depuis longtemps ou n'ayant même jamais existé dans la région où ils écrivent. On voit ainsi un auteur kharigite du VIe/XIIe siècle, ayant vécu à Ouargla et en Tunisie, commencer son traité de Kalām par l'examen critique des diverses doctrines, regroupées en deux grandes catégories : les doctrines non créationnistes et les doctrines dualistes, le bardesanisme et le marcionisme occupant une place notable parmi celles-ci[21].

2. La confusion, qui résulte de l'accumulation. Si certains hérésiographes autorisés, comme Šahrastānī (m. 548/1153), manipulent leurs informations avec tact, on trouve aussi beaucoup de confusion, souvent due aux nécessités d'un combat dans toutes les directions. Par exemple, une somme théologique chrétienne arabe, rédigée anonymement en Palestine en 264/877, a été composée pour lutter contre les déviations de certains chrétiens locaux qui, tout en professant que « le Christ est Dieu », ajoutaient, visiblement sous l'influence de l'islam (cf. Coran V, 17) : « mais Dieu n'est pas le Christ ». Aussi un chapitre entier est-il consacré à répondre à toute une liste d'objections de l'islam au christianisme, à laquelle sont incluses huit autres réponses à des objections d'origine manichéenne celles-ci, adressées à un interlocuteur particulier. En outre, il semble bien que celui qui a réalisé cette interpolation soit l'auteur lui-même, qui réutilisait ainsi un travail précédent[22], sans paraître gêné le moins du monde par cet amalgame qui n'avait d'autre but, vraisemblablement, que d'être exhaustif, mais qui était contraire à toute cohérence.

À travers ces persistances, ces accumulations, voire ces confusions, on voit se dessiner une sorte de dualisme non confessionnel qui peut se développer pour lui-même, susciter des hypothèses qui n'étaient pas inscrites dans les dogmatiques historiquement attestées. Un bon exemple de cela se trouve dans les objections réfutées par ʿAmmār al-Baṣrī dans le « Livre des questions »[23]. L'ouvrage commence classiquement par la démonstration de l'existence d'un Créateur, éternel et unique. Mais c'est sur ce dernier caractère que s'arrête le plus longuement l'auteur, qui passe scrupuleusement en revue les arguments du mazdéisme et du manichéisme, depuis la constatation que la dualité régit le monde (vie-mort, bien-mal, lumière-ténèbre...) jusqu'au problème de la légitimité de la punition d'un être qui serait pourtant absolument dépendant du fait de la création, en passant par les raisons de celle-ci, etc. Le plus remarquable, c'est que 'Ammār, ayant répondu à la première difficulté en insistant sur l'harmonie des divers, l'idée de complémentarité va être développée dans un sens dualiste, se substituant ainsi à l'antagonisme des deux principes bon-mauvais du mazdéisme, ou des deux mondes spirituel-corporel du manichéisme, ou même se mêlant à lui. Les dualismes religieux traditionnels peuvent être alors, éventuellement, relayés – pendant un laps de temps du moins – par un dualisme philosophique qui envisage successivement deux hypothèses : la première est celle de deux créateurs « s'accordant et se prêtant mutuellement secours, et non pas deux équivalents opposés *(iṯnayn mutawāfiqayn muta 'āwinayn lā mutaḍādidayn mutaqāwimayn)*[24] » ; la seconde met sur le même plan « entraide *et* opposition », supposant ainsi qu'elles peuvent s'harmoniser dans l'ordre de l'explication des phénomènes, et pose le problème en les considérant toutes deux comme « provenant de *(min qibal)* la volonté *(al-mašī'a wa-l-irāda)* inscrite de façon cachée, mais non de l'ordre et de la défense manifestes qui en émanent[25] ». 'Ammār répond à ces hypothèses en termes de puissance et de science qui ne sauraient être absolues que dans l'unicité.

Nous voyons ici la tension inhérente à l'effort de justification rationnelle du monothéisme : il est avant tout une exigence spirituelle, une affirmation d'idéal qui porte son objet à l'absolu ; en rendre raison c'est le comparer, le mettre en relation. La logique est essentiellement relativisante.

Nous allons maintenant envisager trois auteurs, deux musulmans et un juif, qui sont passés à la postérité pour avoir été particulièrement marqués par la confrontation avec le dualisme. Bien sûr ils sont catalogués par la *vox populi* comme de dangereux hérétiques. Le bien-fondé de ces accusations relève des spécialistes de l'histoire de la *zandaqa* ; mais ils peuvent nous intéresser aussi sur le plan philosophique par les mécanismes intellectuels qu'ils ont mis en œuvre.

2. Al-Warrāq (début IIIe/IXe siècle) : la formation d'une systématique

Un siècle après Ibn al-Muqaffa', le paysage intellectuel du monde arabe a bien changé. Il n'est plus question de se réclamer du manichéisme et les premières réponses contre les *zanādiqa* ont amené l'apparition de la discipline du Kalām. C'est, paradoxalement, de l'intérieur de celui-ci que va surgir une nouvelle forme de pensée indépendante. Mais il faut distinguer deux orientations de ce processus où, partis d'une défense de la matérialité de la Révélation – ce qui est le but même du Kalām –, certains auteurs se trouvent progressivement conduits vers des positions tellement inhabituelles qu'elles ont été automatiquement assimilées à des formes de plus en plus marginales de l'islam, voire à son abandon. Pour certains, il s'est agi d'adopter des thèses scandaleuses ; ils ne concernent pas notre propos. Pour d'autres, c'est le jeu de la confrontation qui a pris valeur pour lui-même et qui a fait prévaloir la démarche sur les thèses mêmes, au point que l'historien est bien en peine de classer de tels écrivains.

On sait très peu de choses d'Abū 'Īsā Muḥammad b. Hārūn al-Warrāq[26]. Il vécut à Bagdad et est connu comme poète sans que son œuvre en la matière ait été conservée. Selon le plus ancien témoin, le mu'tazilite al-Ḫayyāṭ, il aurait été d'abord membre de la même école, mais avec des tendances chiites, et il aurait finalement quitté le chiisme lui-même car ses sympathies manichéennes profondes lui faisaient rejeter le quatrième calife, 'Alī, comme coupable d'avoir versé trop de sang. De la phraséologie embrouillée d'al-Ḫayyāṭ il ressortirait d'ailleurs que notre personnage n'aurait pas rompu volontairement avec le mouvement mu'tazilite mais que lui et Ibn al-Rīwandī (que nous verrons plus loin) en auraient été « expulsés » *(nafatkumā)* pour hétérodoxie[27]. Il n'y aurait donc pas eu chez lui de parti pris d'hostilité envers l'islam. Il est néanmoins possible qu'il soit mort en prison, vraisemblablement en 247/861-862.

Les témoins ultérieurs ne sont pas d'accord sur l'éventuel chiisme et sur l'éventuel dualisme d'al-Warrāq. Le seul point qui fait l'unanimité est la reconnaissance de sa remarquable compétence en histoire des religions. Si on ne connaît guère que le titre de ses œuvres concernant ce sujet, on trouve plusieurs éléments de son investigation transcrite plus tard par des hérésiographes. S'y détachent des travaux sur le chiisme (description de la diversité de ses sectes mais aussi participation à la polémique, notamment contre les partisans du calife 'Uṯmān), des réfutations du dualisme en général et du mazdéisme en particulier, du judaïsme et des diverses Églises chrétiennes. C'est ce dernier aspect qui nous est le mieux connu par les citations importantes qu'en a faites le philosophe jacobite Yaḥyā b. 'Adī dans la réponse qu'il lui donna. Mais l'ouvrage le plus considérable semble avoir été un *Kitāb al-maqālāt* (que lui-même cite sous le titre de *K. Maqālāt al-nās wa iḫtilāfihim* : « Livre des dires des gens et de leurs divergences ») dont la matière aurait été très diversifiée, englobant des questions islamiques comme l'*imāma* mais aussi des points du judaïsme, du dualisme et du christianisme, et qui n'aurait pas contenu de polémique, fait scandaleux pour un musulman !

Outre sa richesse et son ampleur, cette œuvre d'histoire des religions se caractérise par sa cohérence. Sur l'exemple particulier de l'examen du christianisme, D. Thomas a pu souligner que les divers livres se commandaient manifestement l'un l'autre[28].

Si la question de l'adhésion d'al-Warrāq au chiisme ne concerne pas notre propos, l'accusation de dualisme est fort importante. Mais la situation réelle n'est pas claire. Le premier témoin à ce sujet, al-Ḫayyāṭ, est, lui, très explicite : il dit non seulement qu'al-Warrāq a « parlé de » *(qawl fī)* l'éternité des deux « principes » *(qidam al-iṯnayn)*, mais qu'il en a fait sa « doctrine » *(maḏhab)*[29], et qu'il a « professé *(qāla bi-)* le manichéisme, assisté *(naṣara)* le dualisme, composé sur lui les livres [susceptibles de] fortifier sa doctrine et de confirmer son discours[30] ». Mais plusieurs auteurs ultérieurs, pourtant bien informés par ailleurs, comme al-Aš'arī ou al-Mas'ūdī, n'en parlent plus. Avec Ibn al-Nadīm (IVe/Xe siècle), on oscille entre deux versions : tantôt al-Warrāq a été suspecté d'être manichéen parce qu'il exposait cette doctrine avec trop de conscience, tantôt il l'a été réellement, mais cette dernière version semble avoir été suggérée à

Ibn al-Nadīm par une source très postérieure[31]. C'est seulement avec le mu'tazilite tardif 'Abd al-Ǧabbār que l'on voit apparaître des références plus précises à des textes mêmes d'al-Warrāq, notamment son livre *Al-ġarīb al-mašriqī* (« L'étranger oriental »). Ce livre avait déjà fait l'objet d'une réfutation par le chiite Nawbaḫtī, mais elle ne nous est pas parvenue. 'Abd al-Ǧabbār y relève des critiques contre l'islam mais ne s'appuie pas sur lui pour étayer l'accusation de dualisme et se contente de donner l'opinion d'auteurs antérieurs, notamment Abū 'Alī al-Ǧubbā'ī, dont la réfutation d'al-Warrāq est perdue. D'autres écrivains du IVe/Xe siècle ne nous donnent que des informations éparses, sans citer les sources. Au Ve/XIe siècle, le grand historien des idées Šahrastānī dépend étroitement d'al-Warrāq pour nombre d'informations sur le manichéisme, mais croit pouvoir le classer comme *maǧūsī* (mazdéen), c'est-à-dire une autre forme de dualisme qui apparaît moins grave aux yeux de l'islam, puisque susceptible du statut de *ḏimma*.

Au vu de cette diversité, les spécialistes modernes se sont séparés entre partisans du passage tardif – après lui avoir été d'abord hostile – d'al-Warrāq au manichéisme (C. Colpe, S. Stroumsa[32]), et adeptes de l'idée selon laquelle sa position d'informateur minutieux et de théologien exigeant, ne s'arrêtant pas aux formes banales de polémique, l'avait fait mal comprendre (J. van Ess, D. Thomas[33]). En fait il est impossible de se prononcer sur le fond des cœurs, mais on peut tirer un enseignement d'un autre ordre des quelques fragments qui nous restent. Nous prendrons d'une part les informations sur le manichéisme, d'autre part les critiques du christianisme, et enfin les éléments de critique de l'islam, en tenant compte que si les seconds constituent des ensembles homogènes, les derniers sont malheureusement éparpillés.

Concernant le manichéisme, Colpe[34] a remarqué qu'on retrouvait chez al-Warrāq une tendance à le présenter d'une façon qui évacue les mythes, au profit d'une description abstraite, tendance qu'on avait déjà remarquée chez Ibn al-Muqaffa'. Ici l'ordonnance spatiale des principes est décrite comme ordonnance mutuelle deux à deux. La « pentade » des membres du dieu de la lumière – noûs, pensée, pénétration, méditation, réflexion – est traduite en termes éthiques

– amour, foi, fidélité, noblesse des sentiments, sagesse. Al-Warrāq abandonne les éons, démons, archontes, etc., et ne mentionne, sous la forme du « on-dit », que l'émanation, que ce soit celle des anges ou, dans le sens de la génération maligne, celle des diables. L'homme primordial et le diable primordial deviennent « un ange » et « une forme haïssable » ; dans leur combat le premier s'empare de la seconde et leurs membres à tous deux se mélangent. Notre auteur examine soigneusement si le mélange provient du hasard ou d'un dessein ; en effet, comme l'a remarqué Colpe, cette question, négligée aux débuts du manichéisme, était devenue importante du fait de la confrontation avec l'islam. Les combinaisons des éléments matériels (fumée-léger souffle d'air, embrasement-feu, lumière-ténèbre, vent brûlant-vent, nuée-eau) sont expliquées méthodiquement de façon parallèle. Dans l'analyse de la création du monde, puis du processus de rédemption, clôturé par la dissolution du monde, l'auteur simplifie autant que possible l'apparat divin et hypostatique, ramené au firmament, aux vaisseaux de lumière et aux piliers de la souveraineté, indispensables au mécanisme de purification (ici aussi, comme Colpe l'a remarqué, ce n'est pas un hasard si ce sont des éléments qu'un musulman ne peut récuser). Enfin, il insiste sur le rôle de l'action humaine dans l'œuvre de libération de la lumière, de façon à écarter toute interprétation purement mécanique de celle-ci.

Par-delà la qualité de l'information qui nous est ainsi donnée sur le manichéisme, qualité qui a été remarquée par les hérésiographes musulmans puisqu'ils l'exploitent largement[35], nous retrouvons donc chez al-Warrāq le même fonds rationaliste et éthique que chez Ibn al-Muqaffaʿ. Colpe a pu parler de « démythologisation[36] » du manichéisme en fonction du public musulman, pour lui présenter une élaboration rationnelle explicative du monde. Nous ne savons malheureusement pas ce qu'al-Warrāq disait ensuite, quand il passait aux critiques. Selon Colpe, ces critiques, dont témoignent des titres d'ouvrages, ont dû être antérieures. Pour lui, les exposés de notre personnage, même après leur transposition par d'autres auteurs, dépassent le stade de l'histoire des religions pour s'élever à une véritable profession de foi, nécessairement secrète puisque le manichéisme était désormais puni de mort. Mais si l'on met en parallèle ces textes et ceux qui traitent du christianisme, on voit qu'une telle inférence n'est pas nécessaire et qu'al-Warrāq sait allier une excellente présentation avec une critique rigoureuse. C'est seulement le contraste entre la qualité de son information et celle de ses contemporains qui peut nous faire illusion, comme elle l'a fait en son temps au dire d'al-Šarīf al-Murtaḍā.

Les textes sur le christianisme ont un double avantage : ils ont été plus largement conservés et, surtout, ils l'ont été dans leurs deux versants, exposé *et* discussion[37], témoignant des qualités de l'auteur pour pratiquer l'un et l'autre et faisant penser que les qualités du second versant ont également appartenu à la critique du dualisme.

L'exposé du christianisme n'a pas dû excéder les quinze paragraphes qui nous sont conservés par les citations de Yaḥyā b. 'Adī, puisque l'auteur le qualifie lui-même de « compendium » *(ǧawāmi')*[38]. Mais il est complet pour l'essentiel dans la mesure où il se concentre sur les deux dogmes « différentiels » de la Trinité (§ 1 à 8) et de l'Incarnation (§ 9 à 12 et 14), y ajoutant une remarque méthodologique (partie du § 12) et une brève explication de la formation des différentes Églises par la diversité des réactions à la crise arienne (§ 13), ainsi que l'exposé des conséquences de chaque christologie sur la question de la crucifixion (§ 15).

Le titre de l'ouvrage, qui n'est pas donné par Ibn 'Adī mais que l'on connaît par le bibliographe Ibn al-Nadīm, étant « La réfutation des trois sectes chrétiennes » *(K. al-radd 'alā-l-firaq al-ṯalāṯ min al-Naṣārā)*, al-Warrāq détaille les points de vue respectifs des jacobites, des nestoriens et des melkites, marquant ce qu'ils ont en commun et ce qui les sépare. L'exposé est précis et use du vocabulaire technique propre à chacun. Éventuellement il peut être signalé qu'il y a des variantes d'opinion à l'intérieur d'une même Église, mais al-Warrāq renvoie, pour les cas de détail, à l'exposé qu'il a fait dans ses *Maqālāt*. Il fait donc une distinction explicite entre ce qui relève uniquement de l'histoire des religions (les « noms et surnoms » des divers groupes minoritaires, « quelles raisons ont provoqué les divisions qui séparent ces confessions, ainsi que l'argumentation qu'avance chaque groupe pour prouver ce qu'ils affirment[39] »), et ce qui relève de la réflexion sur le fait religieux. La partie critique ne concerne que ce dernier aspect, qu'elle envisage avec le plus grand sérieux, faisant intervenir au besoin, outre les doctrines officielles, des interprétations individuelles qui n'avaient pu être signalées dans l'exposé général. Il y a, chez al-Warrāq, une volonté évidente de respect à l'égard de ce qu'il expose pour le contester, et le souci d'affronter les idées mêmes de ses adversaires, et non de les « pré-traiter » afin de se faciliter la tâche.

À ce stade, la seule faille – mais elle est loin d'être négligeable – reste le découpage de doctrines vivantes en thèses logiques. Cela est imposé par le genre littéraire de l'hérésiographie, dont al-Warrāq n'est pas responsable ; mais la conséquence évidente en est d'évacuer tout ce qui relève de la sensibilité et que seule la totalité de la doctrine, vécue comme un ensemble, peut donner. C'est ce qui va être la source des principales faiblesses de la partie critique de l'œuvre.

Cette partie est solidement charpentée, avec même un effet de symétrie : la critique de la Trinité commence par l'analyse des doctrines de chaque Église, pour passer ensuite à des questions plus générales, et envisager enfin des points partiels, alors que celle de l'Incarnation affronte d'emblée les questions générales et passe seulement ensuite à la réfutation de chaque Église. Le lecteur de l'œuvre complète devait avoir ainsi une impression de cercle se fermant sur lui-même, de systématicité dont on ne peut s'échapper. Mais c'est surtout dans le détail que cette systématicité est manifeste : pour chaque thèse, al-Warrāq examine toutes les possibilités d'interprétation des mots ; il envisage toutes les justifications conceptuelles historiquement proposées ; il va même jusqu'à avancer des interprétations, que l'on pourrait imaginer, mais qui, de son propre aveu, n'ont pas eu cours[40]. Dans la partie consacrée à l'Incarnation, cette systématicité est poussée par moments jusqu'à l'énumération des combinaisons possibles des concepts, d'une manière telle qu'on pourrait aisément la formaliser. Al-Warrāq anticipe là une démarche qui sera reprise, mais d'une façon plus allusive et surtout sous forme de défi, dans certaines polémiques d'un Ibn Ḥazm ou d'un Ġazālī. Il est très vraisemblable que c'est cette attitude de défi qui est à l'origine de la démarche apologétique d'un Ramon Lull et de la constitution de son

Ars inveniendi veritatem[41], qui devait lui-même aboutir à l'exigence cartésienne des « dénombrements si entiers ».

Al-Warrāq en personne présente la raison de son procédé dans une véritable profession de foi qui est donnée à deux reprises, dans chaque grande partie de la discussion : « Dans l'ordonnance du discours et la gradation *(tanzīl)* de ses étapes il nous faut commencer par mentionner les choses par ordre de nécessité et par ordre de proximité *(al-awǧab fa-l-awǧab wa-l-aqrab fa-l-aqrab)*, que l'adversaire l'ait dit ou non. Ensuite on pousse jusqu'à la dernière des implications à laquelle l'adversaire est supposé être rattaché, surtout si le discours est pérennisé dans les écrits et n'est pas un dialogue de l'adversaire, où le dialogue est à la mesure de l'énonciation de l'adversaire, tandis que le discours pérennisé dans les écrits est conduit selon sa propre nécessité. C'est pour cela que nous avons conduit le discours selon sa propre logique *('alā wāǧibihi)*, même s'il accentue ce qu'ils n'auraient pas choisi comme réponse, ou met en retrait ce en quoi ils mettent leur confiance [...]. Il n'est pas impossible aussi que le discours devienne plus contraignant envers quelqu'un à un moment donné, et qu'il cherche à répondre par une des choses que nous avons précédemment détaillées, que ce soit en la confirmant, en l'atténuant ou en la contredisant. En effet il se peut que la discussion presse ainsi une personne dépourvue de scrupule *(wara')* religieux, ou de savoir de ce que sa doctrine requiert ou récuse. Il abandonne alors son principe et donne une réponse en opposition à celle de ses compagnons, usant de toute ruse qui est en son pouvoir ; et cela peut aller jusqu'à ce que sa réponse soit une preuve contre lui alors qu'il croit qu'elle est en sa faveur. Quelquefois le propos se déroule alors que ses voies divergent entre celui qui demande et celui qui répond, et tous deux y abondent en choses pertinentes ou non ; le vrai et le faux roulent sur leurs langues ou sur la langue d'un des deux. Ainsi exposons-nous l'ensemble des réponses d'une question tout au long de leur enchaînement et selon leur nécessité, [ce qui est] plus convenable et plus compréhensif à tous égards, que la personne interrogée suive la voie du discours ou bien s'en écarte, qu'elle s'y montre équitable ou abusive, surtout si ce dont on a besoin est la connaissance d'un point précis *(ma'rifa ḏālika)*[42]. »

« La plupart de ces possibilités [que nous venons d'énumérer], ils ne les exprimeront jamais ; mais nous avons été conduits à mentionner [tous] ces aspects, par souci d'exhaustivité, que ce soit à leur avantage ou contre eux, par rapport à tout ce qui est dit et pour expliquer ce qui est ainsi raconté et ce que cela implique. Et nous avons voulu aussi que personne parmi eux ne puisse encore se raccrocher à quelque chose que ce soit, quand, à ce sujet, l'argumentation se resserre sur lui, sans qu'il trouve la vérité qui l'empêche de s'y raccrocher. Que l'exposé aborde tous les aspects qu'il peut comporter est plus efficace et mène plus équitablement au but, l'évidence est accrue et on tranche d'une façon plus décisive toute velléité de s'écarter des règles de la discussion et des bonnes voies de l'argumentation[43]. »

On voit combien l'exigence d'exhaustivité est capitale pour al-Warrāq. Il va même jusqu'à suggérer que d'autres que lui pourraient tirer de nouvelles implications de ce qu'il a exposé : « Si ce n'était la crainte d'être ennuyeux nous développerions encore davantage ce propos et nous en déduirions encore davantage de conséquences ; mais c'est une chose facile à réaliser. Tandis que nous, nous en avons ouvert la porte et avons dessiné un schéma qui permet à qui voudra de faire ce développement et cette déduction et même d'y ajouter ce qu'il en désirera[44]. »

Ce souci de complétude, au moins potentielle, distingue al-Warrāq des autres *mutakallimūn* qui répondent au coup par coup. On admet généralement que cette spécificité provient soit de l'influence de la *falsafa*, et notamment du logicisme d'al-Kindī, qui a lui aussi affronté le christianisme (A. Abel), soit d'une volonté commune de se placer sur un plan non confessionnel (D. Thomas). En effet, al-Warrāq ne se réfère qu'à des règles logiques qu'il considère comme universelles et, en tout cas, admises par les chrétiens. Il ne cite pas les Évangiles ni (si ce n'est une fois) le Coran. Ce dernier trait est important car la polémique du temps était très marquée par deux thèmes coraniques : d'une part le privilège accordé à la question de Jésus comme Fils de Dieu ; les anciennes réfutations conservées restent dans cette ligne alors qu'al-Warrāq, le premier semble-t-il, traite à la fois des deux dogmes essentiels : Trinité et Incarnation. D'autre part, la vision islamique de toutes les religions comme identiques et divisées seulement par la transmission défectueuse de toutes, sauf une ; certains théologiens, comme Abū 'Alī a-Ǧubbā'ī, en concluaient qu'elles peuvent toutes être soumises au même critère. Sur ce point aussi al-Warrāq est le premier à chercher à envisager chaque religion en elle-même, en employant autant que possible des critères neutres.

Mais en même temps l'arrière-plan islamique reste très perceptible chez lui. Son logicisme est un logicisme sensualiste, où un mot désigne nécessairement une « chose » *(šay')*. De même que les *mutakallimūn* traitent le Coran, et notamment ses versets concernant l'essence divine, comme des propositions susceptibles d'être analysées selon les strictes règles de la grammaire arabe, de même al-Warrāq envisage les textes chrétiens de telle manière qu'une qualité n'y est pas considérée comme relation (Père-Fils) mais automatiquement réduite par le langage à un attribut *(ṣifa)* d'un sujet unique. D. Thomas a même relevé des passages où, malgré tous ses efforts indéniables pour utiliser le langage même de ses interlocuteurs, al-Warrāq se laisse aller à substituer des termes kalāmiques aux termes chrétiens[45].

Ces limitations internes ont d'ailleurs pu avoir des résultats positifs à l'extérieur. E. Platti a souligné combien la méfiance d'al-Warrāq pour les simples « enfilades de mots qui ne correspondent à rien de réel et dont il ne reste rien à l'examen persistant[46] » a pu forcer un Yaḥyā b. 'Adī à un remarquable effort d'éclaircissement conceptuel[47]. Sur certains points il retourne contre al-Warrāq son propre logicisme : c'est ainsi, par exemple, que la méthode syllogistique appliquée à chaque élément du dogme pour en montrer l'impossibilité est anéantie en montrant que les conditions de la contradiction, que croit déceler l'auteur musulman, ne sont pas remplies en stricte logique. Pour la Trinité, Ibn 'Adī montre qu'un même sujet peut être un ou multiple selon les aspects. Pour l'Incarnation, il établit qu'il y aurait contradiction entre les deux substances dans le Christ seulement à plusieurs conditions : unicité de sujet, d'aspect s'il y en a plusieurs, de partie s'il est composé, de temps de qualification, etc. Pour d'autres points, il récuse ce logicisme en lui-même : ainsi l'Incarnation ne peut se comprendre de façon statique mais comme un « devenir homme » *(ṣāra insān^{an})* ; aussi privilégie-t-il l'usage de la comparaison – au grand scandale d'autres adversaires, comme le chrétien Abū-l-Ḥusayn al-Miṣrī – et soutient-il que la foi n'est pas démontrable mais accessible par d'autres voies, en particulier le miracle – cela à l'indignation du nestorien Abū-l-Farağ b. al-Ṭayyib. Par ailleurs, il est visible, par la diversité des solutions proposées, qu'il a évolué en fonction de ces oppositions qu'il prenait toutes au sérieux.

Le religieux qu'est Platti n'hésite pas à donner cette confrontation en exemple à notre temps. Pour lui, la critique d'al-Warrāq se situe « à un niveau de discussion rarement atteint, qui aboutit, dans les textes, à des questions fondamentales, qu'on aurait tout avantage à aborder dans nos colloques de dialogues. Le simple rappel des différents chapitres de son traité sur l'Incarnation nous mettra à l'abri de trop faciles notions concernant l'action divine, qu'elle soit au niveau de la Parole révélée ou de l'*Union épiphanique*...[48] ».

Mais ce qui est plus remarquable encore, c'est que cette exigence critique est appliquée par al-Warrāq à l'islam lui-même. Ici il faut noter un changement substantiel : si l'on peut trouver dans les fragments conservés un embryon de critique systématique, à l'instar de celle qui est adressée au christianisme, on y trouve surtout des difficultés « factuelles » sur le pèlerinage, sur le défi d'ordalie lancé par le Prophète aux juifs, sur la qualité littéraire du Coran, etc. On peut se demander si c'est l'état de conservation très fragmentaire des textes qui est responsable de ce changement d'accent, ou bien si al-Warrāq n'avait pas un but en cela : ramener l'islam sur un plan rationnel en le débarrassant des éléments traditionnels, liturgiques, psycho-sociologiques, etc. Il aurait ainsi lutté sur deux fronts : contre les adversaires extérieurs de l'islam, mais aussi contre toute forme traditionnelle qui lui serait apparue comme un adversaire de l'intérieur, donnant ainsi prise aux accusations de *zandaqa* qui lui ont été adressées.

Récapitulons d'abord l'essentiel de ces critiques factuelles[49]. Al-Warrāq aurait dénoncé le caractère antinaturel des rites de pèlerinage. J. van Ess a souligné, à ce sujet, qu'il ne s'en prenait pas aux rites de prière ou de jeûne, tout aussi irrationnels ; le pèlerinage, par contre, s'enracine dans la tradition arabe, tandis qu'al-Warrāq exerçait dans un milieu iranien[50]. Il aurait aussi attaqué les arguments traditionnels reconnaissant à Muḥammad le titre de prophète : 1. Le défi d'ordalie lancé par lui aux juifs ne se distingue pas par essence de l'arrogance d'un astrologue qui prétend anticiper le futur, et de toute façon Muḥammad pouvait continuer à douter de leur sincérité, quelle que soit leur réponse. Par ailleurs les adversaires se réclamaient de Moïse et de Jésus, lesquels n'ont jamais employé ce type d'argument. 2. L'affirmation de ce que Muḥammad, étant « illettré » *(ummī)*, ne pouvait connaître les histoires des Patriarches si ce n'est par révélation, tombe devant le fait que le Coran lui-même invite à s'enquérir de cela auprès des « détenteurs de la mémoire » *(ahl al-ḏikr)*. 3. Le Coran est, certes, une preuve de talents rhétoriques remarquables, mais il ne surpasse pas ce que l'on connaît, par exemple, du juge de l'époque antéislamique, Akṯam b. Ṣayfī. Le défi de Muḥammad perd ainsi de sa force probante : du fait de la guerre continue, les Mecquois avaient autre chose à faire qu'à entrer dans une joute littéraire, ou bien on peut penser qu'ils n'étaient pas désireux d'acquérir le savoir. 4. Les miracles en général peuvent n'être que la marque de notre marge d'ignorance des lois naturelles : quelqu'un qui ne connaît pas les propriétés de l'aimant croirait que sa capacité d'attirer le fer est une preuve de la prophétie, et le prophète n'est plus alors qu'un découvreur de nouveaux « talismans ». 5. L'aide des anges qui est invoquée dans une victoire, pourquoi a-t-elle manqué lors d'une défaite (remarque qui en rappelle une autre d'Ibn al-Muqaffa') ? 6. Les chaînes de transmetteurs de récits ne sont pas des garants satisfaisants car le problème est celui des témoins de l'événement eux-mêmes, qui sont nécessairement en nombre réduit[51].

Au vu de ces attaques contre la prophétie de Muḥammad, on serait tenté de recourir à l'explication proposée par le mu'tazilite 'Abd al-Ǧabbār : c'est la tendance chiite d'al-Warrāq qui l'a conduit à attaquer la prophétie, de façon à mettre en valeur l'enseignement des imams[52]. Mais plusieurs faits vont à l'encontre de cette interprétation : le premier est qu'al-Warrāq a été attaqué par les chiites eux-mêmes et son livre, le *K. al-ġarīb al-mašriqī*, qui est la source d'information de 'Abd al-Ǧabbār, a été l'objet d'une réfutation par un de leurs grands noms, Abū Muḥammad al-Nawbaḫtī. En second lieu, sa critique englobe le prophétisme dans son ensemble, comme nous le verrons plus loin, et peut donc déborder même sur l'interprétation qu'en donnent les imams. En troisième lieu, il faut noter que les formules de type dualiste, soit contre le sang versé, y compris par ʿAlī, soit contre l'« injustice » de Dieu, si elles ne prouvent pas une adhésion entière d'al-Warrāq au manichéisme, le distinguent néanmoins de l'attitude rāfiḍite à laquelle cherchait à le rattacher ʿAbd al-Ǧabbār, c'est-à-dire du simple rejet des trois premiers califes. Enfin, notre penseur a insisté sur la question de la faiblesse des témoignages et marqué une nette préférence pour les témoignages collectifs, allant jusqu'à rejeter la thèse coranique de la non-crucifixion de Jésus en faveur du témoignage à la fois des juifs et des chrétiens[53]. Tout ceci a une allure plutôt rationaliste.

Mais le rationalisme a deux versants. D'une part il est confiance dans les forces propres de la raison. C'est cet aspect qui, bien que de façon dispersée, nous a été le mieux conservé par les citations que font d'autres auteurs. Al-Warrāq soulignait ainsi que l'homme a su, par ses seules forces, observer les astres ; que les enfants sont capables d'apprendre le langage de leurs parents en une chaîne continue, où la prophétie n'intervient pas ; et que si celle-ci était nécessaire pour le langage, comme l'ont soutenu divers théologiens, elle devrait l'être aussi pour d'autres activités comme, par exemple, la capacité de jouer d'un instrument de musique[54]. En outre, le rationalisme est une exigence de s'en tenir à une seule démarche sans chercher d'échappatoire dans des références multiples que l'on choisirait au gré des circonstances. Le témoignage de Māturīdī est, quoique bref, très clair : « […] al-Warrāq a dit : si les prophètes aboutissent à la saisie d'arguments rationnels, alors ils sont de nous *(minna)* ; et s'ils aboutissent à leur contraire, dans ce cas Dieu en a fait [seulement] des arguments. Or l'"autre" n'est licite que par l'altération, et dans cela [réside] *la ruine du discours (zawāl al-ḫiṭāb)*[55]. » Cette volonté de respecter les règles du discours rejoint immédiatement la méthode suivie dans la réfutation du christianisme. Al-Warrāq a-t-il donné une analyse dialectique aussi développée des dogmes musulmans ? On ne possède guère que deux passages, conservés par le littérateur al-Tawḥīdī, du *K. al-ġarīb al-mašriqī*, qui ont une allure similaire : « Celui qui donne un ordre, dans la mesure où il sait que celui qui le reçoit ne l'accomplira pas, est insensé *(safīh)*. Or Dieu a su que les infidèles ne croiraient pas. Il n'y a donc pas dans la Sagesse de raison *(waǧh)* pour leur ordonner la foi. [...] Celui qui punit, s'il ne corrige pas par sa punition celui qu'il châtie, s'il ne corrige pas par elle quelqu'un d'autre, et s'il ne guérit pas par cette punition sa propre irritation, c'est un oppresseur *(ǧā'ir)*, car il a placé la punition là où il ne fallait pas. Or Dieu ne corrige ni les "gens du feu" ni d'autres, et ne guérit pas son irritation par leur punition. Donc il n'y a pas de raison dans la Sagesse pour le châtiment[56]. »

En recoupant ces passages avec d'autres témoignages, on obtient le schéma suivant : 1. Les critères islamiques de validité se retournent contre eux-mêmes. Contrôler chaque membre de la chaîne des garants d'un fait prophétique ne signifie rien puisqu'elle ne renvoie dans sa totalité qu'à un premier témoin qui, lui, n'est pas contrôlé. 2. En particulier un texte révélé n'est transmis que sur l'autorité d'un seul. 3. Les signes de la sincérité de celui-ci, qui sont généralement invoqués, ne sont pas probants et peuvent être des phénomènes naturels interprétés abusivement comme miraculeux. 4. Le seul critère est l'accord avec la raison. 5. Mais il faut manipuler les arguments rationnels avec prudence et procéder d'abord à un examen exhaustif.

À quoi aboutissait ce schéma ? Certainement pas à un scepticisme généralisé. Non seulement aucun témoignage ne le propose, mais une tradition plutôt populaire présente al-Warrāq comme réfutant un adepte de la « sophistique », négateur de toute forme de vérité ou de certitude, par un argument très simple : le sujet étant venu sur une mûle, il chasse celle-ci et, quand son propriétaire la réclame, il lui demande s'il est sûr d'être venu sur cette monture, le forçant à la fin à reconnaître qu'il y a des choses sûres et établies, et notamment l'idée même de vérité[57]. On peut écarter aussi, vraisemblablement, un rejet du fait religieux comme tel. Un long passage de son traité d'hérésiographie consacré aux matérialistes *(dahrīya)*, qui nous a été conservé par un auteur mu'tazilite du VIe/XIIe siècle, nous le montre attentif à leurs thèses, dont il détaille intelligemment les nuances, mais sans qu'on puisse y déceler une sympathie particulière, ni exclure une réfutation consécutive[58]. Par contre la polémique contre le christianisme se fait au nom d'une exigence monothéiste très spécifique, mais incontestable.

J. van Ess a proposé de rapprocher les objections d'al-Warrāq à l'égard de l'islam de la conception, développée au Ve/XIe siècle par des théologiens syriens et égyptiens, d'une espèce de loi concernant les affaires humaines seulement, sans traiter des questions de culte[59]. D. Thomas pense que si notre auteur a systématiquement étudié les religions, y compris l'islam, c'est pour voir si elles constituent des systèmes cohérents susceptibles d'une interrogation logique ; ayant conclu par la négative, il aurait opposé à toutes « un monothéisme strictement rationaliste qui, bien qu'incarné dans les traditions religieuses, n'aurait été en lui-même ni contraint ni authentifié par elles[60] ». Son rapprochement des cercles chiites ne serait pas dû à une réelle sympathie pour leur doctrine, mais à la relative tolérance qu'une telle attitude, relativisant toutes les traditions, y aurait trouvée.

Encore une fois, le fond des cœurs reste inaccessible et l'appréciation de la pensée intime d'al-Warrāq demeurera sans doute toujours hypothétique, à moins de découvrir une authentique profession de foi qui concorde avec toutes les données déjà disponibles. Pour notre présent propos, retenons néanmoins deux traits essentiels :

1. La démarche caractéristiquement menée par notre penseur en deux étapes :

– D'abord des objections factuelles destinées à empêcher l'élément traditionnel de prendre le pas sur la cohérence interne de la doctrine. Elles sont connues surtout à propos de l'islam, mais on a vu aussi, à propos du christianisme, l'agacement d'al-Warrāq envers les variations de présentation des dogmes, les recherches d'échappatoire de tel ou tel, les développements incontrôlés des discussions orales, etc. Cet aspect se rapproche de la thématique des « raisons d'adhésion à une croyance » examinées plus haut. Sans les classer en droit, al-Warrāq élimine en fait les adhésions par habitude, par contrainte du milieu, etc., toute comme les motivations supranaturelles. Mais il ne soupçonne même pas la problématique « pascalienne » d'un Ḥunayn ibn Isḥāq et est tout entier du côté du « Dieu des philosophes ».

– Mais cette limitation a au moins un résultat positif, à savoir le développement d'une investigation systématique, à la limite même combinatoire. Ce type d'investigation triomphe dans son analyse du christianisme, religion à mystères, qui fait intervenir des personnes, des hypostases, des natures…, entre lesquelles des relations (filiation, union, etc.) sont établies de telle sorte qu'on peut tout naturellement s'inquiéter de leur légitimité. Mais cette investigation systématique peut s'appliquer aussi au dualisme, une fois celui-ci « démythologisé », comme al-Warrāq a pris soin de le faire. Elle porte enfin jusque sur l'islam, du moins dans la mesure où celui-ci est une religion prophétique : la prophétie, déjà dégagée dans l'étape précédente de ses aspects contingents, est alors envisagée en soi, dans un système d'oppositions avec la raison raisonnante, avec l'exigence éthique déjà mise en avant par Ibn al-Muqaffa', ou avec l'exigence de perfectionnement de l'homme. Ce qui est l'expression d'une « religion dans les limites de la simple raison ».

2. Dans cette démarche, le dualisme semble jouer un rôle crucial. Vis-à-vis du christianisme, al-Warrāq se trouve face à une rationalisation qui a une histoire vieille déjà de sept siècles. Il ne relève que ce qui lui apparaît comme des déviations à cette rationalisation. En islam la rationalisation a commencé depuis peu, et s'est heurtée tout de suite à l'attitude « sunnite », c'est-à-dire à l'idée qu'il faut privilégier, en matière de religion, l'aspect traditionnel *(sunna)* de la croyance et qu'il faut se placer sur le plan psychologique de la *foi* (foi en un prophète, foi en un texte, foi en une chaîne de garants…). Son monothéisme « arithmétique » liait al-Warrāq au dogme musulman, mais sa forme de pensée était incontestablement plus en sympathie avec une théologie rationalisée comme le christianisme avait eu le temps de l'élaborer et comme, par une ironie de l'histoire, ses critiques allaient contribuer à la perfectionner.

En affrontant le dualisme, al-Warrāq affrontait une religion mythologique, comme l'était, à ses yeux, l'islam traditionnel. En le démythologisant, ne montrait-il pas qu'il ne fallait pas se laisser arrêter par les vicissitudes de l'histoire et que l'on pouvait, par un surcroît d'analyse, amener une religion au même niveau de développement qu'une autre, même si ses adhérents ne suivaient pas ? Ibn al-Muqaffaʿ avait tablé sur le contenu éthique du dualisme : celui-ci explique la présence du mal et disculpe le dieu bon de tout arbitraire. Al-Warrāq n'ignore pas cet aspect mais élargit la perspective. Les aspirations humaines que le manichéisme a exprimées sous des formes fantastiques n'en sont pas moins foncièrement rationnelles. Il le prouve en mettant en évidence une *structure* des mythes, en soulignant les relations et en mettant en sourdine les images. En récusant les formes traditionnelles de l'islam, ou du moins en leur refusant toute fonction législative, ne met-il pas le monothéisme musulman au défi de faire aussi bien ?

3. Une figure symbolique de l'islam : Ibn al-Rīwandī (milieu-fin IIIe/IXe *siècle)*

Abū-l-Ḥusayn Aḥmad b. Yaḥyā b. Isḥāq al-Rīwandī (ou al-Rēwandī) est le plus célèbre impie *(mulḥid)* de l'histoire de l'islam. Dans la mesure où il a interpellé les croyants, on pourrait lui donner la même importance dans la conscience musulmane que Massignon n'en a attribué à la prise de position vis-à-vis du supplice de Ḥallāǧ, qui est presque son contemporain. Très nombreux sont les auteurs qui se situent par rapport à lui[61] et on pourrait faire une véritable histoire de ces attitudes de conscience. Il a même fini par devenir une sorte de personnage mythique – comme en connaissent la plupart des civilisations – auquel on impute toutes sortes d'anecdotes par lesquelles la sagesse populaire trouve un exutoire.

Malgré une bibliographie croissante, le sujet reste très énigmatique. On l'a longtemps appelé Ibn al-Rāwandī, le rattachant ainsi à Rāwand, près d'Ispahan. Certains préfèrent le nommer Ibn al-Rīwandī (ou Rēwandī), en lui donnant pour *nisba* le village de Rīwand, en Khorasan, distant pourtant d'un millier de kilomètres du précédent ! Ses dates sont également très disputées. Si celle de sa naissance, située entre 205/820 et 215/830, connaît une « fourchette » normale pour l'époque, celle de sa mort varie de plus d'un demi-siècle : soit avant 250/864, soit vers 300/912. Le principal investigateur arabe, 'A. A. al-A'sam[62], pense pouvoir donner la chronologie suivante : le personnage semble être né à Rīwand en 205/820-821. Il a vécu à Bagdad d'environ 225/839 à après 245/859. Il a été l'élève d'un soufi, Abū Ḥafṣ 'Amr b. Muslim al-Ḥaddād (m. 252/866). Il a adhéré au mu'tazilisme, alors école dominante de la théologie, et tout le monde s'accorde à reconnaître qu'il en a été une des gloires. Mais il l'aurait quitté lors du renversement de situation et des persécutions d'al-Mutawakkil en 237/851-852. Ce n'était pas pour simple opportunisme comme le montre le catalogue des erreurs des maîtres mu'tazilites qu'il dresse dans sa *Faḍīḥat al-Mu'tazila* (« Le déshonneur des mu'tazilites »), écrite en réponse à l'apologie de Ǧāḥiẓ : *Faḍīlat al-Mu'tazila* (« L'honneur des mu'tazilites »), et rédigée entre 240/854 et 245/859. Par ailleurs, alors que son ami al-Warrāq a quitté l'École à la même époque que lui mais pour suivre une voie indépendante, il adhère pour sa part au chiisme, en même temps qu'il rédige sa réfutation de ses anciens maîtres. Cela l'aurait conduit à fuir Bagdad en 244/858-859 pour al-Ahwāz. Al-A'sam le fait mourir à Raḥba dès l'année suivante.

J. van Ess a, de son côté, argué de la disparité des dates de décès pour insister sur le premier chiffre donné, qui aurait été en fait celui de son départ de Bagdad. Il serait mort beaucoup plus tard, mais le reste de la vie d'un impie n'intéressait plus personne. Son interprétation, extrêmement ingénieuse, est la suivante[63] : originaire de l'extrême est, Ibn al-Rīwandī vint se fixer dans la capitale. Il y fréquenta les théologiens et se montra rapidement expert dans l'art de la dispute. Or celle-ci était poussée beaucoup plus loin dans l'est (où l'on était habitué à la présence d'adversaires de l'islam, et notamment des dualistes) qu'elle ne l'était au cœur du monde musulman, où l'on vivait au rythme des crises d'orthodoxie. Devenu suspect, Ibn al-Rīwandī réagit en attaquant d'abord ses anciens maîtres. Sa *Faḍīḥat al-Mu'tazila* relève avec complaisance les risques doctrinaux pris par les grands noms de l'École alors dominante. C'est à cela que répond le *K. al-Intiṣār* d'al-Ḫayyāṭ, écrit peu après 269/882, où Ibn al-Rīwandī est présenté comme disparu depuis une vingtaine d'années. Mais on sait qu'au moins un autre ouvrage, le *K. al-Dāmiġ*, est composé par notre personnage après 270/883, et sera lui aussi réfuté par le même al-Ḫayyāṭ. Il est donc plus probable que les deux auteurs sont morts vers la même date, mais qu'Ibn al-Rīwandī avait quitté Bagdad à la date donnée par son adversaire pour sa disparition. Son long séjour en Orient expliquerait alors qu'on ait deux visions antithétiques du même personnage : celle de Bagdad qui le considère comme hérétique, et celle de l'est qui le juge orthodoxe et s'y réfère positivement. Van Ess en conclut qu'Ibn al-Rīwandī a été victime d'un règlement de comptes interne au mu'tazilisme. Ses critiques contre les maîtres bagdadiens l'auraient rendu suspect aux adeptes de cette dernière branche de l'École, qui auraient relevé malignement dans ses œuvres les objections qu'il faisait à l'islam, passant sous silence les réponses qu'il donnait par ailleurs. Car, de fait, certaines listes de ses œuvres présentent simultanément un livre et sa réfutation par le même auteur !

En somme, pour van Ess, Ibn al-Rīwandī est essentiellement un théologien. Appartenant à la tradition murǧite-ḥanafite dominante dans l'est, ses positions ne pouvaient que paraître scandaleuses pour Bagdad, alors qu'elles étaient normales pour l'extrême est et y avaient déjà même été soutenues, notamment par le célèbre ascète du Khorasan, Ibn Karrām (m. 255/869). Les liens attestés de notre sujet avec le soufisme favorisaient cette convergence, mais van Ess insiste, pour sa part, sur 'Īsā b. al-Hayṯam (m. 245/859), parce qu'il devint le chef de l'École de Bagdad en 236/850. En outre Ibn al-Rīwandī défendait la position politique des chiites et soutenait l'imanisme, ce qui lui a été fortement reproché, sans que l'on puisse dire pour autant que le chiisme soit au centre de son œuvre théologique.

Il s'agissait donc d'un conflit entre univers mentaux. Ibn al-Rīwandī se rattachait à des ascètes d'origine modeste et tentés par le chiisme, considérant que la spéculation théologique était inutile. Il aurait montré que la branche adverse, liée à la bourgeoisie et à la cour, faisait preuve d'arrogance. Pour cela il aurait mis en acte l'idée que toutes les preuves se valent, pratiquant le *takāfu' al-adilla*, qui est la traduction littérale de l'*isosthèneia tôn logôn* des sceptiques grecs. Revenu dans l'est, notre auteur pouvait retrouver une notoriété confisquée dans la capitale par ceux qui l'avaient forcé à fuir.

Cette explication extrêmement compréhensive permet de synthétiser des sources très diverses et même opposées. Elle n'a cependant pas convaincu tout le monde. Van Ess lui-même est obligé de reconnaître que son personnage « écrivait dans un de ces styles agressifs et capricieux qui ne sont pas appréciés par les gens officiels[64] ». Mais s'agit-il seulement de style ? Comme S. Stroumsa l'a souligné, quelqu'un qui dit ce qu'il dit, et dans les termes qu'il emploie, ne peut pas être musulman orthodoxe : ainsi, par exemple, certains doutes peuvent être exprimés par un croyant, mais aucun musulman ne peut introduire les questions qu'il se pose légitimement en déclarant que Dieu ne sait pas compter, ni les conclure en Le présentant comme un ennemi furieux et irrité, qui ne connaît pas d'autre remède à la maladie que de faire mourir[65].

Mais il ne s'agit pas ici de répondre aux questions historiques proprement dites. Notre propos se centre sur la question de l'intérêt philosophique éventuel du personnage et de ses écrits : comment peut-on les percevoir ?

Van Ess a opposé la période où Ibn al-Rīwandī est théologien, professionnellement parlant, à celle où il agit en esprit libre. Dans la première, il proposerait des solutions particulières à des problèmes dans l'air, et c'est ce que transcrit notamment al-Aš'arī dans ses *Maqālāt al-Islāmiyīn*. Dans la deuxième, par contre, il chercherait à découvrir l'aspect irrationnel de chaque doctrine[66]. Mais cette opposition est-elle si absolue ? Si l'on se réfère seulement à ce que transcrit al-Aš'arī, on constate que la plupart des fois où il le cite, c'est pour le faire témoigner d'opinions d'autrui, ou comme représentant d'un groupe – par exemple pour la définition de la foi comme « acquiescement » *(taṣdīq)*, en quoi il anticipait al-Aš'arī lui-même. Mais, dans un assez long passage, Ibn al-Rīwandī parle en son nom propre : c'est l'analyse du phénomène du « meurtre ». Elle montre qu'il distinguait nettement entre la cause (le coup) et le « contre » créé par la cause dans le corps de la victime. L'âme peut prendre le dessus sur le second, au moins durant un certain temps, et il n'y a pas alors meurtre, quand bien même le sujet finirait par mourir[67]. Cette question, apparemment anodine, reparaît avec toutes ses conséquences dans la réfutation d'al-Ḫayyāṭ. Les mu'tazilites défendaient la thèse du *tawallud*, ou action transitive. Dans un acte, l'intermédiaire est soumis au pouvoir contingent de l'agent ; la capacité d'agir cesse une fois l'action accomplie, mais c'est le pouvoir qui est le véritable auteur de l'acte. Ibn al-Rīwandī objecte que, si un archer blesse un homme et meurt avant lui, cette théorie aboutit à la conclusion absurde qu'un mort aurait tué un vivant. La réfutation d'al-Ḫayyāṭ se fait en envisageant quatre possibilités, et quatre seulement : que le résultat soit l'œuvre de Dieu, qu'il soit celle de la flèche, qu'il soit sans cause, ou qu'il soit l'œuvre de l'archer. Pour aboutir à la quatrième hypothèse, il éliminera rapidement les seconde et troisième, mais l'essentiel de sa réponse consiste à s'étendre d'abord longuement sur la première et à souligner que, selon son interprétation, la thèse d'Ibn al-Rīwandī signifierait qu'un agent peut agir sans que son acte ait de conséquence si Dieu ne le veut pas ainsi. Al-Ḫayyāṭ ne veut voir là que « simulation d'ignorance » et « sophistique »[68], parce que c'est la doctrine des traditionalistes, qui triompheront par la suite ; en réalité, c'est lui qui occulte la solution proposée par notre auteur, solution qui ne rentre dans aucune de ses quatre possibilités. En effet, ce que montre l'analyse du meurtre, c'est que, non seulement Ibn al-Rīwandī soutenait, dès sa période bagdadienne, l'importance des causes secondes, mais surtout qu'il les séparait de toute considération de l'action divine puisque Dieu, dans sa description, se contente de « donner à la sortie de l'âme l'appellation de mort[69] ».

Il semble donc que, dès le début, Ibn al-Rīwandī soit un penseur atypique. Est-ce à dire que c'est uniquement un polémiste ? On peut attribuer à sa période mu'tazilite une « Réfutation des zindiqs » et des « Anecdotes et questions sur les manichéens », qui sont perdues ; cependant il est connu surtout pour ses positions à l'intérieur du camp théologique et son « Déshonneur des mu'tazilites » reste bien à l'intérieur de l'islam. On ne sait quand il connut al-Warrāq, qui semble avoir été son maître et qui le détermina peut-être à passer à la *zandaqa* ; encore faut-il entendre celle-ci au sens large car Ibn al-Rīwandī ne s'est pas arrêté au manichéisme. Pour H.S. Nyberg, il y a une continuité entre les attaques contre les mu'tazilites et les thèses impies puisque, dans tous les cas, notre auteur a l'art de pousser l'adversaire jusqu'aux extrêmes conséquences de ses thèses et qu'il ne fait que tirer les conclusions du rationalisme mu'tazilite[70]. Considérant que l'impiété n'est pas prouvée, van Ess aboutit à une position proche, qui lui permet de remonter de l'extrémisme rīwandī vers les précédents internes à l'École. Toutefois on est gêné par le sentiment qu'il y a bien une différence de nature entre la *Faḍīḥa*, dont la portée critique est fortement réduite par le caractère presque exclusivement *ad hominem* des remarques, et des thèses présentées par les opposants comme générales.

Al-Ḫayyāṭ a prétendu que les citations de la *Faḍīḥa* étaient tendancieuses, voire faussées. Peut-être est-ce un signe de ce qu'il comprenait sur quelle voie Ibn al-Rīwandī l'entraînait et de sa résistance. On peut cependant relever que des chercheurs modernes reprochent aussi à ce dernier d'agir comme tout polémiste, tels Pascal ou Voltaire, c'est-à-dire de « résumer une thèse de telle sorte que, coupée de ses attendus, et réduite à ses conséquences extrêmes, elle en devienne totalement arbitraire et absurde[71] ».

Al-A'sam souligne, pour sa part, l'usage fréquent de la méthode sophistique opposant deux points de vue, celui du chiisme et celui du mu'tazilisme, et concluant seulement qu'ils sont opposés, supposant qu'il y a une part de vérité en chacun sans qu'il y ait recherche d'une vérité objective[72]. Cela nous conduit à fortement relativiser le chiisme d'Ibn al-Rīwandī. Si ce scepticisme a été utilisé par les chiites et si, en particulier, c'est l'un d'eux, al-Šarīf al-Murtaḍā qui fait preuve de la plus grande compréhension à son égard, c'est assez tardivement (V^e/XIe siècle), et pour répondre à un mu'tazilite qui a prétendu que tous les déserteurs de la religion, tentés par l'athéisme, sont passés au chiisme. Sa conviction est qu'Ibn al-Rīwandī « a rédigé ses livres pour s'opposer aux mu'tazilites et les défier, parce que ce groupe l'a humilié et a sous-estimé ses connaissances ; il a écrit pour démontrer l'impuissance qui est la leur vis-à-vis de la critique [...]. Il se défendait parfois d'en être l'auteur. Il n'était pas [sujet à] douter de son erreur en les composant, qu'il soit convaincu ou non[73] ». Nous ne pouvons donc pas tirer de conclusion ni de la rédaction par Ibn al-Rīwandī d'un *K. al-Imāma*, ni de la critique de celui-ci par Abū 'Alī al-Ǧubbā'ī, un des plus grands noms du mu'tazilisme, deux livres qui sont perdus. Rien ne permet de penser que le premier est allé plus loin qu'une position politique, ni que le second n'a fait preuve de plus de compréhension que ses contemporains. On peut, par contre, relever le fait qu'al-Murtaḍā n'est pas un défenseur inconditionnel de notre personnage et s'étonner, avec D. Gimaret, que Šahrastānī le cite parmi les théologiens imamites alors qu'aucun répertoire chiite ne le mentionne[74]. Bien plus, les chiites de son temps étaient alors en dépendance directe des imams et n'étaient pas intéressés par une conception rationaliste de leurs propres dogmes ; ils commencèrent par le réfuter et n'adoptèrent que plus tard certaines de ses vues, mais seulement par coïncidence[75].

Mais on peut aller plus loin. Si on prend, par exemple, les premières pages du *K. al-Intiṣār*, on est frappé par l'opposition de deux formes d'esprit qui s'y manifestent. Al-Ḫayyāṭ veut maintenir un point de vue global sur les chiites : pour lui tout chiite est un rāfiḍite, c'est-à-dire quelqu'un qui refuse la légitimité des trois premiers califes antérieurs à 'Alī. Il est essentiellement un défenseur de la « communauté » contre ceux qui sont censés la menacer et, à ce titre, il anticipe la position « sunnite » qui détrônera son école mais en contestant le mu'tazilisme, non pas tant pour lui-même que pour les dangers que, malgré les gages donnés par celui-ci, les sunnites perçoivent en lui. Ibn al-Rīwandī, lui, nuance : il se refuse à assimiler la totalité à un petit groupe ; il condamne toute généralisation abusive[76]. Il défend donc le droit des positions individuelles, ce que ne comprend pas al-Ḫayyāṭ qui tantôt le considère comme chiite, tantôt – nous l'avons vu – le rejette du côté des traditionalistes sunnites, mais ne saisit jamais sa position individualiste.

La liste des ouvrages attribués à Ibn al-Rīwandī par la suite accentue encore cet individualisme. On hésite à dater le *K. al-Tāǧ* (« Livre de la couronne ») de cette période ; peut-être est-il encore de l'époque mu'tazilite, mais il expliquerait alors l'expulsion de son auteur de cette secte : Abū 'Alī al-Ǧubbā'ī, un des grands noms du mu'tazilisme, l'a réfuté en arguant que ce livre portait sur « l'éternité du monde, la négation du Créateur, la justification de la doctrine du *dahr* [matérialisme fataliste] et la réfutation de la doctrine monothéiste[77] ». Le mu'tazilisme prouvait l'adventicité des corps par le fait qu'ils ne peuvent exister sans les accidents, lesquels sont adventices. Ibn al-Rīwandī objectait à cela que l'adventicité peut se situer dans une chaîne remontant à l'infini. Notons que ce raisonnement le plaçait du même coup hors de l'aristotélisme, même s'il coïncidait avec lui sur l'éternité du monde. Ou plus exactement ce raisonnement montre que le penseur persan estimait qu'on ne pouvait prouver l'adventicité du monde et que son éternité était parfaitement imaginable. Toute sa démarche consiste à considérer comme « savoir » *('ilm)* ce qui est concevable par l'imagination *(wahm)*. D'où sa formule : « La plus sûre des connaissances est ce qui est établi *(mā taqarrara)* dans l'imagination. Or l'éternité des corps est quelque chose d'établi dans l'imagination. Nous pouvons croire en effet qu'il n'est aucun état défini des corps auquel ceux-ci n'aient préexisté, et ainsi de suite sans aboutir à un commencement. D'où il résulte qu'ils sont éternels[78]. » Aussi sa position sur la création essaie-t-elle de faire rentrer la philosophie dans le cadre de la théologie : « Les anciens philosophes n'ont pas rejeté le Créateur, mais ils le rejettent en tant qu'accomplissant par choix, ce qui est un autre problème[79]. »

Anti-mu'tazilite, mais non strictement aristotélicien puisque l'aristotélisme enseigne qu'« il faut s'arrêter » dans la chaîne infinie, le *K. al-Tāǧ* devait faire également l'objet de réfutations par al-Aš'arī et par un auteur chiite, notamment. Le premier doit être souligné parce qu'il a soutenu certaines thèses particulières d'Ibn al-Rīwandī (critique de la théorie mu'tazilite des attributs ; généralisation d'une définition[80]), et aussi parce que certaines réfutations d'al-Ḫayyāṭ visent à confondre notre auteur avec les traditionalistes. Quant au second, il confirme ce que nous avons dit au sujet du prétendu chiisme d'Ibn al-Rīwandī.

Le *K. Na't al-Ḥikma*, ou *'abaṯ al-Ḥikma*, pourrait être, suivant les titres, soit un « éloge » ironique, soit directement une affirmation de la « vanité » de la sagesse divine. Nyberg pensait que ce devait être le même qu'al-Ḫayyāṭ appelait *K. al-ta'dīl wa-l-taǧwīr* (« De la justice et de la tyrannie »), démontrant qu'on ne saurait qualifier de sage celui qui ordonne l'obéissance en sachant avec certitude qu'il sera désobéi. D'une façon générale, Dieu ferait preuve de « sottise » *(safah)* en imposant à ses créatures Ses ordres et Ses interdictions.

Dans cet ouvrage où il se montrait très proche d'al-Warrāq, Ibn al-Rīwandī s'opposait aussi à ceux qui croient que les gens voués à l'enfer le sont pour l'éternité car, « ni eux ni le Créateur n'ont un quelconque intérêt à cela, et le sage n'agit pas dans le mauvais sens[81] ». Le livre a aussi été réfuté par Abū 'Alī al-Ǧubbā'ī[82].

Le *K. al-Farīd* (« Livre de la perle unique »), ou *al-Farand* (« du glaive »), qui n'est guère connu que d'après une citation d'Ibn al-Ǧawzī, niait la réalité de la prophétie de Muḥammad. Le caractère inimitable du Coran ne saurait prouver celle-ci, car Euclide et Ptolémée, eux aussi, ont composé des ouvrages inégalables, et cependant cela ne prouve pas qu'ils soient prophètes[83]. Cet argument est remarquable en ce qu'il rejoint des positions d'auteurs plus proches de l'orthodoxie. Ibn Ḥazm, par exemple, estime qu'introduire des considérations de beauté formelle dans la parole divine se suffit à soi-même, mais ne saurait en aucun cas constituer une démonstration, car alors, au contraire, cela en ruinerait le caractère suprahumain : « Quand bien même l'*i'ǧāz* [du Coran] serait due au fait d'être au degré suprême d'éloquence *(balāġa)*, ce ne serait pas une preuve *(ḥuǧǧa)* pour lui car cela se trouve en tout ce qui est à l'échelon *(ṭabaqa)* suprême, alors que les signes *(ayāt)* des prophètes sortent de l'habituel *(al-ma'hūd)*[84]. » Curieusement Ibn Ḥazm, adversaire acharné du mu'tazilite al-Naẓẓām, reprend sur ce point sa thèse célèbre de la *ṣarfa* (le miracle consiste non en ce que les hommes ont été incapables d'imiter le Coran, mais en ce que Dieu les en a « détournés »). C'est pourtant un autre grand mu'tazilite, Abū Hāšim al-Ǧubbā'ī, qui devait attaquer Ibn al-Rīwandī sur ce thème[85]. Mais il ne put le faire qu'en définissant l'*i'ǧāz* comme absence de contradiction. Or le problème des contradictions dans le Coran avait été soulevé en islam depuis au moins le grand exégète Muqātil (m. 150/767)[86]. Cela ne fait donc que repousser le problème et permet à Ibn al-Rīwandī de continuer ses attaques en ce sens dans ce qui est sans doute un de ses tout derniers ouvrages, le *K. al-Dāmiġ*, que nous verrons plus loin. Quant à la doctrine de l'« impeccabilité » *('iṣma)* du Prophète, sans la nier formellement, Ibn al-Rīwandī la déclarait indémontrable[87].

D'un *K. al-Marǧān* (« Livre du corail »), on sait seulement qu'il prenait à partie les divergences entre les musulmans. Il a, lui aussi, fait l'objet d'une réfutation par Abū Hāšim al-Ǧubbā'ī[88].

Les deux ouvrages les mieux connus sont le *K. al-Dāmiġ* (« Le briseur de cerveau »), cité par le cadi 'Abd al-Ǧabbār et par Ibn al-Ǧawzī, cette dernière référence étudiée dès 1931[89], et le *K. al-Zumurrud* (« Livre de l'émeraude »), lui aussi connu par fragments assez tôt[90]. Il présentait alors l'avantage de pouvoir être relié à la critique du Coran attribuée à Ibn al-Muqaffa'[91]. On trouve en effet des thèmes communs aux deux auteurs, notamment l'idée que Dieu est « fier de la zizanie qu'Il a semée entre les gens », tout en attribuant l'enfer à Ses agents[92].

En fait, le plus souvent, Ibn al-Rīwandī se contente de reprendre des objections très anciennes. Il rappelle, par exemple, la disparité des niveaux intellectuels qui a existé entre les Arabes, contre l'argument du miracle formel *(naẓm)* du Coran ; mais il lui ajoute un point capital, à savoir que celui-ci, de toute façon, ne vaudrait que pour un arabophone[93]. Il s'arrête aussi longuement sur les contradictions *(tanāquḍ)* du Livre sacré. Il oppose ainsi sourate XLII, verset 42/44 et XVI, 65/63 sur l'absence ou la présence de soutien divin aux mécréants ; IV, 78/76 et LVIII, 19 sur la faiblesse ou la puissance du démon ; L, 38 et XLI, 8/9 et 11/12 sur le nombre de jours de la création, etc.[94].

On s'est surtout arrêté à la référence aux « brahmanes » *(barāhima)*. Ceux-ci sont pris pour modèle d'une religion rationnelle, sans intervention de la révélation : « Les brahmanes ont affirmé que la raison chez nous et chez nos adversaires est le meilleur don de Dieu et que la raison permet de distinguer le bien du mal. Si le prophète vient pour confirmer l'utilité de cette raison, son message sera valable, mais s'il rapporte [des choses] qui contredisent cette même raison, nous ne reconnaîtrons pas sa prophétie[95]. » Dans sa radicalité, ce terme de brahmane est devenu un *topos* littéraire. On peut, bien sûr, s'interroger sur la portée historique de ce mot[96]. Ce qui est certain, c'est qu'il a eu une forte résonance dans la pensée religieuse arabe. Citons seulement, du côté musulman, Bāqillānī (m. 403/1013) qui, après avoir examiné les dualistes et les mages, consacre une longue partie de son *Tamhīd* à synthétiser les réponses que l'on peut faire aux brahmanes[97], et Šahrastānī (m. 548/1153) qui rassemble en une section particulière les arguments qui leur sont attribués contre l'existence des prophètes[98].

Il est indubitable qu'Ibn al-Rīwandī n'a pas inventé cette idée, que l'on trouve avant lui[99]. Bien que la postérité l'ait associée à son nom, elle est défendue, dans le *K. al-zumurruḏ*, par al-Warrāq et c'est surtout celui-ci qui l'a développée. On la retrouve, à la même époque, chez un auteur juif, Dāwūd ibn Marwān al-Muqammiṣ, qui la tire vers l'idée originale que le prophète, s'il est méritant, ne peut l'être que par des vertus intellectuelles et morales, lesquelles peuvent être atteintes par toute raison, et que s'il ne l'est pas, il ne se distingue pas des autres hommes[100].

Aussi est-on tenté de dire, avec van Ess, que les thèmes des *zanādiqa* de l'époque umayyade ont été simplement repris en milieu sunnite par ces deux personnages : al-Warrāq et Ibn al-Rīwandī[101]. Mais en réalité ils ont fait bien plus que cela. Nous avons vu que le premier insérait ses critiques dans une vision rationaliste d'ensemble. Qu'en est-il du second ? Pour le voir, nous allons nous appuyer sur la toute récente reconstitution faite par S. Stroumsa de la structure du *K. al-zumurruḏ* qui nous paraît donner la clé du rapport entre les deux penseurs[102].

S. Stroumsa se fonde sur trois sources en notre possession et commence par montrer que, bien qu'indirectes pour certaines, on peut les ramener à un objet unique et qu'elles se complètent plutôt qu'elles ne s'opposent. Cela étant, l'historienne établit les assertions suivantes : 1. L'ouvrage était écrit en forme de dialogue. 2. Celui-ci a eu lieu entre al-Warrāq et Ibn al-Rīwandī. 3. Le premier présentait des objections à la prophétie, objections réfutées à leur tour par le second. 4. Si celui-ci a choisi de défendre l'existence de la prophétie, ce n'était pas par peur, puisqu'il a publié sous son propre nom des ouvrages non moins hétérodoxes, mais parce que, tout en acceptant le « criticisme » d'al-Warrāq, il refusait de le suivre sur le terrain du manichéisme dont lui-même moquait les mythes et dénigrait les traditions. 5. Ibn al-Rīwandī aurait, en outre, « systématiquement » écrit à la fois un livre et sa réfutation. C'est la marque d'un authentique libre penseur qui rejette l'autorité de toute religion scripturaire ou révélée. Or il est « possible » que le *Zumurrud*, dans sa forme dialoguée, ne fasse autre chose qu'intégrer les deux éléments en un seul livre. 6. Il est indubitable que, malgré les références confuses qui montrent al-Warrāq et Ibn al-Rīwandī se renvoyant l'un à l'autre la paternité de l'ouvrage, tout le monde l'a considéré comme étant bien de ce dernier et exprimant ses vues.

Pour sa plus grande part, cette démonstration est tout à fait convaincante. Mais il y a plusieurs réserves qu'il faut introduire sur les quatrième et cinquième points. Il est vrai que la formulation rapportée par Māturīdī semble aller dans le sens de l'opposition entre un al-Warrāq manichéen et un Ibn al-Rīwandī refusant de privilégier une tradition contre une autre : « Il est surprenant qu'al-Warrāq ait récusé les informations des prophètes et ait appelé à rejoindre les dires des manichéens, tout en acceptant leurs informations sur les thèses de la lumière et de la ténèbre[103]. » Mais en fait ce texte ne va pas plus loin que l'incompréhension des contemporains qui ont cru que l'analyse impartiale équivalait à une adhésion. Si Ibn al-Rīwandī n'est pas à l'origine de cette accusation, rien ne prouve qu'il ait été un esprit assez ouvert pour ne pas tomber dans l'ornière commune. Nous avons vu que rien ne permettait d'affirmer qu'al-Warrāq fût vraiment manichéen ; mais il est certain que son attitude rationalisante envers cette religion a joué pour lui un rôle de phare.

La seconde réserve vient de ce que présenter un sujet soit se repentant, soit s'autocensurant constitue un véritable genre littéraire. Or cette manière qu'ont les chroniqueurs de proposer un individu gênant faisant au moment ultime amende honorable est assez suspecte et rentre dans un schéma apologétique universel. On est obligé de constater que l'affirmation explicite d'un repentir d'Ibn al-Rīwandī n'intervient que très tardivement, au IXe/XVe siècle[104]. Comme van Ess lui-même le reconnaît, on n'a pas la preuve que certaines autoréfutations aient bien eu lieu[105]. Et, de fait, si Ibn al-Rīwandī avait vraiment ruiné ses propres livres scandaleux, comment expliquer qu'aucune de ces réfutations n'ait été utilisée par ses détracteurs ? Il est bien étrange que l'on ait conservé des bribes des mauvais livres mais, en dehors de titres hypothétiques, aucune trace des bonnes productions qui les anéantissaient. L'un des rares cas où soient attestés deux textes contradictoires concerne la question de la science de Dieu. Selon al-Aš'arī, Ibn al-Rīwandī aurait soutenu que « Dieu connaît d'avance le déroulement des choses[106] ». Mais Abū 'Alī al-Ǧubbā'ī a réfuté un *Qadīb al-ḏahab*, qui lui est attribué, dont la thèse était au contraire que « la science que Dieu a des choses est adventice et qu'Il est non savant tant qu'Il ne s'est pas créé pour Lui-même une science[107] ». Cependant on peut ne voir là qu'une évolution vers une plus grande économie des concepts, dont nous reparlerons plus loin, et non une autoréfutation.

Enfin il n'est pas absolument sûr que, comme le dit S. Stroumsa, « la discussion ne semble pas avoir été très systématique » et qu'il s'agisse seulement d'un « pot-pourri d'arguments »[108]. Jusque dans le regroupement des trois sources qu'elle propose, et malgré l'hétérogénéité des origines et le caractère parfois très indirect des références, transparaît la démarche caractéristique d'al-Warrāq, à savoir l'examen de toutes les possibilités. Ainsi, par exemple, à propos de la connaissance par Muḥammad d'événements bibliques, al-Warrāq envisage d'une part la possibilité qu'il ait lu effectivement la Bible, mais d'autre part, prévoyant l'objection que le Prophète était illettré, il envisage une autre possibilité, à savoir qu'on lui ait lu les passages en question. C'est Ibn al-Rīwandī qui rompt cette systématicité par ses réponses en vrac. Chaque fois son interlocuteur reprend en fonction de ce qui vient de lui être dit, soit qu'il estime que la réponse est insuffisante et demande à être complétée, soit qu'il propose un autre angle d'approche, soit enfin qu'il prolonge l'examen par l'introduction d'une difficulté supplémentaire.

Et c'est sans doute là que nous trouvons la clé de la véritable orientation d'Ibn al-Rīwandī. Al-Warrāq est bien son maître en ce qu'il lui a donné le goût des difficultés. Mais le disciple n'est pas intéressé par la systématicité. Aussi est-il à la fois moins et plus dangereux. Il l'est moins en ce qu'une vision cohérente, comme l'est toute foi, ne craint rien tant qu'un examen suivi qui l'empêche, comme le disait al-Warrāq lui-même, de se réfugier dans les cas particuliers, les arguties, voire les changements de sens. C'est pourquoi la façon dont le désordre d'Ibn al-Rīwandī sapait l'approche méthodique de son partenaire a pu sembler à un Māturīdī proche de la réaction kalamique habituelle de l'argument *ad hominem*, dont chacun ne vaut que pour lui. Aussi l'Ibn al-Rīwandī du *K. al-Tawḥīd* apparaît-il comme un orthodoxe (relatif !), face à un al-Warrāq qui incarne l'esprit critique. Mais en même temps cette démarche imprévisible est inquiétante, et c'est pourquoi non seulement les théologiens l'ont écartée quand elle se manifestait seule, mais encore son représentant privilégié est-il devenu le Till Eulenspiegel de la foule musulmane, trop heureuse de pouvoir placer ses *nukāt* (saillies) sous une invocation connue.

Pour désordonné qu'il soit, Ibn al-Rīwandī ne dit pas pour autant n'importe quoi. S'il est difficile de trouver une doctrine qui lui soit propre, on peut du moins trouver une orientation intellectuelle. Son analyse du « meurtre » montre qu'il cherche des séquences immédiatement intelligibles, ne faisant pas intervenir d'arrière-pensée ou de présupposé. D'une façon générale, il semble qu'il se soit orienté de plus en plus vers une attitude assez proche du célèbre « rasoir » d'Ockham : supprimer toute idée superflue ou intéressée, au profit d'une logique immédiate, valant aussi bien pour l'homme que pour Dieu. Nous l'avons vu pour la science divine, mais c'est ce qui pourrait expliquer certaines autres de ses positions théologiques : la réduction de la foi à l'assentiment, les paroles étant « celles qui viennent du cœur[109] », pour éviter la démarche courante qui, commençant par la parole et continuant par l'assentiment, est obligée de poser la question *juridique* de la sincérité ; le refus de la théorie atomiste[110], qui est une supposition allant contre le pouvoir de l'imagination, et contenant une arrière-pensée doctrinale ; le refus de l'information prophétique *(ḫabar)* selon laquelle « le mort entend les lamentations de ses proches », car « le corps peut sentir mais l'âme, mortelle, n'existe plus[111] » ; etc.

En contrepartie, cette affirmation d'une logique unique pour Dieu et pour l'homme plaçait Ibn al-Rīwandī dans une orientation rationaliste utilitaire qui, si elle a triomphé à l'époque moderne, ne s'imposait pas du tout en son temps. Māturīdī nous le présente en effet comme « prouvant Dieu par les nourritures et les poisons[112] ». En « apprenant [à l'homme] tous les noms[113] », Dieu lui enseigne ce qu'il ne pouvait découvrir par lui-même : les choses relevant de l'agriculture et les choses qui, au contraire, sont dangereuses. Il y aurait donc eu chez notre penseur une sorte de tri entre les éléments irrationnels de la foi (rituels du pèlerinage, sacrifices sanglants, etc.) et ses aspects rationnels, ou du moins rationalisables. En outre Ibn al-Rīwandī accordait plus à cette dernière catégorie que n'en accordait al-Warrāq, pour qui l'homme avait naturellement une possibilité illimitée de découverte.

Or, malgré tous ces gages donnés, Ibn al-Rīwandī se trouvait en butte à toute une branche orthodoxe qui a eu parfaitement conscience que *toutes* (et pas seulement une partie, que l'on pourrait éliminer par la critique) les prescriptions divines étaient arbitraires du point de vue humain. Le plus grand nom de l'orthodoxie sunnite, Ġazālī, dira explicitement que c'est la volonté de Dieu qui fait qu'une nourriture est bonne ou mauvaise. Si l'homme avait été abandonné à sa « sensualité agressive » *(šahawatuhu al-mu'ādiya)*, il ne se serait pas distingué de l'animal ; c'est pourquoi Dieu a fixé le licite et l'illicite. Ġazālī était convaincu que, en termes actuels, c'est l'*interdit* qui fait passer l'homme de la nature à la « culture »[114].

Ibn al-Rīwandī n'est donc pas rejeté pour les mêmes raisons que l'a été al-Warrāq : leurs argumentations respectives se démarquent nettement, quand bien même l'un a emprunté beaucoup de détails à l'autre. Le rationalisme d'al-Warrāq est méthodique et général : une religion peut et doit être réduite aux exigences de la raison ; il en résulte une « religion dans les limites de la simple raison », mais du moins cette dernière est-elle législatrice par sa structure même. Le rationalisme d'Ibn al-Rīwandī est instrumental et orienté : il conteste, lui aussi, ce qui n'est pas assimilable par la raison, mais celle-ci procède seulement au coup par coup, donnant chaque fois un label, tantôt défavorable, tantôt favorable. Son seul critère est l'utilité, laquelle ne saurait épuiser la portée architectonique de la raison.

Cette différence d'orientation se manifeste clairement dans leurs attitudes respectives vis-à-vis du manichéisme. Al-Warrāq prend celui-ci au sérieux et fait de sa rationalisation une sorte de « test ». Ibn al-Rīwandī ne l'utilise que comme mine d'arguments et n'en reprend que le stock, souvent très ancien et peu spécifique, de contestations ponctuelles ; il est, à ce titre, plus proche d'Ibn al-Muqaffa'.

Aussi, s'il serait abusif de dire qu'Ibn al-Rīwandī « reste un théologien », ce qui signifierait le maintien dans une religion constituée, il est vrai qu'il reste lié à la matérialité des doctrines, et demeure un « esprit théologique ». Cela explique pourquoi al-Warrāq, esprit décidément inassimilable par quiconque, a été vite la victime de l'oubli, alors que le caractère primesautier d'Ibn al-Rīwandī, à la fois opposé aux dogmes et lié à eux, lui assurait la pérennité en tant qu'exutoire. Les esprits religieux « se défoulaient » dans sa condamnation ; mais le peuple n'était pas fâché de lui entendre – ou de lui faire – dire ce que, dans son exaspération devant la dureté de la vie, il était tenté de lâcher.

Avant même cela, Ibn al-Rīwandī avait gagné une certaine audience dans l'intelligentsia. S. Stroumsa a montré à juste titre que l'apparente neutralité, voire bienveillance, de certains auteurs orthodoxes (théologiens ou biographes) n'était pas à prendre pour argent comptant et qu'en dehors de certaines utilisations intéressées, ils considéraient tous Ibn al-Rīwandī comme un hérétique[115]. Mais Tawḥīdī, outre qu'il vantait ses qualités de critique, de dialecticien et d'observateur (hommage que l'on peut prendre avec réserve), dit que la bibliothèque du vizir Ibn 'Abbād « contenait des livres d'Ibn al-Rīwandī et des paroles d'Ibn Abī-l-Awǧā' qui s'opposent au Coran[116] ». Même si la réprobation perce sous ces mots, la stature de ce haut fonctionnaire būyide, à la fois administrateur de premier plan, mécène littéraire reconnu et lui-même auteur compétent dans les divers domaines de la culture arabo-musulmane, y compris la théologie[117], est un témoignage de l'audience « sérieuse » que notre auteur était susceptible d'obtenir.

Cette audience était la mesure exacte de l'ouverture d'esprit dont était capable la civilisation dans laquelle il vivait. On ne saurait négliger le caractère « décapant » des textes d'Ibn al-Rīwandī, et la salutaire cure critique qu'il imposait à ses lecteurs. Aussi la grande majorité préféra-t-elle ne l'aborder qu'à travers des réfutations signées de noms plus présentables. Mais c'était d'autant plus facile que sa démarche s'y prêtait. Il ne proposait pas, comme al-Warrāq, de perspective d'ensemble supposant une longue ascèse et un effort soutenu dans un changement assez profond de façon de penser. Procédant au coup par coup, on lui répondait de même !

4. Le repoussoir du judaïsme classique : Ḥayawayh al-Balḫī (IIIe/IXe siècle)

La célébrité d'Ibn al-Rīwandī dans le monde musulman est telle que certains chercheurs, pourtant connus pour leur soumission à la documentation, se sont laissés aller à son égard à des démarches plus hypothétiques. L'ouvrage où al-Fārābī s'en prenait à des aspects de la dialectique *(ǧadal)* du théologien persan étant perdu, J. van Ess a néanmoins essayé de reconstituer la nature des liens qui pouvaient exister entre ces deux personnages phares, tout en s'excusant, à la fin, d'avoir tant débordé sur le terrain des hypothèses[118]. Mais la place très particulière occupée par al-Fārābī dans l'islam ouvrait la voie vers la partie non musulmane du monde culturel d'expression arabe. Ibn Ḥazm ayant – sans doute à tort – accusé le vizir juif de Grenade, Šmū'el Ha-Naǧīd d'avoir attaqué le Coran, S. Stroumsa a supposé qu'il avait en fait attribué à celui-ci les formules d'Ibn al-Rīwandī, puisqu'il ne connaissait l'un et l'autre qu'indirectement, par des réfutations[119].

Une légende veut, en effet, que l'hérésiarque ait été d'origine juive, qu'il se soit réfugié chez un juif lors de son expulsion de Bagdad, et même qu'il ait mis sa plume au service de cette communauté contre l'islam, moyennant rémunération, bien sûr ! Une fois engagé dans ce type de formule, il était très aisé de glisser de la réfutation de l'athéisme à celle du judaïsme. Ce pli pouvait même influencer les juifs eux-mêmes, dont certains auteurs tardifs semblent bien tomber dans l'ornière commune. Lorsque Maïmonide s'en prend à ceux qui veulent demander à la raison plus qu'elle ne peut donner, il cite en exemple un mystérieux Elīša ben Abuyah, dont la description renvoie plutôt à l'image mythique d'Ibn al-Rīwandī[120].

Cette invasion du judaïsme par l'auteur persan peut expliquer la célébrité moindre dans cette communauté d'un personnage qui en était pourtant indubitablement originaire : Ḥayyōya (prononciation arabe : Ḥayawayh, le plus souvent simplifié en : Ḥīwī) al-Balḫī. Ses œuvres ne sont plus accessibles directement, mais seulement par les réfutations qu'en fit Saadia Gaon et quelques autres citations[121]. Très peu le mentionnent et les copistes trouvent le moyen d'estropier son nom. On sait seulement qu'il a vécu vers 236/850-262/875 et qu'il était originaire de Balḫ, ce qui le rapproche, chronologiquement et localement, tant d'Ibn al-Rīwandī que de l'auteur mazdéen du *Škand Gumānīk Vičār*. Il proposa « deux cents questions » sur la Bible et la pensée juive en général. Il aurait même donné une espèce de « Bible expurgée », à l'intention des enfants, éliminant tout passage problématique. Ses exemplaires auraient été répandus dans les écoles jusqu'à ce que Saadia n'intervînt, vers 315/927.

Ce dernier ne cite pas le texte original, si ce n'est par moments, et on est contraint de reconstituer une bonne part de celui-ci d'après la réplique donnée. Cependant, d'après un témoin ancien, on est sûr que si Saadia répondit en hébreu, Ḥayawayh n'employa pas cette langue. Le premier éditeur du texte connu, I. Davidson, opte pour l'arabe, certains penchant pour l'araméen, quoique ce soit moins probable. En outre, d'une remarque donnée, Davidson a conclu que l'ouvrage était en prose rimée, comme d'ailleurs sa réponse.

La découverte d'un manuscrit fragmentaire, ainsi que des recoupements d'une part dans l'œuvre de Saadia, de l'autre dans diverses sources ultérieures, a permis à Davidson de reconstituer quarante-sept des deux cents questions. Dans la mesure où Saadia répondait parfois à plusieurs questions en même temps, certaines d'entre elles devraient être démultipliées. Il les a regroupées en six grands thèmes : 1. Dieu et Ses attributs ; 2. Dieu et la création ; 3. le culte divin ; 4. les miracles ; 5. les problèmes textuels de la Bible ; 6. des interprétations possibles de certains passages, et a conclu de cet examen que Ḥayawayh « n'était pas seulement un collecteur d'inconséquences de la Bible, mais qu'il utilisait celles-ci comme une base pour construire dessus des doctrines positives[122] ».

Mais la difficulté a commencé quand il s'est agi de désigner ces doctrines. Reprenant plusieurs études du XIXe siècle, Davidson était surtout frappé par la similitude de certaines thèses avec des passages du *Škand*, et était donc enclin à donner raison à tel auteur médiéval qui affirmait que Ḥayawayh était devenu zoroastrien. Néanmoins, Davidson reconnaissait aussitôt que certaines autres questions allaient là contre, et il rappelait la formule de Saadia selon laquelle il faudrait plutôt penser au christianisme. Un peu plus tard, M. Ventura crut pouvoir faire la synthèse des deux en donnant Ḥayawayh comme manichéen, c'est-à-dire à la fois dualiste et héritier du christianisme[123]. Bien que très artificielle, cette position a reçu un renfort inattendu de la part de G. Vajda qui a comparé les questions de notre personnage à celles que posaient des *zanādiqa* à des imams chiites, questions qui ont été rassemblées par al-Tabarsī (m. 548/1153) dans son *K. al-Iḥtiǧāǧ*[124]. Mais il constatait aussi qu'il n'y a pas de dualisme dans les fragments reconstitués. Par ailleurs, une question peut être interprétée comme une adhésion au trinitarisme, ce qui irait dans le sens de Saadia, mais n'est pas conciliable avec le manichéisme. Aussi fut-il tenté de rapprocher Ḥayawayh du contestataire mis en scène dans le *K. al-zumurruḏ*, récemment découvert alors, et que Saadia connaissait. Mais en rattachant ainsi ce personnage à la « libre pensée radicale », terme par lequel il traduisait le zindiqisme, Vajda contraignait son lecteur actuel à reposer pour Ḥayawayh les mêmes questions que pour al-Warrāq et pour Ibn al-Rīwandī.

Dans son édition du *Škand*, J. de Menasce est revenu sur le problème des sources, mais avec une autre signification. Il a d'abord voulu minimiser l'influence manichéenne au profit de celle du mazdéisme. Il s'appuyait sur le texte médiéval qui expliquait pourquoi Saadia n'avait pas composé sa réfutation en arabe, face à un texte vraisemblablement écrit dans cette langue, et invoquait le fait que Ḥayawayh avait adopté l'opinion des Mages. Cela signifierait que les mazdéens se tenaient au courant de la production théologique arabe et étaient, au moins localement, assez puissants pour intimider. Aussi, rappelant que nombre de questions de Ḥayawayh se trouvaient déjà dans les *Midrāšim*, et que d'autres coïncidaient indéniablement tant avec les positions des mazdéens qu'avec le *K. al-zumurruḏ*, J. de Menasce concluait très heureusement que « les questions de priorité et de filiation sont, dans le détail, quasi insolubles. Les thèmes traités sont des lieux communs de la polémique, présentés [dans le *Škand*] sans grande originalité, le résidu de cet immense brassage de doctrines qui caractérise, aux premiers siècles de l'islam, et notamment en Mésopotamie, la rencontre, unique dans l'histoire, de quatre courants religieux presque également vivaces et militants[125] ».

Mais alors faut-il mettre Ḥayawayh du côté de l'auteur du *Škand* et ne voir en lui qu'un témoin historique d'un groupe de pensée, sans spécificité, ou bien faut-il le ranger avec des personnalités plus fortes comme al-Warrāq et Ibn al-Rīwandī ? L'oubli dans lequel il est tombé n'est pas un argument puisqu'il a aussi frappé al-Warrāq et qu'on peut être oublié aussi bien pour sa faiblesse que pour une trop grande valeur. Le fait qu'il n'ait écrit qu'un très petit nombre d'œuvres, peut-être même une seule, dans laquelle il n'apparaît pas, en outre, comme un spécialiste bibliste, pourrait être plus probant. Aussi plusieurs des chercheurs que nous avons évoqués (notamment Ventura) l'ont-ils réduit à ce rôle de « représentant sociologique ». Pourtant il y a une différence essentielle avec l'auteur du *Škand* : celui-ci incarne une orthodoxie et son livre, malgré sa médiocrité intrinsèque, est conservé par une communauté qu'il défend. Ḥayawayh, lui, n'est connu que par des adversaires. Faut-il alors imputer le rôle qui lui est implicitement reconnu par « la violence que Saadia et d'autres [surtout Abraham ibn 'Ezra] mettaient à [le] réfuter » à sa seule « tendance nettement destructrice à l'égard du judaïsme[126] » ? Mais Ḥayawayh n'est pas, de loin, le seul critique du judaïsme dans le monde arabe, ni même son seul transfuge, et il était plus dangereux d'avoir affaire à un converti à la religion dominante, ce qui n'a jamais été dit de notre sujet.

En évoquant « la façon dont [les questions posées] étaient présentées et l'esprit qui les animait », G. Vajda, en fait, nous ramène à une situation similaire à celle d'Ibn al-Rīwandī, mais en intégrant toute la problématique qui s'est accumulée sur lui depuis qu'il écrivait son article. Aussi la plus récente synthèse proposée de la « doctrine » de Ḥayawayh, celle de J. Rosenthal[127], paraît-elle très décevante. Elle a, certes, le mérite d'une plus grande complétude, portant le nombre de thèses examinées à soixante-cinq, mais elle les présente sous une forme positive, oubliant qu'il s'agit toujours de *questions*. Donnant, avec beaucoup d'érudition, les antécédents et les parallèles contemporains, il conteste toute originalité à l'auteur qu'il étudie, si ce n'est dans le fait même de son hérésie : « Il est le seul hérétique juif connu de nous à avoir compilé une telle liste de difficultés et de demandes[128]. »

N'y a-t-il pas, justement dans cette solitude, un « seuil » capital ? L'erreur commune, et qui est sans doute due aux malédictions systématiques des auteurs anciens qui ont impressionné tous les lecteurs, est justement dans ce terme d'« hérétique ». On veut à tout prix trouver une *doctrine*, soutenant éventuellement une *secte*. Face à un travail comme celui de Rosenthal, on ne peut s'empêcher de penser à l'histoire de P. Sorokin. Celui-ci, dans un ouvrage fort savant, avait montré que toutes les positions des sociologues du XIXe et de la première moitié du XXe siècle étaient rattachables à des opinions souvent fort anciennes. Mais si l'on pouvait dire que, d'une certaine façon, tout avait déjà été dit, il était impossible, du moins, de mettre en question la science nouvelle que constituait la sociologie, dont Sorokin était d'ailleurs lui-même un des grands noms. Quand bien même on trouverait des antécédents ou des correspondants contemporains à chacune des questions de Ḥayawayh, on ne montrerait pas pour autant qu'il les leur a empruntées, et encore moins que son rôle se limite à ces emprunts. La seule chose de vraie est qu'effectivement quelqu'un qui pose ses questions ne peut pas être considéré comme appartenant, même marginalement, à une religion constituée, même si celle-ci a pu intégrer quelques-unes de ces questions comme stimulant de la spéculation. S. Stroumsa a parfaitement raison de rappeler, contre van Ess, qu'on ne peut dire que Ḥayawayh soit resté juif, si ce n'est « au sens étroit de la Halakha », qu'il n'y a pas de chemin pour sortir du judaïsme, même par conversion[129].

Il nous faut donc revenir aux données de base : 1. Ḥayawayh ne sort pas du domaine biblique. C'est le Livre et l'interprétation qui en est donnée par les formes orthodoxes du judaïsme qui sont en cause. Aussi est-il réfuté aussi bien par les rabbanites que par les karaïtes. 2. Il se contente de rassembler deux cents questions, de provenance extrêmement variée et compilées également, pour une bonne part, par d'autres que lui, notamment les dualistes désireux de ruiner le message monothéiste. Mais cela ne signifie pas qu'il se place dans le sillage de tel ou tel. Les divers antécédents ou parallèles que l'on peut citer défendaient tous une position ; les questions qu'ils posaient sont l'envers d'une doctrine positive qu'ils cherchaient à promouvoir en éliminant un adversaire. Rien ne permet d'affirmer qu'il y ait quoi que ce soit de semblable en Ḥayawayh. Aucun de ses adversaires anciens ne peut citer une doctrine sous-jacente aux questions posées sans tomber dans des contradictions. Pour sa part, Abraham ibn 'Ezra semble bien ne le maudire que pour avoir proposé des exégèses rationalistes ponctuelles qui détruisaient le miracle (Moïse connaissait le mécanisme des marées, alors que les Égyptiens l'ignoraient ; la manne n'est pas un don spécial du ciel puisqu'elle se trouve dans plusieurs civilisations, sous divers noms que l'on peut énumérer, etc.)[130].

Il faut donc penser que l'interrogation se suffit à elle-même et ne pas enfermer a priori Ḥayawayh dans une prétendue *épistémé* qui le contraindrait à avoir une doctrine, au sens banal du mot. Le fait d'écrire en prose rimée suppose qu'il a donné à ses questions assez d'importance pour les rendre mémorisables. Ce ne sont pas de simples foucades, comme on peut en trouver chez Ibn al-Rīwandī ou même chez al-Warrāq. L'interrogation est si importante pour lui que le seul autre ouvrage que l'on puisse lui attribuer serait aussi un ensemble de questions posées à son contemporain Mūsā al-Zafrānī[131].

Ainsi, malgré la similitude formelle (liste de questions) avec nombre d'ouvrages polémiques de l'Antiquité tardive et du Moyen Âge, tant le soin mis par Ḥayawayh à la rédiger que l'acharnement de ses adversaires à la réfuter, alors qu'ils méprisaient les prétendus modèles, contraignent à chercher d'un autre côté. De fait on retrouve l'attitude « questionnante » de Ḥayawayh à des périodes très diverses, depuis Socrate et les dialogues aporétiques de Platon, jusqu'aux *Dialogues sur la religion naturelle* de Hume, où l'enquête permet de progresser en éliminant des voies fausses (ce que Descartes qualifiera de connaissance aussi importante qu'un savoir positif) et sans prétendre en ouvrir de nouvelles.

Pour Ḥayawayh, il s'agit de reprendre à la base le Livre qui sert de fondement au monothéisme et de montrer qu'*il peut être pensé autrement* qu'il ne l'a été, car la vision traditionnelle n'est pas satisfaisante. Aucun élément extérieur, ni la philosophie grecque ni une théologie quelconque, n'est invoqué, mais seulement d'une part le texte et sa formulation, de l'autre l'attitude de l'homme sensé et non prévenu en faveur d'une interprétation particulière.

Bien que ces questions aient été, vraisemblablement, formulées selon l'ordre du texte, et qu'elles soient de niveaux très inégaux, on peut alors reconstituer l'ossature de la démarche de Ḥayawayh. Un préliminaire indispensable est de montrer qu'on ne peut prendre le texte sacré littéralement car il y a des passages dont les formulations sont contradictoires. Mais l'interrogateur souligne une autre contradiction, beaucoup plus grave : par certains aspects (les sacrifices sanglants, les nombreux objets de culte…) la Bible ne donne-t-elle pas satisfaction aux bas instincts humains, s'opposant par contre aux exigences de la conscience éclairée par sa présentation de Dieu comme un souverain arbitraire, ses limitations de Son omnipotence, de Son omniscience et surtout de Sa toute-bonté ? Un exemple montre bien la différence de perspective entre Ḥayawayh et son interlocuteur : le premier demande si la circoncision ne peut pas être conçue comme une simple mutilation, à quoi le second répond très prosaïquement que la mutilation fait partie de l'homme puisque, dès sa naissance, il connaît l'ablation du cordon ombilical. Ce que ne voit pas Saadia, c'est que par sa réponse il banalise son objet et en évacue tout caractère de *signe*[132].

La plupart des interrogations de Ḥayawayh semblent ainsi insister sur la diversité des niveaux de lecture possibles de la Bible, diversité qu'une rationalisation sommaire ne respecterait pas. Et pourtant on peut se demander si la formulation même du texte ne permet pas de penser différemment Dieu (un ou trine ?), le monde (créé ou issu d'une matière préexistante ?) et l'homme (pourquoi le péché et non un monde d'harmonie et d'éternité ?).

Sans doute l'accusation de rationalisme est-elle justifiée : Ḥayawayh demande sans cesse les « raisons » des actes divins, de Ses choix, de Ses commandements ; non seulement ils semblent arbitraires mais on peut se demander si certaines obligations ne sont pas impossibles[133]. Ḥayawayh paraît, sur ce point, très proche d'Ibn al-Rīwandī. Mais rien ne permet de penser que, comme ce dernier, il ait voulu constituer positivement une « religion raisonnable ». Encore moins peut-on le rapprocher de la conception architectonique du rationalisme d'al-Warrāq. Ḥayawayh ne semble pas devoir être compris en dehors de la civilisation juive : contemporain des tout premiers essais de pensée théologique calqués sur le mu'tazilisme, pressentant une justification interne sans véritable remise en question, il met en garde. Quand on veut prouver quelque chose dont on a déjà la conviction, on trouve toujours une preuve !

L'ironie de l'histoire veut qu'au soin mis par Ḥayawayh à polir ses questions en prose rimée, son principal adversaire ait répondu par le même soin à formuler ses réponses, se contentant de s'exprimer pour sa part dans la langue sacrée de sa religion. Lui qui voulait qu'on envisageât les choses « autrement » ne servit guère, en fait, qu'à précipiter la formation, avec Saadia, d'une philosophie juive qui visait simplement « l'accommodation des données révélées et traditionnelles à *ce qu'on croyait être alors* les exigences de la raison[134] ».

CHAPITRE IV

Trois formes indépendantes d'élaboration

Les questions que nous avons envisagées jusqu'à maintenant ont pu être le ferment d'une réflexion tant que durait la période « ouverte » de l'islam. Celui-ci aurait pu n'être que la religion d'une région et d'une ethnie. Le prophète Muḥammad n'a fait qu'une ou deux tentatives contre les non-Arabes et tiré la leçon de son échec militaire. Quant à ses prétendues démarches épistolaires auprès des principaux souverains et notables, elles sont apocryphes. L'islam pouvait alors devenir le support d'une civilisation localement située et incarnée dans une population (relativement) homogène, comme ce sera le cas au Japon, par exemple. Pourtant il n'en a rien été. Les califes *rāšidūn* ont décidément opté pour l'expansion. En intégrant des civilisations très diverses (de l'Indus aux Pyrénées), dans une période très courte (un siècle), l'islam se contraignait lui-même à une attitude de réceptivité. C'est celle-ci qui a permis l'éclosion si rapide de l'esprit critique sous des formes variées.

Mais avec la volonté des mu'tazilites de faire de leur enseignement une doctrine officielle, d'abord, et avec leur rejet, ensuite, au profit d'une voie traditionnelle, s'imposait l'image d'un islam orthodoxe. À partir de la fin du IIIᵉ/IXᵉ siècle cette image se renforce sans cesse. Les Croisades, deux siècles plus tard, ne seront qu'un prétexte pour la durcir encore.

Durant cette seconde période, les questions ne valent plus pour elles-mêmes. Elles sont immédiatement relayées par des réponses dans lesquelles les sujets cherchent un refuge contre une vision monolithique imposée. De telles attitudes indépendantes ont dû être assez nombreuses. Beaucoup, que dénoncent juristes inquisiteurs et chroniqueurs soucieux d'ordre collectif, tout en respectant extérieurement les exigences principales de l'ordre islamique, se sont réservés une sorte de « jardin secret » où ils élaguaient ce qui ne leur convenait pas, voire reconstruisaient une conception du monde qui leur était propre.

La plupart ne sont connus que par des « on-dit ». Il est très difficile de faire la part du vrai et de ce qui relève de la médisance, comme des interprétations plus ou moins personnelles, plus ou moins orthodoxes, des dogmes communs, et des positions indépendantes. Les attaques extérieures vont presque toujours à l'extrême et la recherche moderne est souvent obligée d'en rabattre une bonne part.

Nous ne prendrons ici que trois exemples, qui ont le double avantage d'être relativement bien documentés et de constituer des sortes de « type idéal ». Cela permettra au lecteur de se figurer les diverses variantes qui ont peut-être existé à leur entour, variantes dont beaucoup sont effectivement indiquées dans les documents historiques, mais sans qu'ils aient été encore soumis à une critique nécessaire.

1. Une religion philosophique :
Abū Bakr al-Rāzī (fin III*e*/IX*e-début* IV*e*/X*e siècle)*

Abū Bakr Muḥammad ibn Zakariyyā' al-Rāzī a surtout l'image du plus célèbre médecin praticien du Moyen Âge. Ce n'est pas tant sa grande synthèse qui s'est imposée, car on lui a préféré le *Qānūn* (« Code ») d'Ibn Sīnā, et plus tard les *Kulliyāt* (« Généralités ») d'Ibn Rušd ; mais ses traités consacrés à des observations particulières, à des cas précis, à des règles d'action concrètes, ont fait autorité jusqu'au XIIe/XVIIIe siècle. L'Occident connaîtra bien le nom de Rhazès, et certaines de ses descriptions cliniques, notamment celle de la variole, sont encore citées.

Ses œuvres philosophiques, elles, ont été « oubliées » et n'ont dû leur exhumation qu'à l'orientaliste P. Kraus, et seulement dans les années 1930. La polémique avec un missionnaire ismaélien fait évidemment apparaître des critiques de la religion officielle, et même de toutes les religions constituées, mais les citations restent fragmentaires et l'imagination s'emporte vite sur ces phrases isolées ou sur de simples titres ! Dans ses synthèses personnelles, par contre, al-Rāzī se caractérise par la tranquille assurance avec laquelle il présente sa vision des choses. On est loin alors de l'hystérique que voudraient nous montrer ceux qui se posent en vertueux défenseurs de la prophétie. Rāzī était serein, peut-être simplement parce qu'il savait qu'il était un médecin important et qu'aucune société ne s'est privée de soins. On a pu également invoquer un certain éloignement des centres de polémique religieuse.

Né en 251/865 à Rayy, proche de l'actuel Téhéran, c'est essentiellement un scientifique. On le dit d'abord tenté par la musique, qui est alors une science. Mais il se tourne ensuite vers l'alchimie, dans laquelle il ne se soucie pas tant d'ésotérisme que d'observation. Les ouvrages qu'il a laissés dans ce domaine contiennent soit des descriptions, comme celles des procédés de fonte des métaux, soit des classifications chimiques. Mais c'est finalement la médecine qui l'arrête. Une légende veut qu'il l'ait étudiée, ainsi que la philosophie, avec 'Alī b. Sahl b. Rabbān al-Ṭabarī. Cela est impossible puisque celui-ci est mort en 240/855. Mais il est significatif qu'on ait voulu établir une filiation avec le célèbre nestorien, converti à l'islam et ayant polémiqué contre son ancienne religion[1]. Il est aussi significatif que l'on ait joué sur le nom de son grand-père, Rabbān, en voulant le traduire par « rabbin » ; on faisait ainsi de Rāzī un proche des juifs[2].

La vie de notre auteur est surtout marquée par son activité de praticien en hôpital. Il dirige celui de Rayy puis, devant ses succès, est appelé à la capitale, Bagdad. Il y séjourne quelques années, sans doute après 289/901, mais semble être retourné dans sa ville natale dès 295/907. Il serait mort aveugle en 313/925 ou 320/932.

Le personnage est très difficile à saisir. On dit qu'il a eu de nombreux étudiants, mais dans le domaine médical. En philosophie, il ne crée pas d'école. On a relevé des analogies entre son attitude et celle d'Abū-l-Barakāt al Baġdādī, mais ce ne sont, semble-t-il, que des ressemblances de détail. Aussi les jugements portés sur lui sont-ils contradictoires : pythagoricien pour l'un, platonisant hostile à l'aristotélisme pour l'autre, stoïcien pour le troisième, épicurien pour un autre, crypto-manichéen pour certains, etc. Le chroniqueur Mas'ūdī prétend que Yaḥyā ibn 'Adī aurait commencé l'étude de la philosophie avec lui. Mais Ibn 'Adī est le disciple et le continuateur de Fārābī, lequel a réfuté Rāzī. Si Ibn 'Adī peut avoir emprunté la touche « laïque » de son propre *Traité d'éthique*, ainsi qu'une référence appuyée au critère hédoniste, au penseur persan, il suit une voie platonico-aristotélicienne très dans la ligne de la *falsafa* et en grande partie étrangère à notre auteur[3].

Ses antécédents sont peut-être plus instructifs. Bīrūnī le présente comme l'élève du philosophe iranien Abū-l-'Abbās al-Iranšahrī. Celui-ci est pratiquement inconnu par ailleurs, mais le polygraphe prétend qu'il aurait rejeté toute religion, qu'il connaissait fort bien et savait exposer avec objectivité, au profit d'une religion personnelle dont il se déclarait prophète[4]. C'est donc plutôt vers une voie indépendante qu'il faut chercher. De fait Rāzī est surtout connu comme ayant eu des adversaires. Mais il faut remarquer aussi que ceux-ci n'appartiennent pas à la tendance majoritaire, laquelle semble l'ignorer : ce sont des gens comme Abū-l-Qāsim al-Balḫī, chef des mu'tazilites de Bagdad alors soumis à de durs revers, Fārābī, premier grand théoricien d'une *falsafa* qui sera toujours suspectée, ou Abū Ḥātim al-Rāzī, *dā'ī* (missionnaire) ismaélien et donc quasi clandestin. Par la suite, ce sont d'autres ismaéliens qui, pendant encore plus d'un siècle, s'en prendront à son attitude antiprophétique. Encore plus tard, c'est le juif Maïmonide qui le réfute et qui semble obsédé par son image de scientifique totalement rationaliste.

Sa pensée morale et métaphysique a attiré récemment l'attention et la bibliographie sur ces points va croissant. Quant à sa pensée éthico-religieuse, elle n'a guère fait l'objet d'analyse nouvelle depuis les travaux de Kraus[5]. Aussi sera-t-il bon de la resituer par rapport à toute la problématique que nous avons envisagée jusqu'ici.

Voyons d'abord de quels éléments nous disposons. Un ouvrage, perdu, réfutant un manichéen, nommé Sīs ou Sīsin, serait la retranscription d'une polémique orale[6]. Mas'ūdī lui attribue un livre sur les sabéens de Ḥarrān, dont on ne sait rien, pas même si ce fut une critique[7]. (En effet Rāzī attribue certains aspects importants de sa métaphysique aux sabéens.) On a par contre dans le *K. a'lām al-nubuwwa* (« Les bannières » ou « Les leaders de la prophétie ») de l'ismaélien Abū Ḥātim al-Rāzī[8] des extraits des *Maḫāriq al-anbiyā'* (« Les mensonges des prophètes »), appelés aussi *Naqd al-adyān* (« Réfutation des religions »), déjà exhumés par P. Kraus[9]. Les deux ouvrages seraient le résultat d'une controverse publique, en plusieurs séances, entre les deux hommes, à Rayy, à la cour de Mardāwiǧ b. Ziyār[10]. Enfin Ibn al-Nadīm cite un ouvrage perdu dont le titre indique seulement qu'il examinait la nécessité d'un « Créateur sage » pour le monde[11]. De tout cela nous ne pouvons inférer que l'indépendance de notre auteur : ni manichéen ni matérialiste, mais hostile néanmoins aux religions prophétiques.

En contrepartie de ces ouvrages polémiques, dont deux au moins ne semblent que des ouvrages de circonstance suscités par des adversaires, deux autres grands textes sont de ton affirmatif. Comme il avait consacré sa vie à soigner les corps, le gouverneur de Rayy lui aurait demandé un traité permettant de soigner les âmes, ce qui serait à l'origine du *K. al-Ṭibb al-ruhānī* (« Médecine de l'âme ») [12]. C'est un ouvrage écrit relativement tôt, où les lectures philosophiques ne sont pas totalement assimilées et où aucune perspective religieuse n'intervient. Parvenu à un âge avancé, Rāzī s'étant trouvé en butte à des gens qui lui refusaient le titre de philosophe, il écrit une auto-justification dans son *K. al-sīrat al-falsafiyya* (« Le mode de vie philosophique ») [13], qui paraît donner la quintessence de sa pensée.

La « Médecine de l'âme » s'ouvre par un hymne à la raison, qualité innée en chacun et qui ne demande qu'exercice et effort pour être mise en œuvre. Dans cet ouvrage, elle n'est décrite qu'en termes d'utilité mondaine : elle procure de nombreux avantages et profits, nous protège du tort, pourvoit à notre défense et assure notre suprématie sur toute la création[14]. Pourtant Rāzī présente sa « Médecine de l'âme » comme la propédeutique indispensable à sa philosophie, et par ailleurs il nous montre cette raison comme étant la même en Dieu et en l'homme. C'est la difficulté essentielle de sa pensée ; aussi la discussion avec le *dā'ī* ismaélien va-t-elle s'enraciner dans cette exigence commune aux deux auteurs, à savoir celle d'un régisseur du monde qui soit « sage » *(ḥākim)*, chacun comprenant le mot différemment : le missionnaire emploie des arguments qu'il juge de bon sens et invoque l'observation quotidienne, alors que le philosophe parle en termes de requisits de la conscience et somme l'adversaire de dire « ce qui lui permet » *(min ayna aǧaztum)* d'avancer telle ou telle thèse[15].

Pour l'ismaélien qui, à travers la prophétie veut sauver l'imamat, cette sagesse se manifeste par l'aspect hiérarchique de l'humanité, appelant le soutien des uns par les autres, et donc en fin de compte des sujets élus sur lesquels repose tout l'édifice. Pour le scientifique, la sagesse exige que tous soient susceptibles d'y participer directement par « inspiration » *(ilhām)*[16], sinon nous nous trouvons dans une situation génératrice de conflits, chacun privilégiant son chef. Le missionnaire prétend s'appuyer sur l'expérience quotidienne de l'inégalité ; le médecin lui oppose celle de l'exercice mental : certains qui s'appliquent au commerce et y réussissent pourraient appliquer tout aussi fructueusement leur intelligence au savoir théorique. Le premier pense anéantir le second en le présentant comme un maître dans son art, ayant des disciples, alors que ce dernier ne se veut qu'un « spécialiste » qui consacre son temps à ce que les autres négligent, lui-même étant par contre incompétent en des questions pratiques que certains maîtrisent parfaitement. Ce qui est résumé dans la formule : « S'ils faisaient un effort *(law iǧtahadū)* pour s'appliquer à ce qui leur est propre, alors leurs aspirations et leurs intellects seraient égaux[17]. »

Pour contrer cette position égalitariste, l'ismaélien introduit l'argument important de la moralité. Ce sont les animaux qui possèdent naturellement le savoir qui leur est nécessaire ; mais ils n'ont, par suite, aucune responsabilité. Celle-ci, l'obéissance ou la désobéissance, la récompense ou le châtiment, n'interviennent que si les sujets ne sont pas prédéterminés. Abū Ḥātim ne voit d'autre solution à cette non-détermination que dans l'existence de « degrés » entre eux. Mais il donne un point d'appui à son adversaire en invoquant la relation de celui-ci avec les sages anciens : ces derniers ont servi de maîtres, mais ont été à leur tour dépassés ; par sa pratique scientifique même, Abū Bakr ruinerait donc l'idée égalitaire. Or ce dernier distingue bien le détenteur du savoir du savoir lui-même. Seul de toute sa civilisation, il soutient l'idée d'une science perfectible et en progression. Aussi n'a-t-il pas peur de rédiger, par exemple, des « Doutes sur Galien » *(Šukūk 'alā Ǧālīnūs)*, car il ne considère pas comme une atteinte à ce grand homme de ne pas en faire une autorité ancienne aveuglément acceptée. Dans toute son œuvre médicale, il répète que c'est une chance de vivre à une époque tardive car cela permet de préciser ce que les prédécesseurs n'ont pas su voir, ou de compléter ce qu'ils ont négligé, « pour que l'art soit chaque jour plus proche du but de la perfection, et que le profit qu'en tirent les hommes soit plus grand, comme nous l'a ordonné et signalé l'excellent Galien dans de nombreux passages de ses livres où il nous dit de distinguer et classer ce que les anciens n'ont ni distingué ni classé[18] ».

Bien sûr, le *dā'ī* n'est pas tenu de connaître tout cet arrière-plan philosophico-scientifique. Mais il est remarquable que, si pour le reste nous avons affaire à un dialogue, sur ce terrain sa « relation » tourne au monologue dès qu'il a rappelé la formule indiquée plus haut. Est-ce à dire qu'il y a malhonnêteté de sa part ? Il est plutôt à craindre que cette idée de savoir en progression lui ait été totalement inaccessible. En effet Abū Ḥātim cite bien son interlocuteur sur ce point aussi, mais il ne le fait que dans la section où il veut le mettre en contradiction avec les anciens philosophes sur l'éternité des Principes. Et c'est pour lui opposer que si certains découvrent des choses que les prédécesseurs ne connaissaient pas, étant eux-mêmes dépassables par la suite, il n'y a pas de vérité : « Si ce qu'atteint le successeur est contraire à ce [qu'a atteint] le prédécesseur [...] cette opposition n'a point d'utilité, mais au contraire elle est un mal, un surcroît d'aveuglement, un renforcement du mensonge, une réfutation et une corruption[19]. »

Tous les lecteurs de Rāzī, le philosophe, ont été frappés par le fait que, seul, il donnait au mot *iǧtihād* son sens plein, sans le restreindre à un domaine religieux, que ce soit le cadre de la Loi comme le fait le *fiqh*, ou celui d'une discipline de l'arcane comme le fait l'ismaélisme. Quand il répond à son adversaire en termes de « purification de ce monde par l'examen de la philosophie[20] », celui-ci refuse de sortir de l'alternative « vrai / non-vrai ». Et quand, enfin, il proclame que « celui qui réfléchit et s'applique a raison *(man naẓara wa iǧtahada huwwa-l-muḥiqq)*, même s'il n'atteint pas le but[21] », le *dā'ī* ne trouve d'échappatoire qu'en opposant la multiplicité des opinions philosophiques à ce qu'il considère être l'unicité de l'enseignement des prophètes.

Ici aussi l'auteur ismaélien sépare, à son avantage, les arguments du philosophe. Les nombreuses contradictions que ce dernier relève entre les prophètes sont résumées et examinées, mais dans une autre section de la polémique du théologien. Dans cette section-ci, ce dernier se contente de montrer son interlocuteur refusant de continuer la discussion : « Si le discours aboutit à cela *(iḏā intahā-l-kalām ilā haḏā…)*, il vaut mieux se taire[22]. » Aveu de faiblesse ? En fait, Abū Bakr se contente de refuser de mettre sur le même plan la recherche de la vérité par l'analyse rationnelle et la soumission à des paroles prophétiques. On peut regretter la rapidité avec laquelle il qualifie celle-ci de « superstition » *(ḫurafāt)*[23], mais on ne peut contester sa démarche en bonne logique.

« Le mode de vie philosophique » repose sur cette idée de don inné fait à l'homme. Le dernier des six principes qu'il énonce garantit la possibilité de l'exercice des cinq autres principes éthiques, en affirmant : « Le Créateur Très-Haut nous a confié les choses particulières dont nous avions besoin, tels le labourage, le tissage et autres qui garantissent la préservation du monde et l'existence des moyens de gagner sa vie[24]. » On remarquera que dans cette phrase, qui est très proche d'une autre d'al-Warrāq, il y a une grande différence de ton : ce dernier se limitait à récuser l'argument selon lequel l'homme devait tout apprendre de l'extérieur ; le philosophe construit sur ce principe une vision positive du monde.

Celle-ci consiste à vivre spontanément, en fonction de ses dons naturels. Tout ascétisme, qui serait la remise en cause de la nature, est banni du mode de vie philosophique. Si Rāzī prend pour modèle Socrate, il récuse son image d'ascète qui, selon lui, serait mise en avant par ses ennemis pour pouvoir lui nuire. Il préfère celle du père de famille, du citoyen, voire du bon convive. S'il accepte l'idée que les deux images sont vraies, puisque l'Antiquité – relayée par les logographes musulmans – a connu deux traditions concurrentes sur le personnage, il estime que la seconde est celle à laquelle Socrate a fini par s'arrêter.

Le critère ultime de l'éthique sera donc le plaisir, interprété en termes d'équilibre et de cessation de souffrance. La « Médecine de l'âme » le décrit longuement, ainsi que le *K. al-laḏḏa* (« Traité du plaisir »), qui n'est plus connu que par fragments[25]. Pour ne pas sortir de notre sujet, disons brièvement qu'il y a une arithmétique des plaisirs qui fait privilégier la vie morale par rapport aux satisfactions corporelles. La « Médecine de l'âme » ajoute même qu'il faut exclure l'intellectualisme d'un Platon ou d'un Aristote[26], mais curieusement « Le mode de vie philosophique » ne reprend pas explicitement cette idée, qui cadre pourtant parfaitement avec son idéologie d'ensemble, hostile à tous les excès quels qu'ils soient.

Il y a néanmoins un fondement religieux à cela. Il réside dans le premier principe qui affirme l'existence d'un au-delà, c'est-à-dire « un état heureux ou malheureux qui dépend de notre conduite pendant le temps que nos âmes sont réunies à nos corps[27] », et dans le quatrième qui fait intervenir la sanction divine. Encore interprète-t-il celle-ci comme une condamnation de la douleur (celle que l'on cause à autrui, ou celle que l'on se cause indûment à soi-même). Une sorte de « pari de Pascal », faisant préférer l'éternel au passager, est donc la cause de cette diététique spirituelle. Il faut reconnaître que l'argument n'est pas neuf, même en islam. Aussi, plus importante semble la garantie accordée par Dieu à la recherche de cet équilibre : « [...] notre Seigneur et Roi nous est compatissant et nous entoure dans sa miséricorde de ses soins, il s'ensuit [...] qu'une douleur à nous causée lui déplaît[28]. » Le médecin qu'est Rāzī traite à égalité toute douleur physique, qu'elle soit humaine ou animale, car elle n'est justifiée que si on en attend un bien plus grand.

Ce même traitement pour l'homme et l'animal vient de ce que notre auteur croit à la métempsycose. La seule chose qui distingue les âmes des animaux de celles des hommes est que les premières ne parviennent pas à la libération, alors que les secondes le peuvent. On peut donc tuer plus facilement les animaux qui causent les dégâts, puisqu'on les rapproche ainsi de la délivrance. Mais Rāzī recommande la bienveillance pour les animaux domestiques et les herbivores en général, lesquels ne doivent être sacrifiés que conformément au besoin : « S'il ne s'agissait pas là de la délivrance des âmes renfermées dans des corps autres qu'humains, le jugement de la raison n'aurait jamais permis de les immoler[29]. » Cette formule est remarquable car elle présente le « jugement de la raison » non seulement comme un absolu qui ne se discute pas, mais comme une instance qui ne se localise pas. Rāzī ne se pose même pas la question de savoir s'il ne s'agirait pas d'une exigence subjective ou d'un héritage culturel.

Aussi, bien que la figure à laquelle on a été le plus tenté de le comparer soit Ḥunayn ibn Isḥāq, faut-il reconsidérer cette assimilation. De fait certaines similitudes existent, depuis la stature scientifique jusqu'aux déboires professionnels momentanés et la disgrâce califale due à la cabbale des envieux. Mais pour la pensée religieuse, les deux personnages sont aux antipodes. Ḥunayn définit une démarche régressive : ce que nous avons reçu par tradition, comment en être certain ? Rāzī est au contraire tout entier dans le mouvement de la vie : il a des certitudes héritées, il ne remet pas en question des thèmes culturels comme la croyance en la métempsycose et les considère même comme l'expression d'une raison intemporelle. Son effort est uniquement d'équilibre entre les diverses références que fait le philosophe. C'est pour cela qu'il va en récusant de plus en plus les formes d'ascétisme[30] que l'on peut trouver aussi bien en Inde, chez les manichéens, dans le christianisme et en islam : « Tout cela est injustice envers soi-même et cause une douleur par laquelle une douleur plus grave n'est pas évitée[31]. » En ne parlant qu'en termes de douleur, il se place dans une séquence physiologique et élimine ainsi toute mise à distance, tout retour sur soi-même.

Cela n'est pas imputable à l'influence des philosophes païens mais à un choix scientifique. Inversement, Rāzī se refuse à chercher comme eux le salut dans l'éthique. Pour lui il se situe en dehors d'elle. L'homme n'atteint pas la félicité ici-bas, mais se prépare, en fonction des conditions qui sont les siennes, pour l'atteindre dans l'au-delà. Le tout est de ne pas y mettre d'empêchement, que ce soit par un excès en plus ou en moins.

Mais il est totalement tributaire de ces philosophes anciens dans la construction intellectuelle, au moyen de laquelle il vise à répondre aux difficultés introduites par les religions monothéistes qui ont imposé l'idée de Créateur, indispensable pour pouvoir parler en termes de valeurs. L.E. Goodman a bien montré comment sa métaphysique est entièrement ordonnée pour résoudre les problèmes philosophiques traditionnels, se distinguant simplement par le fait que cette solution est créationniste. À côté du Créateur, Rāzī admet quatre autres principes, coéternels à lui : l'Âme (universelle), la Matière (première), l'Espace (« absolu », distingué du « relatif ») et le Temps (lui aussi « absolu » et opposé au temps « limité » parce que mesuré par le mouvement des sphères). Dieu est nécessaire pour expliquer ce qui est bon dans le monde. La Matière, l'Espace et le Temps sont le substrat de la nature et du changement. Enfin l'Âme assume l'aspect spontané et arbitraire, et par suite ce qui est inadéquat dans le monde[32]. Tout cela est synthétisé dans le mythe de la chute de l'Âme dans le monde. Elle le fait par un désir subjectif, à l'encontre de la volonté du Créateur, et suscite ainsi dans la Matière des mouvements désordonnés. Devenue captive du monde, elle n'est libérée progressivement que par l'Intelligence, envoyée par Dieu mais mise en œuvre par les sages. Ce sont ces derniers qui, par le savoir, permettent à l'Âme de prendre conscience de son état. Cette construction permet à Rāzī d'éviter l'imputation du mal au Créateur. Mais son intellectualisme et la structure même du mythe, où chaque élément correspond à une nécessité pour qu'une solution soit donnée à telle question d'école, montrent qu'il ne l'utilise que pour répondre à une difficulté de l'entendement, non à une interrogation existentielle.

Il est clair que, malgré son usage du pari pascalien (qui n'est d'ailleurs pas spécifiquement pascalien !), la démarche de Rāzī est tout entière immanente. Bien plus, cette immanence n'est pas, comme chez Ḥunayn, un point d'ancrage pour que la raison puisse distinguer la transcendance de ses simulations ; elle est, chez lui, radicalement réductrice. Nous avons bien affaire à un « Dieu des philosophes » qui « donne une chiquenaude » au monde pour qu'il se mette en route selon l'ordre qui y a été inscrit.

On ne saurait nier le courage d'un tel personnage. On est obligé aussi de s'incliner devant la vigueur avec laquelle il a essayé de mettre en œuvre l'héritage de l'Antiquité pour résoudre les problèmes posés par la situation nouvelle, et notamment l'ingrédient moral supplémentaire introduit par l'idée de création. On a peine pourtant à lui décerner le titre de « penseur le plus vigoureux et le plus libéral en islam, et peut-être même dans toute l'histoire de la pensée humaine » (Badawī[33]). En fait il s'agit d'opposer un monde arbitraire à un autre. C'est un choix et une construction sur ce choix, non une réflexion.

2. Un exemple de religiosité désabusée en Andalus au début du Ve*/*XIe *siècle*

H. Corbin a qualifié la confrontation entre les deux Rāzī, Abū Bakr le rationaliste égalitariste et Abū Ḥātim le défenseur des imams, d'« un des grands moments de la pensée en islam[34] ». Il y voyait surtout l'occasion d'exposer, par opposition, l'« esprit religieux ésotérique initiatique[35] » qui seul l'intéressait. D'autres y ont vu le témoignage d'un réel espace de liberté dans la Rayy du début du IVe/Xe siècle où pouvaient s'exprimer encore publiquement des attitudes très hardies.

Mais les uns comme les autres se heurtent au jugement désabusé de ceux qui n'y ont vu qu'une forme d'esprit dressée contre une autre, imperméable l'une à l'autre, et sans autre souci que de réduire l'interlocuteur à quia. Car si l'événement en question est frappant par sa solennité, il a dû se reproduire de nombreuses fois à petite échelle. La personnalité d'un Abū Bakr al-Rāzī est en effet rare par sa stature scientifique, mais l'image du rationaliste empiriste se trouve dans toute société, beaucoup plus fréquemment qu'on ne le croit, même s'il ne s'exprime pas officiellement. Les nombreuses *nukāt* que le populaire met dans la bouche d'un Ibn al-Rīwandī mythique le prouvent. C'est ce sentiment désespérant d'avoir affaire à des confrontations stériles, que les antagonistes soient de grands auteurs ou des gens simples, qui a répandu le scepticisme et la croyance en l'« égalité des preuves » *(takāfu' al-adilla)*. J. van Ess a montré la persistance de cette attitude à travers l'islam classique[36]. Mais la plupart des cas connus sont très pauvrement documentés. Nous allons nous arrêter sur un texte assez célèbre qui, s'il ne donne guère d'information historique, nous permettra d'approfondir quelque peu la question philosophique.

Il s'agit d'un passage du traité des religions d'Ibn Ḥazm, les *Fiṣal fi-l-milal*, où il désigne nommément deux juifs andalous : Ismā'īl b. Yūnus al-A'war et Ismā'īl b. al-Qarrād[37]. On ne sait presque rien d'eux, si ce n'est qu'ils furent médecins. Outre son sobriquet de « borgne », nous savons aussi du premier, par un souvenir de jeunesse d'Ibn Ḥazm, qu'il vécut à Almería et qu'il était très apprécié par ses connaissances en physiognomonie[38]. Le nom du second peut aussi se lire Qurād, Qudād ou Qaddād. N'ayant pas de texte de ces personnages mêmes, nous sommes obligés de les aborder à travers le compte rendu de leur adversaire, lequel ne ménage ni jugements *ad hominem* ni insultes. Mais ceci mis à part, on obtient un tableau très suggestif, dont le cadre est une polémique contre le scepticisme qui va lui donner une orientation particulière : « Certains pensent que les preuves se valent *(takāfu' al-adilla)*. Cela signifie qu'il n'est pas possible qu'une doctrine *(maḏhab)* en vainque une autre ou qu'une opinion *(maqāla)* l'emporte sur une autre au point que la vérité [puisse] se garder de l'erreur avec immédiateté et évidence, et sans aucune ambiguïté. Au contraire les preuves de chaque opinion sont égales aux preuves des autres opinions. Ils disent : "Tout ce qui est établi par la dialectique *(ǧadal)* est détruit par la dialectique." Ces gens se répartissent en trois catégories en fonction de ce qui découle pour eux de ce principe[39]. »

Dans l'exposé qui suit, Ibn Ḥazm procède selon une gradation apparemment logique, allant de ceux qui manifestent leur scepticisme sur tout mais qui admettent le fait religieux, pour passer à ceux qui le réservent à « ce qui ne concerne pas le Créateur », et finir par ceux qui ménagent tant le Créateur que la prophétie islamique. En fait, en négligeant les seuils qualitatifs qui existent entre ces trois niveaux, il présente l'ensemble comme des formes équivalentes de scepticisme. Aussi son exposé des arguments sceptiques ne tient-il plus aucun compte de cette tripartition et la remplace-t-il par une bipartition : suspension du jugement (*ḥayra* = littéralement « perplexité »[40]) – conception purement morale de la religion ; ce dernier item se divisant à son tour en deux : abandon à la volonté de Dieu qui a placé tel sujet dans telle religion – indifférence vis-à-vis du contexte social, pourvu que soit respecté un moralisme universel.

L'intérêt de ce long exposé des arguments est donc seulement de montrer que les idées qui apparaissent chez Ibn al-Muqaffa' se sont précisées et dégagées en orientations spécifiques. On retrouve, d'une part, les mêmes formules, à peine amplifiées au bout de trois siècles : « Chacun doit s'attacher à ce sur quoi les religions dans leur totalité et l'unanimité des intelligences ont été d'accord pour reconnaître la vérité et la valeur : ne tuer personne, ne pas forniquer et ne pas se laisser sodomiser, ne pas désirer et ne pas se permettre de corrompre les femmes d'autrui, ne pas voler, ne pas contraindre, ne pas commettre d'injustice, de crime ni de meurtre, ne pas se mettre en colère, ne pas calomnier, ni médire, ni insulter, ne frapper personne ni lui manifester sa supériorité ; mais plutôt être compatissant envers les hommes, faire l'aumône, être fidèle dans les dépôts, éviter de faire le mal aux gens, porter secours à l'opprimé et le défendre. Ceci est la vérité, sans aucun doute, du fait de l'unanimité des religions, et nous nous abstenons de ce sur quoi il y a désaccord. Nous ne sommes pas tenus à autre chose car la vérité ne nous y contraint en rien d'une façon nette[41]. »

Mais par ailleurs bien du chemin a été fait. Cependant Ibn Ḥazm mélange habilement tous les niveaux de façon à se simplifier la tâche. D'une part il jette le discrédit sur la troisième des catégories qu'il a distinguées – celle des musulmans qui refusent de s'inféoder à un parti – en l'assimilant aux deux premières, qui sont chacune représentée par un juif. D'autre part il va déplacer ainsi la discussion sur le plan psychologique.

Le résumé des arguments qu'il donne semble objectif. Il y observe une gradation : 1. Opposition irréductible des groupes et caractère aléatoire de la victoire de l'un d'eux, dépendant seulement de l'habileté de son champion. 2. Pourquoi y a-t-il désaccord sur la religion et pas sur les données des sens ni sur celles de la raison incarnée dans les sciences ? Personne ne s'opposerait consciemment à la vérité si elle se manifestait clairement et seule doit intervenir la passion partisane. 3. Il n'y a pas de différence, sur ce point, entre l'homme instruit et le vulgaire. Que ce soit entre les religions ou, à l'intérieur d'une même religion, entre les sectes, voire entre les écoles, chacun prétend détenir la vérité à l'exclusion des autres. Cela n'épargne pas les matérialistes qui, bien que censés ne pas se partager en religions, s'opposent en chapelles. 4. On observe jusque chez l'homme instruit une dépendance de la passion qui fait d'un être apparemment voué à l'ascèse du savoir un violent polémiste ; ce qui n'empêche pas les revirements de position.

En résumé, ou bien on établit l'authenticité d'une religion, ou bien on ne le fait pas. La « proclamation » *(da'wa)* et la « revendication de l'imitation servile » *(taqlīd)*[42] entrent dans ce second cas. L'établissement ne peut se faire que « par les sens, ou du moins certains d'entre eux, ou par la nécessité de la raison et son évidence, ou encore par une démonstration qui se distingue des deux précédentes. Il n'y a pas de quatrième voie. Or s'il l'établit par les sens, ou du moins certains d'entre eux, ou bien par la nécessité de la raison et son évidence, il n'y a nécessairement pas de désaccord sur ce point pour personne, de la même façon qu'il n'y en a pas sur ce que perçoivent les sens ou l'évidence de la raison, comme par exemple que trois est plus grand que deux ou que l'homme ne peut être en même temps assis et debout. Il ne reste donc qu'à dire qu'il l'établit par une preuve distincte des sens [et de la raison]. Nous demandons donc, à propos de cette preuve, pourquoi vous paraît-elle concluante : du fait de sa proclamation ? mais vous n'avez pas d'autorité plus grande qu'autrui ; ou bien par les sens ou l'évidence de la raison ? mais comment peut-on vous contredire sur ce point sans que personne le fasse sur ce que vous percevez ; ou enfin par une preuve distincte de cela ? et cela va toujours à l'infini. Personne ne peut y échapper[43] ».

Ibn Ḥazm conclut son exposé en ajoutant une authentique profession de foi sceptique : « Nous interrogeons également l'authenticité de leur savoir. Savent-ils qu'ils savent cela ou non ? S'ils disent :

"Nous ne le savons pas", cela est invraisemblable et leur parole tombe d'elle-même ; nous n'avons pas à nous occuper d'eux puisqu'ils confessent qu'ils ne savent pas qu'ils savent ce qu'ils savent. C'est une extravagance et la destruction de cela même qu'ils professent. S'ils disent au contraire : "Nous le savons", nous leur demandons si c'est par un savoir qu'ils savent cela ou par autre chose ; et toujours ainsi. Cela exigera qu'il y ait un savoir du savoir, un savoir du savoir du savoir, à l'infini. Or cela n'est pas admissible pour eux[44]. »

Ce dernier paragraphe qui tranche sur les autres est en fait l'exploitation d'une méthode empruntée au Kalām. Cela attire notre attention sur l'amalgame qui est ainsi fait. Ibn Ḥazm reprend par la suite chaque argument et les réfute l'un après l'autre, mais il a auparavant mis le lecteur en état d'admettre que c'était une même forme d'esprit sceptique qui se manifestait sous des concrétisations diverses.

Certains aspects de ce scepticisme lui sont pourtant utiles. C'est visiblement avec délectation qu'il transcrit la longue description des fragmentations qu'entraîne l'esprit partisan, puisque tout son traité est consacré à montrer d'abord contre les autres croyances que seul l'islam est vrai, puis contre les autres écoles que seul le ẓāhirisme (littéralisme) l'est. Le morceau mérite d'être cité dans son entier :

« Nous voyons une foule importante de gens adonnés à la recherche du savoir philosophique *(falsafa)*, cherchant à l'approfondir, et qui se marquent eux-mêmes comme étant ceux qui se tiennent au niveau des réalités essentielles *(ḥaqā'iq)* et qui sortent de la foule vulgaire, qui savent magnifier le vrai par les preuves *(barāhin)* et se distinguent du tumulte et de l'à-peu-près. Nous en trouvons d'autres, habiles en théologie polémique *('ilm al-Kalām)*, qui y ont consommé leur vie, y font preuve de solidité, et s'enorgueillissent de se tenir au niveau des démonstrations *(dalā'il)* authentiques et de se distinguer des fausses. Pour eux brille la différence entre la vérité et l'erreur, entre les preuves *(ḥuǧāǧ)* et la polémique *(inṣāf)*. [Mais] ensuite nous les trouvons tous, à savoir ces deux partis des philosophes et des théologiens, s'opposant sur ces questions religieuses, dont ils assurent gravement qu'elles sont leur salut ou leur perdition, de la même façon que le vulgaire et les ignorants, et même bien plus encore. [Juifs, chrétiens, mazdéens, musulmans, manichéens, matérialistes *(dahri)* sont en effet tous prêts à mourir pour leur secte.] Ainsi il y a égalité sur ce point entre le vulgaire, qui suit aveuglément *(muqallid)* chacun de ces partis, et le théologien habile qui prétend guider ses opinions par des démonstrations. En outre nous constatons que les gens de ces religions agissent absolument de la même façon à l'intérieur de leurs sectes également. [Chez les juifs : rabbanites, sabéens, 'isawīs et samaritains ; chez les chrétiens : melkites, nestoriens et jacobites ; chez les musulmans : kharigites, mu'tazilites, chiites, murgites et sunnites sont successivement examinés.] Or chaque individu, parmi les théologiens de ces sectes que nous avons mentionnées, prétend avoir accepté telle idée ou rejeté telle autre d'après des preuves évidentes. Enfin nous constatons la même chose jusque dans les décisions juridiques : [qu'il soit ḥanafite, mālikite, chafiite, ḥanbalite ou ẓāhirite], l'homme perplexe fournit des démonstrations *(mutaḥayyir mustadill)*. L'esprit partisan en est arrivé à ce point que deux d'entre eux ne s'accordent pas sur une centaine de questions, si ce n'est rarement. Et chaque individu que nous avons mentionné méprise les autres, et tous prétendent être plus nobles vis-à-vis des vérités essentielles. De la même façon, les partisans de l'éternité du monde *(dahr)* dissertent, s'opposent et se séparent sur leur opinion commune. Pour l'un il est nécessaire que le monde soit éternel, car son producteur *(fā'il)* est éternel. Pour l'autre l'éternité du producteur et de [certaines] autres choses est nécessaire, mais le reste du monde a été créé. Pour un autre encore l'éternité du producteur et la création du monde sont nécessaires, mais toutes les prophéties sont vaines. Divergences identiques à celles des autres religions, même s'il n'y a pas de sectes [proprement dites][45]. »

De même Ibn Ḥazm, qui est aussi moraliste, se plaît à rapporter la description de l'homme prétendument sage en proie à la passion sectaire :

« Nous voyons également que l'homme intelligent, savant et talentueux, qui a atteint la certitude dans les sciences et la philosophie, de la théologie et de la dialectique, qui a consommé sa vie dans la recherche des vérités essentielles, qui préfère l'investigation d'après les preuves à toute autre chose comme le plaisir, l'argent ou les honneurs, qui dépense ses forces en cela et qui s'effarouche de la soumission aveugle *(taqlīd)*, celui-là professe une doctrine déterminée. Il discute sur elle, argumente contre les autres, combat leurs docteurs, traite comme ennemi qui s'oppose à elle, y mettant sa gloire, certain de son bon droit, accusant d'erreur qui n'est pas d'accord avec lui, le disputant, le traitant d'égaré ou d'impie. Cela dure ainsi longtemps ; de longues années. Puis survient un changement de sa part à son sujet, et il devient le plus violent ennemi qui soit de ce qu'il faisait triompher et des adeptes de cette opinion dont il professait l'authenticité. Ayant ainsi changé, il combat pour la détruire, discute pour la réfuter, et professe son égarement ainsi que celui de ses partisans de la même façon qu'il professait son authenticité. Il s'étonne maintenant de ce qu'il était lui-même hier. Il est même possible qu'il revienne à ce qu'il professait [auparavant] ou qu'il passe à une troisième opinion[46]. »

Tout ceci, il ne le réfutera que du bout des lèvres, invoquant la nécessaire faiblesse humaine. Mais la continuité entre la diversité des Églises et celle des écoles dans une même religion est une thèse qu'il partage. Il s'oppose en cela au pluralisme qui a été institutionnalisé à l'intérieur de l'islam par la discipline de l'*iḫtilāf* (étude des diverses solutions juridiques)[47]. De même, dans son traité d'éthique, il dénonce les savants qui ne mettent pas leur morale en conformité avec leurs connaissances et sont en cela inférieurs à bien des gens ordinaires[48] et, d'une façon générale, stigmatise fortement la relativité du savoir[49]. Ibn Ḥazm est donc, pour des aspects importants, tributaire des sceptiques qu'il dénonce. Pour expliquer cette réfutation, qui n'intervient que vers la fin de son livre, et surtout l'amalgame qu'il fait des thèses adverses, on peut invoquer les nécessités de sa vision unitariste de l'islam, elle-même dépendant de sa fidélité à la dynastie umayyade, jugée seule héritière légitime de l'islam primitif. Mais cela sort de notre question.

Il s'agit pour nous de saisir la portée exacte des pensées qu'il réduit, pour sa part, à un continuum. Pour cela il faut oublier le fait – qu'il n'avance que comme une injure – qu'il est question de deux juifs. Deux raisons nous y autorisent. Tout d'abord, la troisième catégorie, qu'il met sur le même plan que les autres, est un relativisme interne au monde musulman. En outre, Ibn Ḥazm lui-même ne fait des deux personnages cités que des représentants remarquables de tout un ensemble englobant des adeptes des trois religions monothéistes. Une des formes qu'il dénonce consiste, en effet, en la recherche d'une attitude supraconfessionnelle ; or nous savons qu'en Andalus les Textes circulaient entre certains adeptes des trois religions[50].

Il faut par contre insister sur l'autre information qu'il nous donne, à savoir qu'il s'agit de médecins. Comme l'a rappelé van Ess[51], en effet, de Burzōē jusqu'à Abū Bakr al-Rāzī, le milieu médical a été particulièrement sensible à certaine tradition sceptique d'origine hellénistique. Or Rāzī a clairement séparé le domaine du religieux traditionnel de celui du religieux rationnel. Là où Abū Ḥātim opposait, en bon ismaélien, la continuité des messages prophétiques à la diversité des opinions philosophiques, Abū Bakr al-Rāzī a réduit les courants philosophiques à des échelons dans une quête incessante du vrai, mais a par contre beaucoup insisté sur les contradictions existant entre les diverses Révélations, voire à l'intérieur d'une même Révélation : Jésus s'oppose à Moïse et à Muḥammad par sa prétention à être Fils de Dieu ; Mani et Zoroastre opposent leur dualisme au monisme des prophètes monothéistes, mais divergent sur leurs mobiles et leurs interprétations respectives ; juifs et chrétiens soutiennent la crucifixion de Jésus contre Muḥammad ; la Bible affirme l'impassibilité de Dieu, mais ordonne de lui faire des sacrifices ; Jésus dit accomplir la Torah mais l'abroge ; etc.[52].

C'est dans le prolongement de cette attitude négative que se situe le second groupe indiqué par Ibn Ḥazm. Il distingue, lui aussi, la question philosophique du monde créé des aspects pratiques traditionnels. Il ne se sépare d'Abū Bakr al-Rāzī qu'en refusant de substituer à la critique une construction mentale positive qu'il juge subjective. Aussi est-il réduit à supposer que la vérité est bien donnée objectivement, mais sans signe distinctif : « Un autre groupe soutient l'équivalence des preuves pour ce qui ne concerne pas le Créateur *(Bārī)*. Il affirme [l'existence du] Créateur *(H̱āliq)* et tranche qu'Il est vraiment créateur de tout ce qui est en dehors de lui, de façon certaine et indubitable. [Mais] ensuite ils ne posent pas la véracité de la prophétie ni ne la récusent, pour aucune des religions historiques *(dīn milla)*. Toutefois ils disent que dans ces paroles il y a une parole vraie, sans aucun doute, mais qui n'est ni immédiatement perceptible ni évidente pour personne, et que Dieu n'a imposée à personne. Le médecin juif Ismā'īl b. al-Qarrād était certainement adepte de cette doctrine. Nous avons eu une controverse avec lui dans laquelle il la soutint. Et quand nous l'invitâmes à [se convertir à] l'islam, en résolvant ses doutes et en ruinant ses prétextes, il dit : "Le fait de changer de religion est une plaisanterie." Il nous a dit la même chose concernant un groupe d'intellectuels *(ahl al-naẓar)* et de maîtres du savoir [religieux : *'ilm*], mais nous n'avons pu l'établir nous-mêmes[53]. »

Le témoignage d'Ibn Ḥazm semblerait nous ramener, dans ce cas, à la première attitude de Burzōē, c'est-à-dire au fidéisme : « L'un dit : "S'il en est ainsi, l'homme doit s'attacher à la religion dans laquelle il a été élevé ou est né, car c'est la religion que Dieu a préférée pour lui depuis le début de sa création et de son existence – cela est certain – et qu'il a établie pour lui. Il ne lui est donc pas licite de sortir de ce en quoi Dieu l'a fixé et l'a fait commencer, quelque religion que ce soit." » C'étaient les paroles d'Ismā'īl b. al-Qarrād : « Celui qui sort d'une religion pour entrer dans une autre est un impudent qui plaisante avec elles et s'oppose à Dieu, qui lui a dit de lui rendre un culte dans cette religion-là[54]. » Mais la suite du texte nous montre les limites de ce témoignage.

Voici d'abord la brève formule qu'il emploie, tranchant ainsi avec les longs développements dont il use par ailleurs : « Il parlait d'"interrogation universelle" *(al-mas'alat al-kulliya)*, ce qui signifie que personne ne doit rester sans professer de religion, comme nous venons de le dire[55]. » Il est clair que si la première moitié de la phrase est une citation, la seconde n'en est qu'une interprétation dont Ibn Ḥazm est seul responsable. Or il présente comme une « signification », et donc explication complète, ce qui n'est qu'une conséquence, peut-être importante sur le plan de l'action, mais secondaire sur celui de la réflexion. Visiblement l'expression « interrogation universelle » lui échappe complètement. L'idée qu'une Révélation ne soit que le support d'une démarche individuelle lui est inaccessible car il cherche une « Loi » ; c'est pourquoi il en donne une interprétation réductrice.

Aussi comprend-il encore moins la première des catégories qu'il distingue : « Un groupe soutient l'équivalence des preuves d'une façon générale, pour tout ce sur quoi il y a [possibilité de] désaccord. Aussi n'affirment-ils pas [l'existence du] Créateur ni ne la récusent-ils, ainsi que la prophétie. Et de même pour toutes les religions et les sectes, ils n'affirment ni ne récusent rien de cela. Ils disent simplement : "Nous sommes certains que la vérité [se trouve] dans l'âme de ces paroles, sans aucun doute, mais elle n'est jamais manifeste à personne de façon absolue, immédiate et totalement distincte." Le médecin juif Ismā'īl b. Yūnus al-A'war a donné, par ses paroles et ses controverses, une authentique preuve de ce qu'il était adepte de cette doctrine, du fait de son ardeur à faire triompher cette opinion ; bien qu'il n'ait pas été montré ouvertement qu'il la professât[56]. »

Pouvons-nous, pour notre part, aller plus loin ? La dernière phrase de cette citation, qui souligne le caractère cryptique de l'attitude d'al-A'war, laisse entendre que c'est par nature qu'elle l'est et oublie de se référer aux conditions du temps. On peut en effet se demander s'il ne s'agit pas de simples positions de repli pour ses deux personnages. S. Stroumsa estime que « leurs propos sont évasifs [et constituent] un effort [pour] repousser l'adversaire sans se compromettre plutôt que l'expression de convictions vraies[57] ». Mais ce qui est évasif, c'est le témoignage d'Ibn Ḥazm, tantôt prolixe quand il n'y a guère de conséquences, tantôt excessivement bref, voire absent, quand il s'agit de savoir le fond des pensées. Et ce témoignage est peut-être tel parce que le contexte ne permettait pas d'exprimer clairement celui-ci. Si des formules matérialistes ou seulement critiques apparaissent dans les écrits du temps, ce n'est que dans la transcription par des auteurs musulmans, et avec force protestations de leur part. On ne sait d'ailleurs même pas si ces formules sont réelles ou supposées et il faut un travail minutieux de confrontation des sources pour faire apparaître, la plupart du temps, bien des contradictions. Pour s'en tenir à l'indubitable, rappelons qu'Ibn al-Qarrād était protégé par le fait d'être *ḏimmī* : on ne lui demandait ni conviction ni même « pedigree » puisque sa communauté était officiellement reconnue. Or l'opinion que nous transmettent les *Fiṣal* reste strictement à l'intérieur de ces limites juridiques, ce qui explique qu'on ait plus d'informations sur elle, bien que déformée pour d'autres raisons. Mais les idées d'al-A'war en sortent et, si elles étaient exprimées, le mettraient sous le coup de la loi islamique.

Comme le pamphlet qu'Ibn Ḥazm adresse par ailleurs à « un juif » (souvent assimilé à Šmū'el Ha-Naǧīd, sans que cela soit absolument certain) le traite de *dahrī* (matérialiste), on a projeté ce qui n'est qu'une insulte de plus, dans la bouche d'un des auteurs les plus atrabilaires qui soient, non seulement sur le personnage visé mais sur plusieurs intellectuels juifs du temps. C'est ainsi qu'on a été amené à considérer comme matérialistes aussi bien Ibn al-Qarrād qu'al-A'war[58]. Or rigoureusement rien, dans les textes, ne permet une telle assimilation. Celle-ci ne peut provenir que de l'impact psychologique que veut obtenir Ibn Ḥazm par l'organisation de sa polémique. Au contraire même, les paroles qui leur sont prêtées affirment bien l'existence objective de la vérité dans le fait révélé, mais sans trier entre les diverses Révélations.

Le rapprochement avec Abū Bakr al-Rāzī peut nous aider à situer plus exactement ces deux personnages. Le médecin persan a admis le fait créationniste qui s'est imposé pour des raisons idéologiques que nous avons vues. Ibn al-Qarrād est dans la même situation. Il substitue par contre une attitude fidéiste extérieure au système métaphysique d'al-Rāzī parce que ce qui compte pour lui, c'est la démarche intellectuelle, l'interrogation *(mas'ala)*, non un modèle de pensée figé. Il serait donc plus fidèle au mouvement même de la pensée d'al-Rāzī que ne l'était celui-ci. Jusqu'où est allée cette interrogation ? On ne peut que regretter de n'avoir aucune information là-dessus. Ismā'īl b. al-Qarrād reste un « type de penseur » ; il ne nous est pas accessible comme « pensée ».

Al-A'war se situe sur un autre plan. Les raisons qui ont mené al-Rāzī et Ibn al-Qarrād à admettre le fait créationniste ne lui paraissent pas convaincantes. Cela ne signifie pas, pour autant, qu'il soit matérialiste. Il suppose, lui aussi, que la vérité doit se trouver objectivement « quelque part ». Mais rien, dans l'analyse d'Ibn Ḥazm, ne permet d'en dire plus. A-t-il opté pour l'expectative pure ou pour l'acceptation de la situation de fait ? Est-il un sceptique modéré, qui admet le fait de la vérité mais non sa désignation, ou un fidéiste ? Rien ne le dit. Le seul enseignement qu'il nous laisse est une attitude désabusée devant les limites flagrantes des doctrines positives, y compris celles qui englobent un fonds critique qu'elles croient pouvoir surmonter.

3. La question de l'expression littéraire : exemple d'al-Maʿarrī (Vᵉ/XIᵉ siècle)

Le critère de la beauté formelle joue un rôle capital dans la civilisation arabe. Le prophète Muḥammad, malgré ses condamnations des poètes, a été obligé de leur céder sur l'essentiel car ses compagnons étaient modelés par leurs œuvres et ne pouvaient s'en passer. Il s'est contenté d'ordonner l'assassinat de celui qui avait fait des vers contre lui, voire de le faire exécuter officiellement s'il était en position de force. Mais l'œuvre lui échappait. Il y a donc séparation entre le producteur du texte et le texte lui-même. Si celui-ci s'épuise dans l'événement, s'il n'a d'autre portée que psychologique, le cours de l'histoire et la loi du vainqueur se chargent de le faire oublier. Si, par contre, le texte incarne à un degré suffisant le critère de beauté formelle, on ne peut rien contre lui. Il passera à la postérité quel que soit son contenu. La seule parade que l'on puisse trouver est de le modifier de l'intérieur, selon la discipline codifiée de la *muʿāraḍa*, pour lui faire dire autre chose, ou du moins atténuer sa virulence. Ce sont souvent les chroniqueurs qui restituent certains vers osés, car ils constituent le pivot de leur récit. Mais le même vers pourra se retrouver ailleurs, retourné contre une tout autre personne, ce qui en appauvrit l'effet premier, voire le ruine.

Par suite nous aurons des poésies libertines, comme celles de Baššār ibn Burd, ou des résurgences de la jactance de la Jāhiliyya en totale rupture avec l'esprit de repentir du message coranique, comme chez al-Mutanabbī ; mais c'est par la qualité même de leur composition qu'elles seront sauvées, et non sans de sérieuses empoignades au sujet de leurs auteurs. Le principe d'indépendance du poétique et du religieux sera toutefois reconnu par presque tout le monde, y compris par des ulémas de premier plan. Seule l'insulte au Prophète est définitivement récusée.

C'est pour cela que nous n'avons pratiquement pas eu affaire, jusqu'à maintenant, à des textes poétiques. Ceux-ci appartiennent à l'histoire de la *zandaqa*, non tant à celle de la pensée. La poésie pouvait servir de support à des attaques nominales, à l'expression d'exaspérations personnelles, voire de sentiments de doute plus durables. Cela pouvait éventuellement entraîner le châtiment de son auteur. En elle-même elle pouvait être inadmissible et donc condamnée tantôt à l'oubli tantôt à une re-formulation. Mais cela ne concernait qu'une toute petite partie. Le plus généralement elle était récupérable, mais avec le seul label de *topos* poétique. Cela ne constituait pas un ensemble critique incontournable.

Bien qu'à un moindre degré, la question se retrouve dans le domaine de la prose. La plupart des auteurs que nous avons étudiés ne pratiquent qu'une écriture utilitaire et ne sont donc pas dangereux pour la foule. Ce qui n'empêche qu'aucun texte complet ne nous est transmis à l'intérieur du cadre islamique et qu'il faut, soit se contenter de fragments, soit passer par des auteurs ḏimmīs. Les deux seuls textes d'un auteur officiellement musulman, qui nous soient conservés en entier, sont les deux traités éthiques d'Abū Bakr al-Rāzī, dont l'un n'a que très peu de portée religieuse, et qui malgré tout ont été tous deux rejetés dans l'oubli.

La prose rimée de Ḥayawayh al-Balḫī a par contre été anéantie. Celle d'Ibn al-Muqaffaʿ dirigée contre le Coran ne nous est conservée que par fragments. Le reste de ses textes même est, pour une partie du moins, largement remanié, ou bien, comme la *Risāla fi-l-ṣaḥāba*, n'est transmis que dans une anthologie, et non divulgué pour lui-même.

La récupération s'exerce également. Nous avons vu comment certains aspects du *Kalīla* pouvaient être renversés dans le *K. Bilawhar*. Le mécanisme est le même dans le domaine spéculatif. Par exemple le thème des pseudo-brahmanes, modèles d'une religion prétendument purement rationnelle, qui a pourtant été réfuté d'abord par les mu'tazilites et leurs disciples juifs karaïtes, n'en est pas moins repris par le théologien aš'arite Ǧuwaynī pour viser, à travers lui, les mu'tazilites eux-mêmes : ne soutenaient-ils pas, comme les prétendus brahmanes, que c'est la raison qui distingue le bien du mal[59] ?

Si, dans toute société, la pensée critique a eu face à elle une telle batterie de moyens répressifs, allant de la condamnation à la conspiration du silence, en passant par le détournement des textes, les citations intéressées, etc., le facteur esthétique est un ingrédient particulier de la civilisation arabe. La beauté formelle d'un texte, la frappe parfaite du vers sont susceptibles de leur faire traverser presque tous les obstacles. Aussi est-il fort intéressant que nous disposions, avec al-Ma'arrī, d'une œuvre poétique de très haut niveau, et qui transcende également tant le libertinisme que le simple scrupule religieux.

Abū-l-'Alā' Aḥmad b. 'Abd Allāh al-Ma'arrī naquit en 363/973 à Ma'arrat al-Nu'mān, dans la Syrie du nord. Il appartenait à une famille de notables, comportant des juristes et des poètes estimés. La variole lui fit perdre la vue dès sa quatrième année. Il compensa ce handicap par des dons exceptionnels, et surtout une mémoire prodigieuse, qui lui permirent de faire ses études islamiques, linguistiques et littéraires arabes, tant dans sa ville qu'à Alep, proche. Il voyagea également dans la Syrie du nord, et peut-être même jusqu'à Antioche, appartenant alors à l'empire byzantin. Certains chroniqueurs n'ont pas manqué de suggérer que sa position hétérodoxe pourrait être due à l'influence d'un moine. Il fit aussi un séjour d'un an et demi à Bagdad, vers ses trente-cinq ans, où il fréquenta plusieurs lettrés. Désormais sans parents, refusant de se marier pour ne pas participer à la perpétuation de l'humanité, il s'enferma dans sa maison, à l'intérieur d'une ville menacée par les Byzantins. Il y enseigna les disciplines linguistiques et littéraires arabes à de nombreux étudiants, certains venus de très loin. Il y reçut aussi de multiples visites et entretint une correspondance. C'est là qu'il mourut en 449/1058[60].

Le personnage est plein de contradictions. Relativement fortuné et pourvu de serviteurs, il mène une vie ascétique. Très lié, à la fin de sa vie, aux ismaéliens, il en reste toutefois indépendant et, tout en prétendant détenir un savoir ésotérique, ne le divulgue à personne et ne le laisse pas transparaître dans ses écrits. Lors de son séjour à Bagdad, il soumet aux juristes des contradictions du droit pénal et successoral, dans une attitude caractéristique des missionnaires ismaéliens provoquant le trouble pour amener à s'en remettre à l'imam ; mais peu de temps après, ses vers condamnent le dogme de l'infaillibilité et de l'impeccabilité de celui-ci[61].Certains pensent qu'il serait revenu, dans ses dernières années, à la position orthodoxe chafiite de sa jeunesse, mais après bien des tentations qui se manifestent dans ses jugements ironiques sur le Paradis, son attitude désinvolte envers les conceptions eschatologiques musulmanes, et même quelques opinions franchement hérétiques.

Ces contradictions se retrouvent chez ceux qui se sont penchés sur son cas. Ibn al-Ǧawzī, qui écrit environ un siècle et demi après sa mort, souligne les fluctuations de sa foi et l'accusation d'athéisme portée contre lui par divers savants. Il est tenté de le rapprocher des soi-disant brahmanes, du fait de ses critiques contre les prophètes et contre les lois religieuses en général, mais aussi de sa négation de la résurrection des morts[62]. Peu de temps après, pourtant l'historien Ibn al-ʿAdīm cherche dans les traditions des habitants de Maʿarra des arguments pour le laver de ces accusations[63]. Autre exemple d'opposition : alors qu'al-Maʿarrī, dans sa *Risālat al-ġufrān* (« Épître du pardon »), s'est fait l'écho de ceux qui ont reproché à Ibn al-Rīwandī d'avoir voulu imiter le Coran, il s'est vu à son tour accusé de le faire dans ses *Fuṣūl wa-l-ġāyāt* (« Chapitres et terminaisons »), par des personnes qui semblent bien ne pas connaître directement ce texte[64].

À l'époque moderne, c'est A. von Kremer qui a le plus insisté sur un al-Maʿarrī « libre penseur » *(freidenker)*. Il a remis à l'honneur le recueil des *Luzūmīyāt*, jusqu'alors négligé parce que sulfureux, et en a traduit divers passages corroborant sa thèse. Mais malgré l'aide que lui a apportée I. Goldziher, Kremer s'est fait reprendre par L. Bercher qui a montré que sa traduction était « fantaisiste[65] ». En 1904, G. Salmon a rapproché al-Maʿarrī, qu'il juge « profondément antireligieux et tout à fait matérialiste », du pessimisme d'Abū-l-Atāhiya, ce qu'a contesté peu après Nicholson, qui le considère plutôt comme un parfait sceptique dans la lignée de l'Antiquité classique[66]. T. Hussein a pensé pouvoir atteindre, par-delà les subterfuges destinés à éviter les attaques des théologiens, un véritable système rationaliste, thèse démontée aussi bien par Brockelmann que par Bint al-Šāṭi' pour qui le personnage était avant tout un poète[67].

Aussi ne chercherons-nous pas à définir une doctrine spécifique à cet auteur. La tradition lui en reconnaît une seule, à savoir le végétalisme. Nous essaierons simplement de situer un poète reconnu et unanimement admiré, par rapport à la production critique examinée ci-dessus. La référence essentielle en la matière est le recueil appelé *Luzūmīyāt*. Son véritable nom est *Luzūm mā lā yalzam* (« Engagement à ce qui n'est pas obligatoire »), parce qu'al-Ma'arrī s'y impose des règles formelles encore plus contraignantes que celles qu'on suit habituellement. C'est un ensemble de compositions datant de la période qui suit le séjour à Bagdad. Certains ont pensé qu'une évolution des idées s'y traduisait par des contradictions apparentes une fois opéré un reclassement tardif. Mais il n'a guère été possible de la mettre en évidence et on est obligé de prendre le recueil tel quel.

Dès les premières lignes, l'auteur énonce son projet restaurateur : « Il était des sentences passées que j'élevasse des édifices de feuillets. J'y ai recherché la sincérité de la parole, et qu'elle soit pure du mensonge et de l'iniquité. Je ne prétends pas qu'ils soient comme le fil du collier imposé, et j'espère qu'ils ne seront pas comptés [pour la valeur de] rangées de briques. Il y en a, parmi eux, qui sont à la gloire de Dieu, Lequel est au-dessus de toute louange et a remis les grâces à chaque cou. D'autres sont un rappel pour les oublieux et un avertissement pour les endormis inconscients, une mise en garde contre le vaste monde qui s'est joué des anciens et dans lequel a été exaucée la prière de Ǧirwal [= l'avarice][68]. » On considère généralement ces paroles comme purement conventionnelles sur le plan religieux, et on reconnaît seulement que notre poète prend le contrepied des formules stéréotypées et artificielles de ses confrères dans leur description des sentiments. Mais il y a aussi chez lui une critique sociale des conformismes religieux. C'est même un des thèmes majeurs du livre.

S'agit-il là de la prémisse psychologique à la critique religieuse proprement dite ?

Notons d'abord que, si la plupart des auteurs s'en tiennent à la dénonciation de la docilité populaire, voire de sa superstition, al-Maʿarrī va plus loin puisqu'il met en cause la classe des ulémas qui, par son hypocrisie, entretient l'ignorance et est donc responsable de la corruption des mœurs. Mais par ce biais il libère Dieu et opère une véritable théodicée. Il fait dire à un enfant mort en bas âge : « J'ai été pur et je n'ai pas été souillé ; si la vie avait duré pour moi, j'aurais été souillé et je n'aurais pas été pur[69] », mettant ainsi en cause la vie, non la création qui est bonne par elle-même.

Sa recherche de sincérité aboutira par la suite à toute une littérature franchement anticléricale mais d'où toute interrogation métaphysique sera absente. En mettant en question les ulémas, al-Maʿarrī s'est attiré leur vindicte, puisqu'ils ne sont plus une catégorie privilégiée, comme le veut la tradition islamique qui ne reconnaît de hiérarchie que dans cet ordre, mais il n'a pas donné au public une voie qui lui soit accessible. Le public est heureux de voir tomber des barrières – dans la mesure où il peut lire la poésie d'al-Maʿarrī, très élaborée, qui n'est pas abordable par beaucoup – mais il ne peut suivre notre auteur dans le pessimisme généralisé où il a transposé la question. Ce pessimisme lui fait faire de l'insincérité une véritable « catégorie » de l'esprit humain : « Le mensonge *(mayn)* domine la création, depuis qu'elle existe, et les sages meurent d'irritation[70]. » Ce radicalisme est particulièrement marqué par un vers qui joue sur la racine *ḫ-l-q*, laquelle donne aussi bien *ḫuluq* (naturel) que *aḫlaqa* (user) : « Les nuits, dans leur renouvellement, ont usé l'[âme], et leur perfidie *(ġadr)* dans son usure est un naturel[71]. »

Aussi est-ce un véritable contresens que font certains analystes, comme Subkī, en mettant sur le même plan la dénonciation de la prospérité du méchant chez al-Warrāq et Ibn al-Rīwandī, et celle que l'on trouve chez al-Maʿarrī[72]. Chez les premiers, il s'agit d'interroger la providence elle-même. Chez le second, cette dernière est rejetée hors d'un monde corrompu. D'où la démarche ascétique de l'un, que ne partagent pas les autres.

Par suite, on n'a pas de raison de mettre en doute la bonne foi de notre poète quand, dans la *R. al-ġufrān*, il récuse les *zanādiqa* tels qu'Ibn al-Muqaffa' ou Ibn al-Rīwandī. Il est certain que la liste qu'il donne, adjoignant à ces deux-ci des libertins ou au contraire des mystiques victimes d'un procès en orthodoxie comme Ḥallāǧ, est marquée par les idées reçues du temps et les contresens qu'imposait le manque de recul. Mais pour les auteurs qui nous concernent ici, on peut penser qu'al-Ma'arrī a eu une conscience claire de ce qui les séparait de lui, à savoir qu'ils ne remettaient pas en question le monde. À l'inverse du poète aveugle et reclus, il y a un réel optimisme sur les données naturelles qui caractérise tous nos penseurs, d'Ibn al-Muqaffa' à Ibn al-Qarrād.

Il est certain que sur beaucoup de points l'attitude de notre auteur est contradictoire, y compris sur le plan de la pratique, effet soit d'une évolution psychologique que l'on ne peut cerner, soit plus vraisemblablement de la diversité d'inspiration du poète. Le seul point incontestable est l'abstention de toute nourriture carnée ou animale (œufs, lait et même miel). Du vivant de l'intéressé et plus encore par la suite, on a cru à une influence de la pensée hindoue. Certains nuançaient l'idée en invoquant un intermédiaire pythagoricien. E.S. Ghali a rappelé qu'al-Ma'arrī avait lui-même répondu sur ce point aux questions posées par le missionnaire en chef fāṭimide, en invoquant essentiellement deux idées : le jeûne est une libération de l'esprit (et de fait il ne prenait de repas que la nuit, comme durant le ramaḍān), et l'homme pieux s'impose des règles plus contraignantes que celles qui ont cours ordinairement (attitude dont le mode de composition des *Luzūmīyāt* est le pendant littéraire)[73].

Tout rapprochement sur ce point avec Abū Bakr al-Rāzī serait vain car al-Ma'arrī rejette explicitement la métempsycose. Aussi, là où le premier voit une gradation entre bêtes sauvages et animaux doux, qui lui fait estimer licite la mort des uns pour les faire progresser dans l'échelle de la réincarnation, et accepter celle des autres en cas de nécessité, le second manifeste-t-il une égale pitié pour tout être vivant. Tous, quels qu'ils soient, subissent une « injustice » par le seul fait de leur destruction.

Ceci est le révélateur de deux orientations radicalement opposées. Al-Rāzī est un médecin qui soigne la douleur, la gère, cherche à l'atténuer ; mais elle ne lui fait pas remettre en cause le monde. Aussi cherche-t-il dans l'élaboration intellectuelle l'alchimie qui, par son équilibre, lui permet d'assumer la vie. Al-Ma'arrī, lui, voit dans la douleur la marque essentielle du péché de l'homme. Les notations que l'esprit est amené à faire ne valent pas pour elles-mêmes, mais sont subordonnées à la démarche éthique.

La cohérence absolue des idées n'est plus, alors, une nécessité. Le sujet exprime des interrogations existentielles qui viennent du plus profond de lui-même, ou qui reflètent des réflexions entendues ici ou là. C'est pourquoi la critique des religions prend des formes très différentes chez notre personnage. Ici elle est le simple mépris du musulman pour les autres croyances, l'« altération » des textes par les « gens du Livre » mettant certains de leurs passages sur le même plan que les erreurs des infidèles : « Le christianisme et avant lui le mosaïsme t'ont parlé en récits éloignés de [tout] fondement. / Le Persan s'est élevé un feu et a prétendu, à propos de ses feux, qu'il n'était pas licite de les éteindre[74]. » Plus souvent, nous l'avons vu, elle est la réaction du sage contre la manipulation du monde au moyen de la superstition : « Réveillez-vous, réveillez-vous, vous qui êtes dans l'erreur ! Car vos religions sont une ruse *(makr)* des anciens ; / ils ont voulu, par elles, assembler les vanités [de ce monde] et [l'] ont obtenu. Ils ont cessé et est morte la tradition *(sunna)* des gens vils[75]. » Mais parfois aussi elle reflète le doute envers les polémiques religieuses qui ne sont que vanité mondaine : « Si ce n'était la rivalité pour ce bas monde, il n'y aurait pas de livres de dialectique…[76] »

Ce n'est que rarement que l'on dépasse ces niveaux, accessible à tout musulman, pour mettre l'islam sur le même plan que les autres religions : « Le livre de Muḥammad, le livre de Moïse, l'Évangile du fils de Marie et les Psaumes / ont établi des interdictions à des communautés, et elles ne [l'] ont pas reçu. Leur bon conseil *(naṣīḥa)* s'est perdu et chaque peuple est ruine[77]. » Encore faut-il remarquer que si l'expression « livre de Muḥammad » est très risquée, puisque l'islam orthodoxe parle du Coran comme du « Livre de Dieu », la portée en est atténuée par le fait qu'il s'agit ici seulement des ordres *(amr)* et interdictions. Il est donc possible que, dans ce morceau, al-Ma'arrī se fasse simplement l'écho de l'ismaélisme.

Non seulement la cohérence n'est pas nécessaire d'une pièce à l'autre, mais chacune s'épuise en elle-même. Le court poème mettant sur le même plan les « faux récits » juifs et chrétiens et le feu des zoroastriens se conclut par le simple ajout d'un troisième vers affirmant la vanité du monde : « Ces jours ne sont que des spectateurs, en eux sont égaux les dimanches et les samedis[78]. » Il rentre donc dans le grand ensemble ascétique de contestation de l'insincérité générale. Quant à la dénonciation des vanités des ulémas, elle ne débouche que sur la formule : « Leurs affaires terrestres sont peu de chose, ainsi que l'effort qu'ils y [déploient]. Te suffit le Puissant, le *Ṣamad*[79]. »

Ce dernier exemple montre non seulement à quel point l'expression poétique tourne court, mais le mot ultime en manifeste clairement les limites jusque sur le plan lexical. Le quatrain en question est en rime *mad*, conformément au projet du texte qui veut une rime en deux lettres au lieu de la rime en une seule lettre requise habituellement. Le choix de l'attribut *ṣamad* s'impose donc tout naturellement. Or, s'il s'agit d'un terme coranique bien connu, il n'apparaît qu'une seule fois dans le Livre sacré. Il est vrai que c'est dans la sourate *al-iḫlāṣ*, laquelle passe pour l'expression même de l'unitarisme[80]. Mais le mot n'en est pas moins extrêmement difficile à définir. D. Gimaret a montré que les auteurs classiques en donnaient quatre interprétations divergentes, au moins, et que ce chiffre pouvait aller jusqu'à trente-quatre[81]. Cela, un philologue de la stature d'al-Maʿarrī ne pouvait l'ignorer. Rien ne permet ainsi de dire qu'il faisait une profession de foi musulmane, ou qu'au contraire il se réfugiait dans un théisme vague.

Plutôt donc que de faire un florilège d'expressions éparses dans l'œuvre, qui témoignent d'états d'âme momentanés, mais qui ne constituent pas un ensemble absolument cohérent du point de vue de la pensée, il est plus éclairant de voir comment chaque sentiment arrive à l'expression et est susceptible d'agir sur le lecteur ou l'auditeur. À défaut de pouvoir analyser la totalité de l'œuvre, nous allons nous en tenir à deux pièces qui contiennent chacune une des formules les plus osées de notre auteur.

RELIGION ET INFIDÉLITÉ

Religion et infidélité, traditions qu'on raconte, un signe discriminatoire *(furqān)* qui prescrit, une Torah, un Évangile ;

à chaque génération des mensonges pris pour religion. Est-ce qu'une génération, un jour, a eu le privilège de la voie droite *(hudā)* ?

Celui à qui a été donné le registre du bonheur, de par une puissance supérieure, n'a pas eu le lot de l'éternité.

Les gens de mérite ne laissent d'avoir quelque défaut, et les petites gens quelque grandeur et honneur.

Est-ce que les chevaux se réjouissent si les premiers d'entre eux sont décorés, dans les cortèges, avec des taches blanches au front et aux pieds ?

Est-ce que, chez nous, la vantardise n'est pas reconnue seulement par l'homme affable, alors que n'importe quelle parole l'est par l'offenseur ?

Que la bête fauve revête la prospérité, elle n'a pas de chaussures qui la protègent de la terre,

pas plus que les chevaux vainqueurs [des courses] n'ont les pieds ornés de taches blanches.

Ceux qui me haïssent, ma foi, ne peuvent amener ma fin par leur haine s'il m'est attribué un sursis dans l'au-delà.

Aucune guerre n'anéantit, et aucune paix [accordée par] l'ennemi ne protège, mais ce sont les destinées *(maqādir)* qui retardent ou précipitent [le terme].

Louer à quelqu'un ses qualités les lui ôte ; un homme libre et intelligent éprouve remords et honte.

Donne à ton invité une pleine mesure de bienfait, quand bien même le ciel [ne] t'enverrait [qu'] une tuile *(siǧǧīl)*[82].

Dès le début, à la Torah et à l'Évangile est accolé un troisième texte qui n'est désigné que par le nom de *furqān*. Le mot *Qur'ān* aurait la même valeur métrique, mais al-Ma'arrī ne l'emploie pas. Est-ce seulement par prudence ? Le vocable *furqān*, qui a donné son titre à la sourate XXV, est employé dans le Coran dans des contextes différents où l'idée de signe distinctif pour la nouvelle communauté est associée à celle d'un rôle salvateur[83]. On ne sait pas bien si le Coran est salvateur par lui-même ou s'il est la cause qui produit l'effet. Accolé deux fois à Moïse[84] et trois fois à Muḥammad[85], *furqān* ne désigne pas nécessairement le texte, mais du moins la Révélation que restaure le Coran. Il est donc clair que les deux mots sont, surtout en poésie, sémantiquement substituables.

Les autres expressions des deux premiers vers semblent également accumuler à plaisir les tournures ambiguës. Religion et infidélité ont l'air d'être mises sur le même niveau. Les récits sacrés (*anbā'*, de la même racine que *nubū'a - nubuwwa* = prophétie) sont associés malignement au rôle des conteurs *(qaṣṣāṣ)*, dont les amplifications ont souvent été dénoncées par les gens scrupuleux. L'idée même de voie droite *(hudā)*, qui est un élément fondamental de la *Fātiḥa*, est ici mise en doute sinon comme telle, du moins comme privilège d'un groupe. Enfin la formule « mensonges pris pour religion » *(abāṭil yudānu bihā)* semble une récusation radicale du fait religieux.

Le début de ce poème peut donc passer pour une profession de foi d'impiété. D'autant plus que la poésie arabe segmente les vers, qui sont séparables de l'ensemble. Une poétique qui ignore pratiquement l'enjambement favorise l'isolement d'un ou de deux vers, lesquels peuvent passer isolément à la postérité, voire devenir proverbiaux. Mais le reste du morceau est en totale rupture avec une telle orientation. Il ne s'agit plus que de constats éthiques désabusés, qui se répartissent selon le schéma suivant : v. 3-4 : prospérité du méchant et relativité des mérites ; v. 5-8 : la condition ici-bas est aléatoire ; vouloir la modifier est vain et expose à des avanies ; v. 9-10 : c'est l'au-delà qui fixe la destinée ; v. 11-12 : lucidité pour soi, générosité pour autrui. Dans une telle progression l'affirmation, par les vers 1-2, de la relativité des religions prend un sens très particulier. Ce n'est pas le fait religieux qui est mis en question comme tel, mais la prétention de chaque Révélation à ouvrir une ère nouvelle. Le Coran n'est plus contesté pour lui-même mais pour la certitude qu'il donne à ses sectateurs d'appartenir à une catégorie spéciale de l'humanité, catégorie qui serait automatiquement protégée des défauts des autres. D'où l'emploi du mot *furqān* qui nous a arrêté d'emblée. Al-Ma'arrī ne pouvait pas ignorer que l'on ferait spontanément la substitution *Qur'ān - furqān*, qu'appellent tant la versification que la tradition. Il ne pouvait pas non plus ne pas savoir que ces deux vers seraient isolés. S'il a pris ce risque, c'est parce que l'expression poétique exigeait que l'on insistât sur l'idée de discrimination. Les vers 1-2 sont à la fois l'introduction à l'ensemble de la pièce et sa conclusion, le poème constituant un cercle. C'est parce que l'humanité a toujours été la même, quelle que soit la Révélation qui y intervenait, qu'il faut chercher du côté de l'intemporel. C'est parce que l'expérience quotidienne est décevante que cet intemporel apparaît sous la forme d'un destin ménagé par l'au-delà. C'est parce que seul compte cet au-delà qu'il faut être lucide pour soi et généreux pour autrui. Et enfin c'est parce que l'on a parcouru ce cycle que l'on perd toute illusion sur un changement que la transcendance opérerait dans le cours du monde.

Nous observons la même circularité dans la poésie suivante :

LA RELIGION ET LA RAISON

Si vos bouches louent Dieu, vos cœurs et vos âmes sont dans l'allégresse sans raisons.

J'ai juré : votre Torah n'est guère éclairante si le vin s'y trouve licite.

Ne vous fiez pas à l'éclair des nuées, ce ne sont que les épées acérées de la destinée *(qaḍā')*.

On dit : une pensée sincère aplanit les difficultés par la circonspection dans les événements.

Les monothéistes *(ḥanīfa)* se sont trompés, les chrétiens n'ont pas la voie droite, les juifs sont perplexes et les mages sont égarés.

Les habitants de la terre sont de deux sortes, celle qui a une raison sans religion, et l'autre qui a une religion dépourvue de raison[86].

L'ambiguïté est ici moins marquée. Il y a bien, dès le début, le verbe *hallala* qui est le terme technique pour désigner la formulation rituelle « il n'y a de dieu que Dieu » *(lā ilaha illā Allāh)*. Mais le mot a été aussi employé plus généralement. Le vers suivant parle d'une « Torah », qui semble plutôt un terme générique indiquant une Loi. Et l'avant-dernier vers ne met pas en cause l'islam mais le monothéisme primitif *(al-ḥanīfiya)* dont celui-là est une restauration, mais sans pourtant interdire toute idée d'abrogation. Enfin le dernier mot n'est pas une contestation de la religion comme telle, mais de la religion envisagée irrationnellement *(dīn lā 'aql lahu)*.

Cela n'empêche pas les esprits de projeter leurs inquiétudes sur tel ou tel passage et d'isoler tel ou tel vers. Mais le sens du poème en son entier est, encore une fois, purement éthique. Le v. 1 dénonce la confusion entre la pratique rituelle et la conviction profonde, et le v. 2 est une profession de foi d'ascétisme. Les deux vers suivants peuvent relever d'une attitude de type stoïcien : remise à la destinée pour ce qui ne dépend pas de nous et pensée droite quant à soi-même. Enfin les deux derniers vers condamnent – sans prendre trop de risque, comme nous l'avons vu – une religiosité purement sentimentale, qui ne serait que l'envers d'un rationalisme antireligieux.

Cette formule est, bien évidemment, un effet de rhétorique qui demanderait bien des justifications. Elles ne sont pas données car ce qui compte c'est de retrouver à la fin ce qui était posé au début, et qui pourrait s'y enchaîner de nouveau : le dépassement du culte par l'intériorité.

D'Amos aux premières sourates mecquoises, c'est une idée récurrente du « rappel à l'ordre » dont se veut partie prenante l'introduction des *Luzūmīyāt*. On peut donc se demander si la présentation habituelle d'un al-Ma'arrī comme auteur indépendant est bien légitime. On a invoqué son rationalisme : mais si chez lui la raison constate les limites de la foi traditionnelle et lui est donc préférable, elle n'est infaillible que pour le domaine de l'action ; dans celui de la spéculation, elle est à son tour limitée par les faiblesses inhérentes à l'humanité. Al-Ma'arrī se contente de ce double constat[87], et ne le prolonge pas, comme Ḥunayn ibn Isḥāq par une démarche régressive d'autoexamen.

Il est certes facile d'opposer notre poète pessimiste au courant traditionnel majoritaire, qui l'a d'ailleurs souvent regardé avec méfiance. On retrouve, en effet, chez lui des échos de la répulsion qu'ont inspirée à plusieurs les rites païens et irrationnels du pèlerinage, ou le caractère illogique de certaines prescriptions légales. Mais il n'y a jamais de réflexion fondamentale ; aucune de ses exclamations de dépit ne peut être prise pour plus qu'un mouvement ponctuel de lassitude. En dehors de l'immense qualité littéraire, il n'y a pas de différence entre ce que dit al-Ma'arrī et les nombreuses anecdotes populaires exprimant un certain scepticisme. Tout au plus peut-on constater que, dans la dogmatique musulmane, il privilégie le décret de Dieu *(al-qaḍā' wa-l-qadar)*, auquel il répond par une démarche personnelle surérogatoire.

Reste l'expression. Telle idée reçoit chez lui la frappe juste qui l'inscrit dans la mémoire. Alors que la poésie arabe est surtout esthétisante, celle d'al-Ma'arrī apparaît comme essentiellement symbolique et signifiante. Mais l'idée exprimée peut être de n'importe quelle sorte : tantôt il rejette l'athéisme, tantôt il révoque toutes les religions ; ici il condamne l'éternité de la matière, qu'il suggère en de nombreux autres points ; le plus souvent déterministe, il soutient aussi que cela va à l'encontre de la piété... Il n'est pas question de chercher une voie moyenne, jamais suggérée. C'est la perfection de l'union de la forme et du fond qui compte. Chaque expression vaut pour elle-même.

CHAPITRE V

Vraie et fausse unité

1. Le tournant du Ve/XIe *siècle*

Avec les exclamations qui transparaissent dans l'œuvre d'al-Ma'arrī, on a le sentiment d'assister à la fin d'une époque. Sa très haute tenue poétique lui permet d'exprimer encore des sentiments qui ne peuvent plus l'être par la suite, et son œuvre elle-même connaît des fortunes diverses, la partie dangereuse étant mise sous le boisseau. Quant à fixer le point de départ de cette époque, si le nom d'Ibn al-Muqaffa' rassemble heureusement une riche thématique dès le début de la dynastie abbasside, ce n'est qu'avec le IIIe/IXe siècle qu'on assiste à l'éclosion de pensées en forme. Or ce moment est celui de luttes pour imposer une orthodoxie à l'empire musulman.

Mais cette lutte reste encore ouverte. Sans doute n'est-ce pas seulement le bon vouloir des acteurs qui est en cause ; il faut plutôt regarder du côté de la grande variété de la société qui résiste encore à l'uniformisation. Toujours est-il que, de ce fait, le mouvement indépendant n'est pas toujours coupé de l'orthodoxie. J. van Ess a souligné que des critiques aussi virulentes que celles dont s'est fait l'écho – à son grand dommage – Ibn al-Rīwandī se trouvaient chez le mystique de l'Iran oriental, Ibn Karrām. Or si celui-ci fut toujours suspecté, il ne reçut jamais de totale excommunication, et van Ess ajoute : « Nous avons l'impression que ce n'était pas seulement le radicalisme qui comptait, mais aussi sa publicité. Et ce radicalisme ne paraissait peut-être pas aussi radical à ceux qui l'écoutaient d'une oreille avertie[1]. »

Bien plus, de grands noms de l'islam traditionnel, sans pouvoir être qualifiés d'indépendants au même titre que les auteurs ici recensés, ou que certains mu'tazilites dénoncés par Ibn al-Rīwandī, ont fait preuve d'une certaine liberté d'esprit. C'est le cas du célèbre mystique al-Muḥāsibī (env. 165/781 - 243/857). Contemporain de la période de plus grand éclat de la civilisation abbasside, de Harūn al-Rašīd à al-Mustanṣīr, et vivant à Bagdad, il fut à la fois en butte au mu'tazilisme et à la réaction traditionaliste d'Ibn Ḥanbal. Il n'en a pas moins été revendiqué par la suite par l'école dominante du sunnisme traditionaliste, l'aš'arisme, et par le célèbre Ġazālī, lui-même qualifié de « preuve de l'islam ». Pourtant son attitude dans son *Kitāb fahm al-Qur'ān*[2] (« Traité de la compréhension du Coran ») est d'une liberté remarquable : il cite des versets qui n'ont pas été retenus dans la Vulgate de 'Uṯmān ; il n'exige pas des ḥadīṯ qu'ils remontent jusqu'au Prophète ou à ses compagnons, et rapporte avec la même vénération des propos de ses contemporains ; enfin il peut aller jusqu'à opposer le consensus *(iǧmā')* d'une période plus récente à celui des compagnons du Prophète. Les cadres de réception de la Révélation sont donc alors beaucoup moins rigides qu'ils ne vont le devenir par la suite.

Ces diverses remarques font penser que les débuts de la période de plus grande civilisation de l'empire arabo-islamique ont été beaucoup plus riches de potentialités que la suite de l'histoire peut le laisser soupçonner. Il ne s'est donc pas agi seulement, dans ce qui précède, de « monter en épingle » des crises individuelles, mais de désigner des traces de cette extraordinaire fermentation, et surtout les incitations, voire les provocations à une réflexion fondamentale. Paradoxalement la révolution abbasside fut féconde, sur le plan de la pensée, tant qu'elle admit en son sein des facteurs extérieurs, dont plusieurs caractérisaient déjà l'époque umayyade. Quand, sous la pression des événements et des réactions passionnelles de la foule, qui a toujours eu en haine la réflexion, l'empire s'est durci autour de thèmes agressivement conservateurs, cette source s'est tarie. La pensée arabe n'a plus eu alors qu'à continuer sur certaines voies codifiées, avec, certes, des réussites remarquables, mais relevant désormais uniquement de l'édification d'un univers mental, de plus en plus ramifié, sur des bases qui ne seront plus jamais examinées. La seule exception – partielle – réside dans le mouvement philosophique almohade, culminant avec Ibn Rušd, mais s'enracinant dans la réforme rationalisante d'Ibn Tūmart[3]. Encore ce mouvement n'a-t-il dû sa fécondité qu'à la structure totalitaire qui l'encadrait – il n'était plus possible de revenir au libéralisme des origines et la seule voie était de suivre jusqu'au bout, mais intelligemment, les nouvelles orientations – et ne lui a-t-il pas survécu.

Le Ve/XIe siècle apparaît comme celui où ce repliement sur soi s'achève. Face à la montée de la puissance européenne qui aboutit à la chute du piémont pyrénéen, du centre de la péninsule ibérique, de la Sicile et de la Sardaigne d'une part, et au renforcement du royaume géorgien d'autre part, le monde arabe semble se retirer pour se mettre en première ligne des puissances nouvelles : les Turcs seljukides à l'est et les Berbères almoravides à l'ouest. Ces forces vont s'arabiser, parce qu'elles sont une résurgence de l'islamisme, mais n'en sont pas moins, dans une certaine mesure, en rupture avec le monde précédent. La présence durant près de deux siècles des royaumes francs en Palestine n'aura de répercussion importante qu'ultérieurement, parce qu'elle consiste en la cohabitation d'une oligarchie étrangère et d'une population autochtone inchangée.

Comme l'a souligné G. Makdisi, les souverains se cantonnent alors à un travail politique de factions. Ce sont les ulémas qui prennent en main la grande affaire du moment : la restauration du sunnisme. « Si les puissants se faisaient mécènes, c'était souvent par intérêt personnel. Même Nizām al-Mulk, en établissant les *madrasa*, cherchait le concours des *'ulamā'* pour contrôler les masses populaires[4]. » C'est cette conjonction de la totalité du monde intellectuel et des préoccupations immédiates des masses qui change définitivement la perspective.

Sans doute serait-il caricatural d'affirmer que les intellectuels sont tous de simples « meneurs ». Même dans la perspective traditionnelle certains grands noms ont des positions nuancées que le vulgaire ne comprend pas toujours. Ainsi, par exemple, Ibn 'Aqīl (431/1040 - 513/1119) lance-t-il un mouvement qui est fixiste par certains aspects, mais « progressiste et moderniste » par d'autres[5], puisqu'il intègre une bonne connaissance tant du Kalām mu'tazilite que de la mystique d'un Ḥallāǧ – fait qu'il doit rétracter officiellement mais qui ne laisse de le marquer. Néanmoins le trait dominant est le triomphe du traditionalisme.

La synthèse du célèbre Ġazālī est caractéristique des préoccupations du temps. C'est le point de vue de la pratique qui domine[6]. Il s'agit d'unifier le monde musulman et de lutter non seulement contre les ennemis du dehors par la réfutation et l'apologétique, mais surtout contre ceux du dedans qui divisent la communauté en sectes. D'où la mise en avant de la personne du Prophète, présenté comme modèle, et plus encore du devoir d'obéissance à ses paroles. Or si cette insistance a pour but subjectif de rabaisser les divers imams, elle a pour conséquence objective, en ce qui nous occupe, de fermer définitivement la porte à la pensée critique, laquelle avait focalisé son interrogation sur le fait du prophétisme et sur les arguments traditionnellement invoqués en sa faveur. Questions et objections en la matière sont récusées d'emblée au nom de ce qui est présenté comme les nécessités de la vie de la communauté.

La problématique même de Ġazālī, qui est celle de la certitude *(yaqīn)* et de l'expérience directe (*ḏawq* = littéralement « goût »), est en opposition radicale avec les grandes inquiétudes, exprimées sous différentes formes chez Ḥunayn b. Isḥāq, chez al-Warrāq, ou chez Ḥayawayh al-Balḫī. On a pu constater, toutefois, durant la dernière étape de la pensée critique, une évolution des esprits en ce sens ; cela peut prendre un aspect serein chez al-Rāzī, ou désabusé chez al-A'war et Ibn al-Qarrād, voire une forme de sensibilité d'écorché chez al-Ma'arrī, mais il est certain que l'on préfère, à ce moment-là, des réponses positives. Mais c'est alors le type de construction intellectuelle qui est opposé : comme Ġazālī se fixe le même but d'unification que se sont proposé toutes les grandes sectes de l'islam, il pense ne pouvoir les dépasser que par le syncrétisme. D'où une doctrine qui « ratisse large », n'excluant que les formes extrêmes (et allogènes), comme la physique et la métaphysique grecques ou l'initiatisme persan. Elle intègre par contre nombre de caractéristiques des mouvements combattus, en particulier l'idée de système ésotérique

que Ġazālī insuffle dans ce que H. Laoust a appelé « un *bāṭinisme sunnite* soucieux de concilier le légalisme et l'exotérisme traditionnels avec le symbolisme et l'intériorisme du bāṭinisme ismaélien[7] ». La raison est alors inféodée au domaine scripturaire, et les sciences traditionnelles priment les sciences rationnelles.

Dans la pratique, cette même raison est ordonnée à la conciliation de la tradition et de l'état de fait. Concrètement cela se manifeste dans la politique ġazālīenne par l'exigence d'unir la suprématie de la maison de Qurayš avec le pouvoir des Turcs ; « le régime préconisé, qui ne constitue pas un idéal en soi mais un compromis réaliste, réside dans un système mixte, dans une association du califat et du sultanat, pour le bien de l'un et de l'autre comme pour la paix des musulmans », nous dit H. Laoust[8]. Outre la stagnation de fait que cela entraîne, figeant dans la réussite une tendance qui était déjà présente dès les débuts de l'islam, et contre laquelle il faudra attendre la réaction du cheikh 'Abdelrāziq dans les années 1920, cette période marque la réduction du statut de la raison au niveau instrumental. Elle ne saurait plus être une instance législatrice, ni même régulatrice.

En outre il faut noter le lien qui existe entre le caractère essentiellement politique de l'unification que propose le Persan arabisé Ġazālī et sa tentative doctrinale d'unification syncrétique de tout ce qui est assimilable à l'intérieur d'un champ culturel donné. C'est la conséquence de l'arrêt, pour ce qui est des musulmans, du processus de traduction à la jonction des IVe/Xe et Ve/XIe siècles. Bien qu'il ait duré près de trois siècles, ce mouvement n'a pas tout transmis. Même en tenant compte des choix utilitaires et des exclusives respectées de fait, plusieurs œuvres importantes, comme la *Politique* d'Aristote, restèrent dans l'oubli. Les originaux étaient pourtant accessibles dans les bibliothèques byzantines, où plusieurs ambassades en avaient déjà sélectionné. Les chrétiens continuèrent même à traduire, mais sans diffuser le fruit de leurs travaux hors de leur communauté. Le monde musulman se ferme alors aux influences extérieures.

De son côté le judaïsme a, sans restriction, tourné le dos à Ḥayawayh et, avec Saadia, s'est engagé dans un type de pensée constructiviste. Les idées sont engendrées en vue d'une solution à donner; comme dans la pensée musulmane, la vie de l'esprit est envisagée, dans la pensée juive du Moyen Âge, comme une culture. Pour des raisons qui ne sont pas encore bien explicitées, cependant, l'essentiel de cette production passe à l'Occident arabe : d'abord Kairouan, au IVe/Xe siècle, puis surtout al-Andalus, au siècle suivant, d'où elle sera transmise ultérieurement à la France du sud, à l'Espagne et à l'Italie. Le parallélisme avec le déplacement de la *falsafa*, qui s'essouffle en Orient sous la critique de Ġazālī, et reprend en Occident, doit être noté mais n'est pas explicatif; non seulement la pensée juive d'Orient n'a pas connu de mise en question comparable à celle du *Tahāfut al-falāsifa* (« Destruction des philosophes »), mais Ġazālī a pu passer pour un maître auprès de doctrinaires occidentaux importants comme Yehuda Ha-Levy.

Enfin la plus grande partie de la pensée chrétienne se déroule, comme la pensée juive, dans un continuum, que ne troublent même pas un déplacement géographique ni un rebondissement qualitatif qu'il entraînerait. La pensée chrétienne, par contre, jouit du stimulant propre que constitue la diversité des interprétations des deux mystères essentiels : la Trinité et l'Incarnation. Judaïsme et islam, qui ne sont pas des religions à mystères mais plutôt des orthopraxies reposant sur une base dogmatique minimale, connaissent d'autres stimulants et d'autres facteurs de division, mais non celui de la constitution d'Églises séparées. Préparée dès le IIe/VIIIe siècle, la fixation des théologies respectives en langue arabe s'opère du IVe/Xe au VIe/XIIe siècle, le siècle intermédiaire étant même le plus fécond. L'essentiel de la production est destiné à expliciter ces dogmatiques. C'est pourtant au sein de cette littérature d'apparence répétitive que s'opère une percée toute différente.

2. Lorsque des chrétiens pensent à l'unité de la Foi

Généralement, les auteurs religieux partent des divergences entre sectes ou Églises comme d'un fait. Chacun est là pour faire triompher son camp. La plupart des hérésiographes musulmans construisent même leur analyse sur le ḥadīṯ faisant dire au Prophète que sa communauté se divisera en soixante-treize factions, après lui, dont une seule sera sauvée, découpant et torturant la réalité pour lui faire retrouver le chiffre fatidique. La tendance à l'unification politique de Ġazālī a cependant quelques correspondances, par exemple chez Baġdādī qui distingue des « gens de la passion » (schismatiques séparés de l'islam sur certains points mais rattachés à lui sur d'autres) et des « gens de l'apostasie » (prétendus musulmans à exclure), les *ahl al-sunna wa-l-ǧamāʿa* (« gens de la tradition et de la communauté »), dont les divergences sont pour lui secondaires[9].

Une tendance différente se fait jour dans le christianisme. Certains auteurs, lassés de la polémique et stimulés par les moqueries des adeptes des autres religions, décident de considérer la division des Églises comme un accident historique, l'unité entre elles constituant leur essence. Entre 368/979 et 372/983, le gouverneur de l'Irak, ʿAḍud al-Dawla, organise un entretien entre représentants des trois grandes confessions locales, melkite, nestorienne et jacobite, sur leurs divergences christologiques. On y relève l'intervention du prêtre melkite Abū ʿAlī Naẓīf b. Yumn, dont le nom est une abréviation pour *Naẓīf al-nafs*, c'est-à-dire « celui qui a l'âme pure ». Outre ses fonctions sacerdotales, le personnage a œuvré comme médecin et philosophe, et aussi comme traducteur du grec directement à l'arabe. L'estime que lui portait le gouverneur musulman est attestée par le fait qu'il lui confia la direction de l'hôpital qu'il avait fondé à Bagdad. Le compte rendu de son intervention nous a été conservé sous le nom de *Maqāla fī māhīya iʿtiqād al-Naṣāra* (« Ce qu'est la croyance des chrétiens »), ouvrage malheureusement encore inédit[10]. Notons du moins que le texte a été assez diffusé puisque nous en avons trois manuscrits, et surtout qu'il a été intégré sous forme d'extraits dans le *Maǧmūʿ uṣūl al-Dīn* (« Collecte des dogmes fondamentaux de la religion ») du copte Abū Isḥāq Ibn al-ʿAssāl[11].

Le but de Naẓīf b. Yumn est clairement exprimé par la façon dont certains ont transmis le titre de son livre : *Māhīya ittihād al-Naṣāra* (« Ce qu'est l'*unité* des chrétiens »). La confusion vient de ce que, parmi les problèmes christologiques, l'auteur s'arrête sur celui, primordial, de l'union des deux natures, divine et humaine, dans le

Christ. Ce sont d'ailleurs les passages concernant ce problème qu'a transcrits Ibn al-'Assāl. Naẓīf soutient que les gens sensés, tout en utilisant des formules différentes selon les traditions des diverses Églises, ne sont pas en désaccord sur le sens profond à leur donner.

Nous sommes là au temps d'un pouvoir fort. 'Aḍud al-Dawla, qui passe pour le plus grand *amīr* būyide, s'il a conquis son pouvoir par des luttes fratricides, n'en reste pas moins celui qui fait retrouver à Bagdad sa prospérité perdue, et un mécène apprécié des arts et de la littérature[12]. Mais, même dans ce contexte, les rivalités trouvent à se manifester. C'est d'avoir été témoin de nombreux antagonismes mesquins qui a poussé un religieux comme le P. Fiey à regarder avec scepticisme les ouvrages doctrinaux conciliateurs et à n'y voir qu'un « front commun, intellectuellement s'entend, devant les musulmans[13] ».

Cela est incontestable dans certains cas. L'un prône l'amitié mutuelle, mais se dit prêt à une dispute publique dont il rejette la responsabilité sur l'entêtement de l'interlocuteur. L'autre ne renonce à la polémique que par lassitude[14]. Mais tout doit-il être vu de même ? Pour répondre à cette question, nous allons nous arrêter à un texte qui, s'il a été beaucoup moins célèbre que celui de Naẓīf b. Yumn, a l'avantage pour nous d'être facilement accessible dans sa totalité : il s'agit du *K. iǧtimāʿ al-amāna* (« Livre de l'unanimité de la foi ») de 'Alī b. Dāwud al-Arfādī[15]. De cet auteur du Ve/XIe siècle on ne sait presque rien, sinon qu'il est originaire du nord de la Syrie et qu'il est vraisemblablement jacobite.

Il ne cherche pas à cacher le rôle des passions *(ahwā')* : l'ignorance, le goût de la dissension et l'obstination sont les motifs des excommunications réciproques, dit-il pour commencer. Au milieu du texte, il flétrit encore la passion, l'esprit partisan *('aṣabīya)* et la recherche de suprématie *(ri'āsa)*. Et en conclusion il rappelle que c'est le manque de charité *(maḥabba)* et d'humilité *(tawāḍu')* qui exclut de la religion chrétienne.

Al-Arfādī distingue donc bien les adeptes d'une croyance de cette croyance elle-même. Il ne s'agit pas d'opposer un « front commun » aux musulmans puisque chacune des trois principales Églises, auxquelles se ramène une multitude de sectes qui ne sont pas dénombrées mais qui sont bien mentionnées, a sa part de fauteurs de division *(li-kull firqa minhā qawm ǧihāl ...)*[16]. Est-ce pour mieux sauver la religion, qui serait ainsi séparée des vicissitudes de l'histoire ? L'introduction hyperbolique, selon le goût de l'époque, sur l'« éclat » de celle-ci pourrait le faire penser, ainsi que l'imputation de la division à une « ruse du diable » *(kayd Iblīs)*[17]. De même une première partie sert visiblement à parer aux objections musulmanes : toutes les Églises se réfèrent au même Évangile, « transmis par les imams de la voie droite » *(naqalahu ilayhim ā'imat al-hudā)*[18], allusion évidente à la doctrine officielle concernant la réception du Coran. Al-Arfādī insiste sur cette identité du texte, sans diminution ni augmentation, à travers tous les groupes. S'il n'y a aucun problème pour les Épîtres et les Actes des Apôtres, qui ne sont connus qu'en une seule version, la question de la diversité des Évangiles synoptiques semble escamotée au profit de l'unité d'un bloc doctrinal qui est présenté comme « l'Évangile ». Ce n'est que plusieurs pages plus loin, une fois faite la démonstration de l'unité de la Foi sous la diversité des langages, qu'al-Arfādī dit avoir utilisé la même méthode dans un autre ouvrage (actuellement inconnu) consacré à montrer l'authenticité de l'Évangile, dont les quatre rédactions canoniques ne sont que des « parties » (*aǧzā'* [19], mot également utilisé pour indiquer les divisions conventionnelles du Coran en vue de sa récitation).

L'essentiel du présent opuscule touche au bloc doctrinal lui-même. Al-Arfādī distingue deux parties : une qui fait l'unanimité et une qui relève de formulations diverses. La première fait l'objet d'un exposé en forme de « symbole » qui, comme les symboles anciens, adopte un ordre logico-chronologique, commençant par les dogmes (Trinité et Incarnation) et continuant selon l'ordre du texte évangélique, prolongé par les Actes et même par l'histoire de l'Église. Bien qu'il se réfère explicitement au Symbole de Nicée, dont il souligne qu'il est admis par tous, ce n'est pas le déroulement de celui-ci, traitant de chaque personne divine séparément, qui est suivi. C'est plutôt au Symbole baptismal de l'Église arménienne[20] qu'il ferait penser, avec notamment sa curieuse disproportion entre le dogme (moins d'un tiers) et les éléments historiques significatifs. Il semble donc qu'il y ait une pédagogie du développement, l'auteur amenant à la discussion théologique ultérieure par une préparation de type catéchuménal.

Le point central est la question de l'union de deux natures du Christ. Après un exposé objectif des trois christologies, al-Arfādī soutient qu'il n'y a pas là sujet de séparation *(farq)*: « C'est qu'ils sont, en effet, unanimes à déclarer authentiques la divinité du Christ Notre-Seigneur et son humanité, qu'ils admettent son union et le fait qu'il n'y a en lui ni séparation ni disjonction entre la divinité et l'humanité, et qu'eux tous repoussent les défauts de sa divinité et en écartent les douleurs, les accidents, la mort et les souffrances, attendu qu'ils ne la séparent pas de l'humanité lors de la survenance de cela en elle. Celui qui professe les deux hypostases admet l'opinion de celui qui professe l'hypostase unique, attendu qu'il reconnaît l'union et la disparition de la séparation et de la disjonction. Celui qui professe l'hypostase unique admet l'opinion de celui qui professe les deux hypostases, par sa confession de l'existence de la divinité du Christ et de son humanité, sans transformation ni altération. De même, le tenant des deux natures admet l'opinion du tenant de la nature unique, par sa confession de l'union et du fait qu'il n'y a pas de disjonction entre la divinité et l'humanité. Celui qui professe la nature unique confesse l'opinion de celui qui professe les deux natures, par son admission de l'existence de la divinité non transformée et de l'humanité non défectueuse. Ce sur quoi ils sont en désaccord en parole, ils sont donc d'accord sur lui en idée, et ce sur quoi ils se contredisent apparemment, ils sont unanimes sur lui intérieurement. Tous sont guidés vers une même foi, croient en une même religion et adorent un même Seigneur. Entre eux, il n'y a de différence en cela et de division, que du fait de la passion, de l'esprit partisan et de la suprématie[21]. »

Si la référence au couple apparent-intérieur *(ẓāhir-bāṭin)* est un des lieux communs de la pensée religieuse musulmane et peut, à ce titre, apparaître comme une *captatio benevolentiae* sans grande conséquence, l'utilisation du couple parole-sens *(qawl-ma'nā)* est de plus grande portée. Remarquons, avant toute chose, que si al-Arfādī considère comme synonymes la parole *(qawl)* et le mot *(lafẓ)*[22], il hésite à identifier le sens *(ma'nā)* et la foi *(īmān)*. Il commence par parler de « l'idée *dans* la foi [qui] est la même [dans les trois christologies] » *(al-ma'nā fī-l-īmān wāḥid)*[23], et ce n'est que dans un second temps qu'il utilise ces deux mots comme interchangeables[24].

Le couple parole-sens a déjà une longue histoire derrière lui quand al-Arfādī s'y réfère, et cette histoire n'est pas celle d'un simple *topos* littéraire, mais d'une explicitation. Connu en grammaire dès Sībawayh, qui distingue du mot les radicales dont le schème consonantique donne un sens, il se précise en fonction des divers éléments de la phrase : particule, termes régissants, etc.[25]. Lorsque la restauration traditionaliste, durant la seconde moitié du IIIe/IXe siècle, cherche à maintenir la spécificité et la supériorité de la langue sacrée face à l'affirmation de la logique comme discipline universelle, la solution proposée consiste en une répartition des champs d'action, le *lafẓ* (mot) relevant de la grammaire et le *ma'nā* (sens) de la logique.

C'est le jacobite Yaḥyā ibn 'Adī qui, dans sa *Maqāla fī tabyīn al-faṣl bayna ṣinā'at al-manṭiq al-falsafī wa-l-naḥw al-'arabī* (« Établissement de la différence entre l'art de la logique philosophique et la grammaire arabe »)[26], explicite clairement cette répartition des tâches : la grammaire ne porte pas sur le sens mais sur l'émission du langage et son inflexion selon les modalités conventionnelles des Arabes ; c'est la logique qui traite de la signification, dans la mesure où elle est universelle et peut entrer dans la démonstration.

Al-Arfādī se situe dans cette optique. Il ne prend pas le mot *ma'nā* au sens d'entité, comme dans le Kalām, ni même de concept, comme dans la *falsafa*[27]. Il est d'ailleurs à remarquer qu'à aucun moment, dans l'opuscule qui nous occupe, le mot n'est mis au pluriel *(ma'ānī)* comme il l'est dans ces deux disciplines. Sa perspective est plus simple, non technique. On peut la résumer à trois composantes :

1. Son but premier est de récuser les réfutations qui s'appuient sur des différences de mots pour dénoncer des contradictions. Celui qui agit ainsi est un « trublion qui cherche la contradiction » *(mušġib min ahl al-ḫilāf)*[28]. Il faut distinguer la « divergence sur la substance de la chose et son existence » de celle « qui existe du fait de la synonymie des noms et de leur similitude[29] ». Par là est éliminée une conception

trop étroite de la logique qui fait de chaque entité désignée par un mot une chose *(šay')*, critique que Yaḥyā ibn 'Adī faisait déjà à al-Warrāq. Nous avons vu, en effet, les limitations que la présentation hérésiographique de ce dernier, sous forme d'une simple collection de thèses (chacune mise sur le même plan que les autres), apportait à son effort, par ailleurs remarquable, d'exigence de rigueur.

2. Il se réfère clairement à un élément bien connu de la confrontation entre la logique et la langue arabe, confrontation où ses coreligionnaires se sont souvent distingués du côté de la logique, ce que les musulmans traditionalistes leur ont beaucoup reproché. Que l'on pense aux attaques contre Mattā ibn Yūnus, dont Tawḥīdī se faisait déjà l'écho un siècle avant notre auteur[30].

3. Il y a eu sur ce point un rapprochement entre les philosophes musulmans (Fārābī, Abū Sulayman al-Siǧistānī) et les auteurs chrétiens contre les musulmans traditionalistes. La volonté polémique antichrétienne de la position arabocentrique est manifeste dans la doctrine – contemporaine d'al-Arfādī, mais située à l'autre bout du monde arabe – d'Ibn Ḥazm, qui refuse de séparer le *ma'nā* du *lafẓ*[31]. C'est sur la base de ce principe qu'il traque toutes les « contradictions » entre les divers Évangiles. Cela conduira, plus tard, Ibn Rušd, qui en tant qu'almohade tient compte des critiques du ẓāhirite Ibn Maḍā' contre les grammairiens, mais refuse de prendre le langage comme référence ultime, à chercher la solution du côté du domaine d'application de celui-ci[32].

On voit que l'argumentation d'al-Arfādī met en jeu un arrière-plan beaucoup plus complexe qu'on aurait pu le croire à première vue. Si l'on excepte les quelques concessions formelles qu'il fait au vocabulaire et aux habitudes mentales islamiques, sa position n'est pas assimilable par les musulmans traditionalistes : elle renvoie à ses prédécesseurs philosophes chrétiens, qui eux-mêmes se situent par rapport aux *falāsifa* musulmans fortement contestés, voire par rapport à la défense de la logique par Abū Bakr al-Rāzī contre Abū Hātim al-Rāzī. Et si on invoque un traditionalisme ouvert, comme celui de Ġazālī, qui a admis et même promu la discipline de la logique, ce n'est toutefois pas sur elle que se base l'unité qu'il propose, mais sur une attitude pratique.

Enfin il faut noter qu'en se référant à l'unité d'intention, al-Arfādī n'en admet pas moins la pluralité des sensibilités. Rien n'est plus étranger à son esprit que le scepticisme et le confusionnisme. Il expose avec précision pourquoi chaque Église a mis en avant telle dogmatique et pourquoi elle la soutient par tel rituel. Il est parfaitement conscient de ce que chacune correspond à une sensibilité particulière : s'il ignore ce mot moderne de « sensibilité », ce n'en est pas moins ce qu'il exprime par *qawl* (*kull ḏālika huwa min qawl ṣāḥibihi* = tout cela relève de l'expression de celui qui l'emploie[33]). Et cette sensibilité n'est pas irrationnelle, puisqu'elle peut s'exposer logiquement. La seule différence est que chaque Église perçoit le mystère en en accentuant tel ou tel aspect.

Il ne s'agit pas non plus pour al-Arfādī de récupérer quoi que ce soit. L'unité proposée n'existe qu'à l'intérieur d'une même orientation, celle-là même qui peut être détruite par les passions humaines. Par contre elle ne saurait être étendue entre les religions comme l'a fait l'ismaélisme. L'unité d'intention des *sujets* croyants renvoie à l'*objectivité* d'une seule Révélation ; elle ne signifie pas l'unité objective de toutes les fois.

Voie difficile à suivre ! Elle laisse cependant quelques traces au long de l'histoire du christianisme arabe, surtout au VIIe/XIIIe siècle. J.M. Fiey a constaté alors un « œcuménisme pratique » entre les différentes Églises de Bagdad qui se serrent les coudes après l'invasion mongole[34]. Avant même cela, et dans le pays qui protégera le monde arabe et en devient le cœur, à savoir l'Égypte, le théologien copte Ibn al-Rāhib, dans un ouvrage écrit en 666/1267-667/1268, s'appuie principalement sur l'Irakien nestorien du Ve/XIe siècle Ibn al-Ṭayyib[35]. Et, encore plus tôt, en 639/1241, un autre auteur copte, al-Ṣafī Abū-l-Faḍā'il, a repris les textes de ʿAmmār al-Baṣrī en modifiant explicitement tout ce qui était spécifiquement nestorien, pour le rendre utilisable par les trois grandes confessions chrétiennes[36].

CHAPITRE VI

Vers une approche objective du fait religieux

En reconnaissant qu'« il est bon qu'il y ait des hérétiques », saint Augustin ne faisait qu'exprimer le sentiment général selon lequel la polémique est un aspect essentiel de la pensée religieuse. Mais si l'hérésiographie a l'avantage, du point de vue de l'orthodoxie, de permettre à celle-ci de s'établir et de s'approfondir elle-même, du point de vue de la pensée en général elle a deux inconvénients majeurs. Le premier est précisément de ne viser *que* l'expression de l'orthodoxie. On suppose qu'il y a d'un côté le vrai et le bien, de l'autre l'erreur et le mal, et ce dernier ne sert plus que de repoussoir. Il n'est plus nécessaire de le connaître en lui-même puisqu'il est marqué à jamais d'un signe négatif. Le second risque en est le prolongement : puisque le monde des idées est partagé en deux zones, et en deux seulement, il n'y a pas d'intérêt à nuancer ce qui se passe dans la zone d'ombre. D'où la tentation de *tout* ramener à une « hérésie ». Ou bien c'est un stade intermédiaire, inachevé, dont l'orthodoxie représente le point d'équilibre (le judaïsme par rapport au christianisme, tous les deux par rapport à l'islam...), ou bien c'est une déviation ultérieure (l'islam par rapport au christianisme, tous les deux par rapport au judaïsme, le rabbanisme par rapport au karaïsme, et en général toutes les ramifications d'une même croyance par rapport à celle qui s'affirme comme pérenne). Si la question des religions franchement hétérogènes n'a été posée qu'assez récemment, on se raccrochait auparavant aux éléments communs pour intégrer de force à ce schéma soit celles qui revendiquaient d'y être intégrées (comme le manichéisme), soit même celles qui n'avaient avec lui que des relations accidentelles (comme le mazdéisme, rattachable partiellement au monothéisme par son idée d'une source du mal, que celui-ci lui a peut-être, d'ailleurs, empruntée).

Pourtant, tout en ayant tendance à l'appliquer à autrui, chacun cherche à se libérer, pour son propre compte, de ce moule. On peut invoquer une Révélation supplémentaire et considérer que les fractionnaires qui prétendent se rattacher à la même Révélation ne font que revenir à un stade antérieur. Les « résurgences » de judaïsme sont légion dans les polémiques chrétiennes et musulmanes, ces dernières utilisant aussi celles de christianisme. On peut invoquer aussi une intervention du Malin et rejeter les stades ultérieurs comme étant dans la mouvance de celui-ci.

Aussi le choix d'un critère universel, qualifié de « raison », est-il important. Et beaucoup plus important encore le fait de ne pas réintégrer subrepticement cette raison dans une Révélation particulière, laquelle serait qualifiée de « plus rationnelle possible ». En posant la raison comme un absolu et en lui soumettant également tout, al-Warrāq a fait un pas décisif. Toutefois la raison peut être remise en question à son tour : est-elle vraiment cette instance universelle et éternelle qu'on prétend ? N'est-elle pas l'absolutisation d'un état particulier de l'esprit humain ?

C'est pourquoi une autre démarche s'est fait jour. Au lieu de parler de la « raison » comme de quelque chose d'absolu, comme d'une idée platonicienne, on l'a envisagée dans ses manifestations. Le point de vue n'est plus celui d'une instance a priori devant laquelle seraient convoquées tour à tour les diverses élaborations psychiques mises toutes sur le même plan, mais celui d'une confrontation des représentations à leur propre contexte. Chacune doit s'exprimer, non pas dans un dialogue de sourds, mais pour peindre la vision globale qu'elle propose face aux autres. À ce moment-là seulement, le spectateur devient juge averti. Dans le premier cas nous avons des pièces isolées, parmi lesquelles on choisit selon des critères extérieurs, largement passionnels. Dans le second on se rapproche d'une vision globale et le critère d'analyse peut surgir de l'intérieur.

L'idée est assez ancienne. Dans le monde arabe elle apparaît avec l'un des premiers auteurs chrétiens s'exprimant dans cette langue, Théodore Abū Qurra (v. 133/750 - v. 205/820). Cela peut paraître surprenant car il est connu avant tout comme un polémiste défendant une dogmatique précise. Pourtant son *Maymar fī wuǧūd al-ḫāliq wa-l-Dīn al-qawīm* (« Traité de l'existence du Créateur et sur la vraie religion »)[1], qui fait intervenir les sabéens, les mazdéens, les samaritains, les juifs, les chrétiens, les manichéens, les marcionites, les disciples de Bardesane et les musulmans, prétend non seulement trancher entre eux selon le seul critère de la raison, ce que font la plupart des polémistes non strictement traditionalistes, mais encore soumettre cette raison à la discipline de cet examen.

Il constate d'abord que plusieurs sujets sont pris pour messagers de Dieu et que leurs divergences impliquent qu'un seul soit vrai. La situation est, pour lui, comparable à celle d'un roi qui aurait envoyé à son fils malade une lettre lui parlant de lui-même, mais aussi de la maladie du fils, de ses causes et de ses remèdes, lettre dont des méchants auraient multiplié les contrefaçons. Il revient de droit à un bon médecin (la raison) de discerner laquelle de ces lettres est authentique ; la considération des textes doit donc être non pas première, mais seconde, pour les confronter à ses exigences. Mais comme la raison n'est pas ce juge infaillible que l'on voudrait espérer (pour le chrétien Abū Qurra, c'est la conséquence de la chute originelle), elle n'est pas une simple « pierre de touche », à laquelle on comparerait une par une les doctrines, rejetant celles qui ne lui conviennent pas. Elle se construit elle-même dans cette confrontation.

Comme le remarque G. Monnot, cette démarche conduit Abū Qurra à « l'application d'un procédé plutôt rare. Au lieu de jeter sur les religions un regard extérieur, soit pour les décrire, soit pour les dénigrer, Abū Qurra les fait parler. Et ce qu'il met dans leur bouche, ce n'est pas la simple affirmation de ce qu'elles pensent être : c'est bien plutôt un discours où chaque groupe vise à donner de soi une image formée *en fonction de ce que l'auditeur a déjà entendu ailleurs*[2] ».

Sans doute la réalisation du projet n'est-elle pas toujours satisfaisante – la présentation des manichéens, en particulier, est contestable. En outre, le *Maymar* n'est qu'une des nombreuses œuvres qui sont attribuées à cet auteur, que la tradition a envisagé sous le tout autre aspect de défenseur d'une orthodoxie. C'est qu'en effet cette percée reste isolée. Il faudra attendre près de cinq siècles avant que l'idée soit reprise et amenée à son terme.

Les raisons de cette longue attente sont très complexes. Schématiquement, voici ce que l'on peut dire : en premier lieu, la lourdeur du dilemme vérité d'un côté – erreur pour tout le reste ; Abū Qurra lui-même semble ne pas y avoir toujours échappé. En second lieu, les efforts d'élargissement de la perspective – quand il y a en a – sont le plus souvent faits en faveur de l'*argumentation*, qui peut être ainsi enrichie d'apports extérieurs multiples, mais non du *contenu à justifier*, lequel reste intangible, surtout s'il est protégé par le label de « Révélation ». L'idée de « théologie *des* religions » n'a été explicitée que tout récemment ! Troisièmement, lorsque l'inflation des perspectives divergentes met inéluctablement en péril l'unité du but, on préfère sauver celle-ci par un compromis pratique qui résorbe toute réflexion dans un simple rôle instrumental. C'est la voie proposée à l'islam orthodoxe par Ġazālī, et elle est encore accentuée, après la crise décisive de l'invasion mongole et la disparition du califat abbasside, par Ibn Taymīya. Parallèlement à ce processus, se développe une attitude franchement syncrétiste, que la précédente considère avec méfiance, mais qui s'impose historiquement et avec laquelle l'orthodoxie finit par pactiser le plus souvent parce qu'elle correspond à l'attente de la masse. Au dilemme susdit est préférée l'idée qu'il y a une part de raison en tout. La voie est ouverte à la réintroduction d'éléments psychiques dont la forme perdure à travers des contenus différents. Avec la crise du Ve/XIe siècle, suivie de près par la généralisation dans tout l'islam d'un soufisme populaire, cette idée s'étend du plan de la spéculation à celui de l'affect, lequel peut à son tour servir de base à une édification spéculative. On cite souvent les vers d'Ibn ʿArabī affirmant qu'il n'est plus l'homme d'une seule orientation mais qu'il est, par l'amour, réceptif à tout. Ces vers, qu'on interprète à tort comme exprimant une vision universaliste, sont en fait les paroles mêmes du syncrétisme : il y a une part de vérité en tout. Il ne s'agit pas de chercher à comprendre ce que dit autrui, mais de lui trouver une place dans une construction mentale hiérarchisée.

Cela a pour résultat de mettre entre parenthèses les difficultés. Là où al-Arfādī explique pourquoi telle sensibilité accentue tel aspect dogmatique et l'incarne dans tel rituel, la forme d'un ritualisme unique sert de support à des niveaux juxtaposés d'interprétation. S'il est vraisemblable que l'école d'Ibn Sab'īn a cherché à ouvrir au maximum la base de cette interprétation, l'évolution ultérieure vers une traduction de cet élargissement en termes de langue mère initiatique, résolvant en son sein toutes les différences[3], en montre clairement la limite.

Malgré tous ces handicaps, le VIIe/XIIIe siècle nous donne deux exemples remarquables d'exposé serein des trois principales religions, dans une diversité qu'on ne cherche pas à résorber, du moins au niveau de l'exposé lui-même. Comment, et pourquoi à cette date ? Pour répondre, seul un examen des écrits peut mettre en lumière les mécanismes mentaux qui les sous-tendent. Notons simplement, pour le moment, qu'il s'agit de deux auteurs très marginaux dans le monde arabe. Le premier est le Catalan Ramon Lull (630/1232-716/1316), qui écrit une partie de sa production en arabe à l'intention d'un public musulman, mais dans une île enlevée récemment au *Dār al-Islām*. Le second est le juif bagdadien Ibn Kammūna (v. 612/1215 - v. 684/1285), dont la langue de culture est l'arabe, mais dont l'action s'exerce une fois le pouvoir mongol établi sur la plus grande partie du Moyen-Orient. Bien qu'Ibn Kammūna soit l'aîné de Lull, il sera examiné après car l'œuvre qui nous intéresse chez lui est œuvre de vieillesse, alors que celle de Lull est un de ses premiers textes et lui est donc antérieure.

1. L'entendement de la foi chez Ramon Lull (VIIe/XIIIe siècle)

Ramon Lull naît à Majorque quelques années à peine après que la Catalogne l'a enlevée au pouvoir musulman. Il grandit dans une île où l'islam est encore présent, bien que dépouillé de la plupart de ses cadres. Après une jeunesse dissipée, sa conversion l'amène à se consacrer avant tout au salut des Infidèles et, pour ce faire, à la mise au point d'une méthode, l'« Art », qui soit absolument irrécusable.

Les contacts de Lull avec le monde arabe sont très variés et d'importance inégale. Il y a d'abord la période de jeunesse, puis les neuf années passées, après la conversion, à apprendre l'arabe. Il y a aussi trois séjours en Ifriqīya : le premier à Tunis, de juin à la fin de l'année 1293 ; le second à Bougie, du printemps à l'automne 1307 ; et le dernier à nouveau à Tunis, de septembre 1314 à décembre 1315. À quoi il faut ajouter des contacts plus marginaux avec les musulmans de Chypre et de Petite Arménie entre 1300 et 1302, et peut-être aussi avec ceux de Sicile exilés à Lucera. Tantôt il s'agit de rapports de dominant à dominé, tantôt de formes de provocation, tantôt au contraire de rapports de courtoisie et d'accommodement[4].

Quant à l'œuvre, si elle appartient au monde occidental par nombre de ses sources d'inspiration et par sa rédaction en catalan et en latin, elle n'en occupe pas moins une position très particulière que J. et T. Carreras i Artau ont définie avec bonheur comme une « philosophie de frontière ». L'écriture de certains textes (ou leur traduction en arabe, même si ces versions sont actuellement toutes inconnues) et l'orientation privilégiée – affirmée par Lull lui-même à de nombreuses reprises – vers le monde musulman montrent bien qu'il écrivait de façon à être compris par le public qu'il visait : non seulement il intègre des éléments de la culture arabe (combinatoire, système linguistique de flexions, symbolisme de l'arbre...), mais on peut trouver chez lui la trace des courants d'idées contemporains (théorie aš'arite des noms divins, démonstration almohade de l'existence de Dieu, logique d'Ibn Sab'īn, etc.)[5].

Le *Livre du Gentil et des trois sages*[6], écrit vers 1274-1276, se détache de cet ensemble par la fascination qu'il a toujours exercée sur le grand public : comment un livre médiéval, consacré à la confrontation des religions entre elles, peut-il sortir du climat d'affrontement pour se situer dans un esprit d'approche sereine et respectueuse d'autrui ? L'ouvrage met en scène un « gentil » (païen) obsédé par l'idée de la mort et du néant. Il rencontre trois sages, représentants des trois grandes religions monothéistes, qui lui exposent chacun sa « Loi », selon l'ordre chronologique d'apparition de celles-ci. À chacun est opposé l'ensemble des objections que la raison naïve peut formuler, incarnée par le païen. Celui-ci est finalement convaincu, mais les sages ne lui laissent pas dire en leur présence laquelle des trois Lois il choisit, car chacun s'attend à ce que ce soit la sienne. Ils le laissent face à sa conscience, n'ayant eu d'autre but que de lui exposer leurs « raisons » de croire.

Il faut cependant ne pas oublier que l'œuvre de Lull ne se réduit pas à ce livre et est fort complexe. L'esprit de croisade peut y pointer à nouveau çà et là, et tout le reste de ses écrits restent, de toute manière, orientés par le désir de convaincre de la supériorité du christianisme. Dans le *Livre du Gentil* catalan, lui-même, on constate que l'esprit apologétique est bien présent puisque le prologue, faisant état de ce que l'auteur a longtemps vécu avec les Infidèles et a entendus « leurs fausses opinions et erreurs », prétend « chercher *(enssercar)* une nouvelle manière et de nouvelles raisons *(rahons)* par lesquelles les gens dans l'erreur puissent être remis dans le droit chemin, pour la gloire qui n'a pas de fin[7] ». La formule mérite qu'on s'y arrête. L'usage de l'expression « chercher » montre que le livre est un terrain d'expérimentation : il faut changer de procédé par rapport à l'apologétique traditionnelle et essayer une démarche nouvelle (une « nouvelle manière »), où le lecteur ne se verra pas assener la conclusion à tirer, mais sera amené à la trouver de lui-même par l'usage de la méthode exposée. Ce sont les « nouvelles raisons » qui consistent, dans l'ouvrage, en des « arbres », procédé méthodologique dont la présentation occupe le premier livre, avant les exposés de chaque croyance.

Mais l'invocation des « fausses opinions et erreurs » prouve que Lull n'est pas un seul instant tenté par le relativisme. C'est donc d'autant plus facilement qu'après ce texte il est revenu à une démarche ouvertement démonstrative, encore que l'effort d'exposition honnête des autres croyances subsiste dans des livres comme le *Liber de quinque sapientibus* (1295), et que l'on puisse retrouver, jusque dans les textes en apparence les plus mécaniques et les plus répétitifs, des traces des positions de ses interlocuteurs, notamment musulmans[8].

Par ailleurs, on est étonné de voir la sérénité avec laquelle est exposé l'islam dans notre présent ouvrage, quand on considère que la version catalane suit immédiatement, ou en tout cas est contemporaine du livre de la *Doctrina pueril*, où cette religion est présentée de façon beaucoup plus négative[9]. Aussi, pour situer correctement l'orientation du texte catalan, qui seul nous reste, nous faut-il nous référer à un autre passage du prologue qui dit procéder « suivant la manière du livre arabe du *Gentil*[10]». On a généralement pensé qu'il s'agissait d'une première version, faite par Lull lui-même, de cet ouvrage ; d'autant plus que, dans un texte ultérieur, il conseille aux missionnaires, outre de savoir la langue arabe, d'user de livres écrits dans cette langue dont il donne deux titres répandus parmi les mozarabes, auxquels il ajoute sans autre précision son propre *Livre du Gentil*[11]. Sur cet ouvrage perdu on a deux hypothèses : pour l'une il se serait agi d'un livre démonstratif de Lull lui-même, et concluant par l'élection de la Loi chrétienne, à la différence de la version catalane qui laisse la question en suspens ; pour l'autre, puisque Lull prétend avoir trouvé dans ce texte arabe des confirmations de la Trinité qui l'auraient « illuminé », et qu'on ne saurait l'être par soi-même, il s'agirait d'un écrit émanant d'un autre auteur.

La solution vient de ce que notre ouvrage n'est pas « fermé », mais est au contraire un point de départ qui suscite, chez le lecteur, la formation du raisonnement en vue du choix. Version catalane et version arabe, pour différentes qu'elles aient pu être dans la réalisation, ont donc bien en commun la méthode sous son double aspect : procédés qu'aura à appliquer le lecteur, et exposé irénique pour qu'il dispose librement de la matière à laquelle il doit les appliquer.

Il n'est, par suite, pas nécessaire de faire l'hypothèse d'un *Livre du Gentil* arabe étranger à Lull – livre dont nous n'avons par ailleurs aucune trace, alors que l'on peut localiser les deux autres textes polémiques qu'il cite. Tant la version arabe que la version catalane gardent toutefois un statut à part dans son œuvre, statut marqué par un caractère propédeutique, à côté des autres ouvrages ouvertement démonstratifs.

Il serait, bien sûr, extrêmement naïf de demander à une œuvre si neuve dans son propos d'y satisfaire pleinement. L'information n'y est pas toujours sûre : ainsi Lull présente comme d'actualité à l'intérieur du judaïsme l'opposition dont parle l'Évangile entre saducéens et pharisiens sur la résurrection[12] ; les objections trahissent leur origine dans une littérature polémique qui n'est pas toujours de très haut niveau (par exemple, à la description du paradis musulman, est opposée par le Gentil la crainte d'une prolifération des ordures dans un paradis charnel[13]).

Plus important toutefois : une orientation idéologique particulière s'y dessine malgré tout. Le chapitre I, en présentant les « arbres » qui structureront par la suite l'exposé de chacune des trois croyances, établit une sorte de moyen terme à la fois entre pensée orientale et pensée occidentale, et à l'intérieur de chacune d'entre elles. D'une part il se situe dans la lignée de saint Anselme et se place à mi-chemin des deux formulations de l'argument ontologique, à savoir la position empiriste faisant dériver l'existence de Dieu de l'idée en l'homme d'un « être en comparaison duquel rien de plus grand ne peut être pensé », et la preuve a priori découlant de l'idée d'Être nécessaire. De l'autre il est en prise avec la pensée almohade et sa position est, là encore, à mi-chemin entre l'inférence par Ibn Tūmart de l'existence de Dieu à partir d'une Existence absolue et la preuve d'Ibn Rušd par la Providence et la Création[14]. Il serait sans doute excessif de parler de syncrétisme, mais on sent bien là la pression sur Lull d'une vision conciliatrice.

Malgré ses imperfections, le but de l'ouvrage représente, pour notre propos, un progrès remarquable. La foi suppose l'entendement et celui-ci exige d'être éclairé par une information complète, supposant que les croyances de chacun ne sont pas capricieuses mais obéissent à des exigences d'ensemble, des « raisons ». Que Lull ait cru possible de synthétiser celles de ces raisons qui sont probantes en un *Art* de penser est une autre question qui ne nous occupe pas ici.

Notre problème est d'essayer de découvrir les motifs de cette démarche. D'après ce que nous venons de voir, on peut avancer les considérations suivantes :

– L'insistance de Lull sur l'« entendement » et les « raisons » est caractéristique. En bon disciple de saint Anselme, il cherche l'« intelligence de la foi ». Or, si la séduction d'une foi sans intelligence est un phénomène universel, l'époque et le cadre géographique dans lesquels a vécu Lull tendent à l'accentuer. Dans un contexte où des régions entières passent d'une religion à l'autre, il est tentant de s'en tenir à une croyance minimale. Nous en avons des exemples multiples dans l'histoire de la péninsule ibérique. Je n'en prendrai que deux, illustrant chacun des deux grands versants. Lors de la conquête de Tolède par les Castillans, en 478/1085, le faqih Abū-l-Qāsim b. al-Ḫayyāṭ, alors âgé d'une cinquantaine d'années, et très considéré par ses coreligionnaires, adopte la croyance des vainqueurs en arguant que « tous adorent le Miséricordieux et Le prient en public et à l'intérieur de leurs âmes. Si la religion chrétienne niait mon Créateur, je ne l'aurais jamais acceptée[15] ». Des paroles similaires se retrouvent, quatre siècles plus tard, chez le franciscain Alfonso de Mella, passé à l'islam parce que les musulmans « croient en un seul vrai Dieu, créateur du ciel et de la terre, qu'ils adorent avec une grande foi, crainte, humilité, révérence et dévotion, et qu'ils honorent en toutes leurs actions et paroles. Et plût au ciel que ceux qui se disent chrétiens Le craignent, Lui obéissent, L'adorent et L'honorent avec autant de révérence et de crainte[16] ». S'il ne nous appartient pas de juger de la sincérité de chacun, on peut constater que dans les deux cas tout repose sur la réduction de la foi à un minimum. L'entreprise lullienne apparaît donc, dans son ensemble, comme une réaction à cette tendance à tout confondre en une généralité vide.

– Son exposé se veut, dans chaque cas, complet. À une première présentation de la foi courante de chaque religion, s'ajoutent les objections et demandes d'éclaircissement, lesquelles restent rarement sans réponse. Quoi que l'on puisse penser du niveau des unes et des autres, il est visible que Lull n'a voulu laisser aucune zone d'ombre et a porté le débat sur tout, sans a priori. En outre, aucun jugement de valeur n'intervient entre les religions : leurs représentants parlent à tour de rôle selon l'ordre chronologique, qui est neutre, n'interviennent pas dans le débat et refusent d'entendre le choix final. Il y a, certes, une part d'artifice en cela : la partie médiane, consacrée au christianisme, semble contenir moins d'objections que les autres et le Gentil ne remet sa décision à après l'audition du « Sarrazin » qu'au prix d'une formule où transparaît une politesse un peu affectée[17]. Mais du moins est évitée l'accusation de ne pas laisser parler l'interlocuteur, ou de le contraindre à des voies qu'il n'aurait pas choisies. Lull dépasse la polémique d'un al-Warrāq, qui revendiquait, au contraire, hautement ce dernier aspect. Du

IIIe/IXe au VIIe/XIIIe siècle, on s'est donc élevé à l'idée qu'une croyance est un tout, qu'il faut apprécier comme telle, c'est-à-dire sans la découper artificiellement de l'extérieur et en acceptant d'attendre que son adepte ait développé la totalité des implications existentielles qu'il y trouve.

– Le respect de cette totalité ne signifie pas que tout soit mis sur le même plan. Chaque « raison » donne sa propre valeur relative. Les unes sont convaincantes, les autres non. Certaines reçoivent une réponse précise, d'autres ne conduisent manifestement qu'à des échappatoires que le lecteur a cependant à apprécier. Pour peu nombreuses qu'elles soient, certaines objections cruciales, enfin, restent sans réponse, preuve que l'auteur les juge indépassables. C'est le cas notamment de l'objection faite à la conception d'une Révélation procédant par degrés, chacun confirmant une partie de ce qui précède et en abrogeant une autre, le tout culminant en Muḥammad qui est le « sceau de la prophétie [18] ». Ce n'est pas un hasard car, par ailleurs, Lull se dit certain que les musulmans instruits ne sont pas convaincus par la personne de Muḥammad [19]. Malgré la courtoisie de ton, nous avons donc sur ce point capital une rupture remarquable : Lull a conscience que concéder la prophétie de Muḥammad serait tout concéder.

Or, précisément, nous savons que la discussion de la prophétie, et plus particulièrement dans sa conception musulmane, était un aspect essentiel de la pensée critique arabe. Mais à l'époque de Lull, celle-ci a été laminée par la position d'un Ġazālī qui, au contraire, a donné définitivement une place centrale au personnage même de Muḥammad. Par-delà l'erreur d'appréciation sur la tendance contemporaine du monde musulman que cela dénote chez Lull, on perçoit chez lui une confusion plus grave : il n'a pas connu la pensée critique elle-même, mais seulement la partie commune à celle-ci et à la polémique interreligieuse (comme la *Risāla* du chrétien al-Kindī, qu'il donne en modèle). Si donc son projet est du côté de la reprise fondamentale que constitue la première, sa réalisation se trouve grevée par l'impact subi de la part de la seconde, qui le ramène dans sa propre ornière.

Cette limitation explique que, si le *Livre du Gentil*, dans sa version arabe, a très vraisemblablement été utilisé auprès des musulmans de la sphère majorquine, on n'en trouve aucune trace dans le reste du monde arabe. La seule attestation de présence du document est liée à la bibliothèque de l'École lullienne de Barcelone, à la fin du XVe siècle. Par la suite, certains éditeurs parleront de cette version arabe comme d'un document attesté, mais restant en quelque sorte mythique[20]. Quant à la version catalane, elle a très vite connu de nombreuses traductions, latine, française, etc. ; mais il faudra attendre Nicolas de Cusa et son *De cribatione Alchorani* (« Le Coran passé au crible ») en 1461, soit près de deux siècles plus tard, pour retrouver un esprit comparable à celui de l'ouvrage de Lull, encore que la réalisation soit toute différente.

2. L'enquête d'Ibn Kammūna (VIIe/XIIIe siècle)

Il n'était pas possible de passer sous silence le cas de Lull dont l'insertion partielle en milieu arabe donne la clé de nombre de phénomènes qui paraissent des énigmes du seul point de vue européen. Mais son audience extrêmement réduite dans ce public qu'il visait pourtant en priorité, et plus encore sa méthodologie omniprésente mais très spécifique, qui le rend si novateur jusque dans cette civilisation qui l'« informe », en font un cas tout à fait à part dans notre revue d'auteurs. Avec Ibn Kammūna, nous revenons à des aspects auxquels nous sommes habitués.

'Izz al-Dawla Sa'd b. Manṣūr b. Sa'd b. al-Ḥasan Hibbat Allāh b. Kammūna est né vers 612/1215. On pense qu'il a vécu d'une profession médicale, sans doute l'ophtalmologie, discipline sur laquelle on possède de lui un traité. On a aussi, sous son nom, un traité de chimie. Il est sûr, en tout cas, qu'il joua un rôle éminent dans la communauté juive de Bagdad aux débuts du pouvoir mongol, à l'époque où, sous des potentats le plus souvent bouddhistes, l'islam avait cessé pour environ un demi-siècle d'être la religion officielle. Ses relations avec des gens de la cour sont attestées par le fait qu'il leur dédia certains ouvrages.

Il a écrit plusieurs traités philosophiques, surtout des commentaires et des *compendia*, qui furent longtemps utilisés parmi les musulmans se réclamant de l'héritage d'Ibn Sīnā. Ces textes ne sont que partiellement publiés[21]. Le biographe Ibn al-Fuwaṭī, mort environ un tiers de siècle après lui, le présente comme particulièrement expert en mathématiques et en logique, sur lesquelles on venait le consulter. Mais c'est surtout l'épisode du soulèvement populaire mené contre lui en 683/1284 qui est connu. Malgré l'intervention des autorités, notre personnage préféra fuir. Il se réfugia, caché, à al-Ḥilla, sur l'Euphrate, à mi-chemin de Kūfa, chez son fils qui y occupait un poste officiel. Il y mourut la même année.

Le chroniqueur qui nous décrit cette révolte populaire la rattache à la rédaction du *Tanqīḥ al-abḥāṯ li-l-milal al-ṯalāṯ* (« Révision des recherches sur les trois religions »)[22], mais l'ouvrage, d'après une date figurant sur un manuscrit, a été composé quatre ans plus tôt, en 679/1280. Un passage de l'introduction fait allusion à des « entretiens » *(mufāwaḍāt)* qui auraient été à l'origine de sa composition[23]. Le mot est ambigu car il a plutôt le sens de « négociations, associations en vue de quelque chose ». Ibn Kammūna ne donne pas plus de précisions et on a pu penser que l'ouvrage, destiné d'abord à un cercle fermé, qui bénéficiait de la tolérance du nouveau régime, aurait été diffusé à l'extérieur, ce qui aurait motivé le soulèvement de la foule.

Ce livre est cependant marqué par deux traits. Il y a, d'une part, l'usage des formules musulmanes traditionnelles, au début et à la fin de l'introduction notamment, et d'expressions rituelles comme « le noble Coran », qui ont fait croire à certains qu'Ibn Kammūna s'était converti à l'islam mais qui ne sont vraisemblablement que des marques de bonne volonté de sa part. Il y a, d'autre part, la décision, affichée par l'auteur dans l'introduction, d'être impartial, c'est-à-dire de traiter les religions par ordre historique, d'en envisager les fondements sans se perdre dans les détails, de donner les arguments des adeptes, les objections communément formulées et les réponses qui leur sont faites. Récusant toute inclination personnelle, il affirme avoir examiné chaque objet à fond (*ilā ġāyatihā al-quṣwā* = jusqu'à sa limite extrême[24]). Cette expression veut sans doute couvrir le fait que les arguments sont souvent des citations de penseurs reconnus, et pas seulement un exposé courant. En outre Ibn Kammūna s'est réservé explicitement le droit d'y distinguer *(mumayyiz^{an})* ce qui est bon *(mā yaṣluḥu)* et ce qui ne l'est pas[25].

Toutefois, le critère utilisé n'est pas explicité dans ce texte. Dans le *Traité sur l'immortalité de l'âme*, où l'auteur revendique son originalité, il se réclame de la seule « preuve logique[26] ». Comment faut-il comprendre ce terme et est-il applicable à la démarche du *Tanqīḥ*? En effet, d'une part le déroulement de ce *Traité sur l'immortalité de l'âme* consiste à mettre en évidence soit des cercles vicieux soit des arguments enchaînés que l'on ne peut trancher que par l'absurde (la preuve n'y est donc jamais qu'a contrario) ; d'autre part on peut considérer la question traitée comme appartenant au domaine philosophique et bien séparée de l'enquête religieuse. Pour mieux saisir l'orientation de notre penseur, on peut le comparer avec Ramon Lull.

À la différence de celui-ci qui, mettant en scène un païen à convaincre, commence par le commencement, à savoir l'existence de Dieu et ses attributs, Ibn Kammūna admet le contexte sociologique qui est le sien et prend pour point de départ une donnée empirique commune, la prophétie. D'une façon générale, la pression des données historiques se fait sentir davantage chez lui que chez Lull. Cela se manifeste de deux façons : le Catalan privilégie nettement le christianisme mais garde l'équilibre entre les deux autres exposés, alors qu'Ibn Kammūna consacre peu de place au christianisme, nettement plus au judaïsme et un long développement à l'islam. Et dans le judaïsme lui-même, au cours d'une enquête qu'il fait par ailleurs sur les deux principaux courants, il attribue une place double aux rabbanites par rapport aux karaïtes[27]. En second lieu, en mettant à la base de son examen la question de la prophétie, il se situe dans le prolongement des auteurs critiques, alors que Lull serait plutôt du côté d'une reprise radicale, un peu comme Ḥunayn ibn Isḥāq – quoiqu'avec une tout autre structuration de la démarche.

Néanmoins, s'étant surtout appuyé sur des auteurs reconnus, notre auteur est conduit à faire peu de place aux considérations psychologiques ordinaires. Il peut arriver qu'il le fasse favorablement, quand il souligne par exemple l'attachement des juifs à leur Livre, mais le plus souvent c'est de façon négative. Il veut se maintenir au niveau des autorités invoquées, ce qui donne à son enquête un aspect rationaliste un peu forcé, un peu appuyé, mais indiscutable.

Par contre, ce rationalisme est instrumental, non pas constitutif. Avant tout, il y a des données sur lesquelles la raison n'a pas de prise pour lui. La Révélation s'impose comme un fait dont on ne peut toujours rendre compte ; ainsi, par exemple, certaines graphies aberrantes dans le texte biblique[28]. Même en philosophie, qui appartient tout entière au domaine de la raison, il suffit à Ibn Kammūna – nous l'avons vu – de montrer la fausseté de l'argument ; la vérité de son contraire en est, pour lui, automatiquement établie. En passant du domaine philosophique, où la raison est unique, à celui des croyances historiques, le fait de donner une réponse perd encore plus sa valeur de preuve absolue et ne sert plus qu'à montrer la cohérence interne de chacune de ces croyances.

On perçoit alors quelle est la portée pratique de la démarche par objections et réponses telle que l'accomplit Ibn Kammūna. Il ne s'agit plus de parler en termes de vérité totale ou d'erreur absolue. Il y a des degrés subjectifs de certitude dont certains sont admissibles et d'autres non. Transcrire une objection ou donner une réponse ne signifie pas que tel ou tel ait raison en valeur absolue, comme le dit explicitement notre personnage en exposant les objections des karaïtes aux rabbanites et vice versa[29]. Cela permet, par contre, de comprendre quelles sont « les raisons de croire » de tel ou tel et supprime, du même coup, l'opposition tranchée entre les partis. Ce n'est pas du confusionnisme, puisque chaque univers a sa cohérence propre et qu'on ne peut passer n'importe comment de l'un à l'autre ; mais ce n'en est pas moins seulement une prudence, une attitude pratique.

Ne peut-on alors inverser la position et considérer la bouteille à moitié pleine comme étant à moitié vide ? Ce respect qu'Ibn Kammūna porte aux croyances constituées, ne le porte-t-il pas, d'une certaine façon, sinon aux oppositions de clans qu'il réfute clairement, du moins à des objections constructives qui lui permettent de progresser ? Il y a, de ce fait, une grande différence entre les exposés des croyances et la partie générale du *Tanqīḥ*, qui permet l'ouverture vers ce dernier aspect.

Le premier chapitre de ce livre est intitulé de façon à présenter favorablement la prophétie. Mais sa composition établit un équilibre remarquable entre objections et réponses en ce sens que les premières sont introduites selon une progression très nette. Les pages du début, dont M. Perlmann montre l'inspiration chez Maïmonide, sont essentiellement positives et n'éliminent qu'une seule objection, jugée de façon méprisante comme émanant de sujets qui récusent ce qu'ils ne sont pas capables d'atteindre. Puis, insensiblement, le ton change. Tout en exposant les conditions et le caractère de la prophétie, Ibn Kammūna se fait plus pressant. Lorsqu'il invoque le miracle à titre de preuve généralement admise de celle-ci, il énumère cinq conditions auxquelles doit impérativement satisfaire un fait pour être reconnu miraculeux. Dans le commentaire qu'il fait de ces conditions, on voit reparaître, encore en filigrane, les anciennes objections : l'exceptionnel n'est pas une preuve d'authenticité et il faut vraiment se trouver hors des capacités humaines ; la rupture d'une séquence posititive ne peut être invoquée que pour appuyer un fait lui-même positif ; le miracle doit être instantané ; il doit être contemporain de la prophétie ; il doit être fait par Dieu ou par Sa permission. En affirmant qu'il est nécessaire que ces cinq conditions soient « réunies » *(iḏā iǧtamaʿat hadihi-l-šurūṭ)*[30] pour que l'on puisse parler de miracle, Ibn Kammūna fait largement droit, bien qu'implicitement, aux critiques anciennement formulées contre tel ou tel fait.

Aussi passe-t-il aussitôt à un degré supérieur en exposant clairement les objections qui ont été faites, pour l'essentiel sous la plume des auteurs critiques des IIIe/IXe et IVe/Xe siècles, à la possibilité même de réunir ces conditions : si on admet que l'ordre naturel peut être rompu, n'importe quoi peut être dit ; le miracle constaté émane-t-il bien de Dieu ou d'une autre force ? Dieu n'a pas besoin de justifier Ses actes ; et s'Il a un but, est-ce bien celui que le prophète Lui prête ? etc.

S'il énonce les réponses historiquement faites à ces objections, c'est en leur donnant des gages de rationalité : la remarque est souvent admissible (l'auteur multiplie les « même si ») mais l'« interprétation » *(tafsīr)* des croyants n'est pas « absurde » *(muḥāl)*[31]. Surtout, Ibn Kammūna est obligé d'opposer aux « simples d'esprit » *(ḍuʿafāʾ al-ʿuqūl)* les seuls « philosophes » *(ḥukamāʾ)*[32], élargissant ainsi considérablement la première catégorie et supprimant tout entre-deux. Un bref résumé de la théorie de la connaissance avicennienne nous amène à l'idée de vision véridique *(al-ru'ya al-ṣādiqa)*, immédiate et ne nécessitant pas d'expression *(ta'bīr)*[33] ; mais cela n'est possible que si toutes les conditions gnoséologiques sont réunies, points sur lesquels Ibn Kammūna doit revenir à plusieurs reprises[34].

De cette évolution, l'auteur a parfaitement conscience puisque, après avoir traité de ce qu'est la prophétie, il introduit la dernière partie de son exposé, sur ses preuves et sa raison ultime, en précisant : « nous le traiterons de la façon dont en ont parlé les philosophes *(ḥukamā')*[35] ». Pourtant l'examen de la suite du texte montre que ce n'est pas le cas. Deux hypothèses sont alors possibles : ou bien Ibn Kammūna n'a parlé ainsi que parce que son développement précédent l'y amenait naturellement, et qu'il a cru de bonne foi se maintenir – au moins dans l'ensemble, malgré des défaillances passagères – à un niveau comparable ; ou bien il s'agit d'une sorte de formule de conjuration, pour faire croire au lecteur qu'il va effectivement rester au même niveau intellectuel. Rien ne nous permet de trancher sur ce point.

Ce que l'on peut remarquer, par contre, c'est que cette seconde partie connaît la même progression que la première, passant des critiques implicites aux explicites. Ibn Kammūna expose d'abord la justification de la prophétie par l'avantage qu'en tire la société, telle que l'a synthétisée Ibn Sīnā, mais en précisant les écueils qu'il faut éviter : la collectivité peut tirer profit d'une suggestion de type magique, et la croyance peut naître de la simultanéité d'un grand nombre d'expériences qu'il n'est pas possible d'énumérer. Il faut donc prendre en considération le contenu du message, sa perfection et sa valeur tant dans ce monde que dans l'au-delà, pour pouvoir se prononcer avec certitude. Mais on se heurte au caractère irrationnel de certaines prescriptions. La seule réponse que trouve Ibn Kammūna – qui ne fait que suivre sur ce point Ġazālī et Faḫr al-Dīn al-Rāzī – est d'invoquer la « possibilité d'une similitude » *(wa 'alā miṯlu hadā yumkinu an yakūna-l-ḥāl ...)*[36] avec la vie, noble en elle-même mais qui commence par des phénomènes vils et impurs.

On parlera donc de la fin dernière de la prophétie uniquement en termes d'« utilité » *(fā'ida)*[37], à la manière du Kalām. Parmi ces utilités figure explicitement le besoin d'une aide extérieure pour discerner ce qui est utile dans la nature de ce qui est nuisible. Nous sommes donc automatiquement ramenés à la discussion entre Ibn al-Rīwandī et al-Warrāq, entre une conception instrumentale de la raison et une conception architectonique de celle-ci. De cela, encore, Ibn Kammūna est bien conscient puisque, après avoir longuement transcrit Ġazālī sur ces formes d'utilité, il ajoute, dubitatif : « certains [arguments] sont persuasifs *(aqnā'ī)*, mais non décisifs *(ġayr yaqīnī)*[38] ».

C'est pourquoi le chapitre se poursuit par un examen de trois arguments de fond : 1. La raison d'être de la prophétie serait de rendre les hommes juridiquement responsables ; or, si l'homme ne peut choisir, il ne saurait être tel. Ibn Kammūna détaille les diverses raisons pour lesquelles l'homme pourrait être déterminé, mais il n'y répond que brièvement et en bloc, en invoquant le fait qu'on ne saurait questionner Dieu. 2. À la thèse des « brahmanes », selon laquelle la Révélation est inutile si elle fait double emploi avec la raison, et à rejeter si elle s'y oppose, Ibn Kammūna répond, d'une seule courte phrase, que le but de la prophétie est ce que la pure raison ne peut atteindre. 3. Reprenant une nouvelle fois l'argument de l'irrationalité de nombreux rites prescrits, notre auteur propose, tout aussi brièvement, de penser qu'« il n'est pas exclu qu'il y arrive quelque aspect de sagesse *(lā yub'adu an yaḥṣala fīhā waǧh min wuǧūh al-ḥikma)*[39] ».

Venant après les développements rationalisants sur la gnoséologie, et alors qu'elle est censée être, selon les propres termes de l'auteur, l'expression de la « sagesse », cette dernière phrase frappe par son caractère forcé. On comprend bien que les contemporains y aient vu plutôt une attaque de la prophétie qu'une défense de celle-ci. Le chroniqueur rapportant le soulèvement populaire dit que, dans son ouvrage, Ibn Kammūna « traita des prophéties en des termes que Dieu nous garde de répéter[40] ». Peut-être notre penseur était-il sincère dans les réponses qu'il transcrivait, mais il ne pouvait pas ne pas se rendre compte de leur légèreté ni de leur caractère contrasté. Quand il cite Ibn Sīnā, Ibn Kammūna est à l'aise et développe longuement. Quand il cite Maïmonide, Ġazālī ou Faḫr al-Dīn al-Rāzī, il développe encore mais est obligé de signaler quelques insuffisances. Pour le reste, il est étrangement rapide !

Ce qui frappe chez cet écrivain, c'est la coexistence de deux attitudes intellectuelles opposées. Il est un rapporteur honnête de ce qui a été dit, et en même temps il est conscient – pas toujours très clairement, il est vrai – de ce que les solutions proposées ont avant tout une valeur d'autopersuasion. Tout au long de l'ouvrage, il se montre incapable de choisir et est ainsi ballotté entre érudition et esprit critique. Si cette ambiguïté est insatisfaisante pour qui aime les positions tranchées, elle n'en est pas moins intéressante ; car si Ibn Kammūna a été le seul à écrire un ouvrage comme le *Tanqīḥ*, son attitude mi-sceptique mi-affirmative a pu être partagée par beaucoup.

Les dernières pages du premier chapitre rappellent l'universalité du fait prophétique. C'est une transition habile. D'une part elle justifie le résumé que donne l'auteur de sa démonstration, résumé qui laisse transparaître ses réticences et ses exigences ; il peut les légitimer par la nécessité de distinguer la vraie prophétie de la fausse. D'autre part il annonce les trois chapitres suivants en arguant du fait qu'on ne peut pas tout évoquer et qu'il faut se limiter aux aspects « les plus importants à notre époque[41] ».

Ces trois chapitres ont rendu célèbre le nom d'Ibn Kammūna par la sérénité qui s'y manifeste, contrastant selon les modernes avec le contexte de polémique le plus souvent hargneuse. Mais ses contemporains n'en ont pas jugé de même. Les juifs l'ont ignoré. Les chrétiens nous ont laissé une copie manuscrite accompagnée de notes véhémentes, dont l'auteur condamne le parti pris de l'écrivain juif, tout en ne se hasardant pas, pour sa part, à parler de l'islam. Les musulmans, enfin, ont donné plusieurs réfutations, justifiées par la persistance du nom d'Ibn Kammūna comme autorité du monde avicennisant. Certains copistes semblent, aussi, avoir cru possible de profiter du ton irénique du *Tanqīḥ* pour le détourner en faveur de l'islam par quelques interpolations[42].

Si on prend le texte chapitre par chapitre, ces diverses réactions s'expliquent fort bien car chaque confession a pu être soit déçue, soit même froissée. Le silence des juifs peut venir de ce que le chapitre les concernant apparaît comme n'étant que de seconde main. Dès que le manuscrit a été remis à l'honneur, les spécialistes ont vu que la partie positive de ce chapitre était démarquée de Yehuda Ha-Levy. Et, en le publiant, M. Perlmann a établi la relation entre les critiques et un pamphlet d'un juif converti à l'islam, Samaw'al al-Maġribī, qu'il avait également édité. Cette relation va beaucoup plus loin que la citation explicite qu'en fait Ibn Kammūna, et cet étroit rapport entre eux a pour conséquence que la discussion qui a cours dans ce chapitre porte presque uniquement sur les aspects historique et textuel, conformément au point de vue coranique qui accuse le judaïsme de distorsion par rapport à ses origines.

L'orientation philosophique d'Ibn Kammūna a, par suite, peu d'occasions de se manifester. S'il tente une interprétation gnoséologique, par exemple à propos de versets bibliques parlant de la vision de Dieu, c'est seulement à titre hypothétique[43]. Ses analyses du premier chapitre sont également très peu utilisées et, quand elles le sont, ce ne sont pas les plus sûres, comme celles qui concernent l'irrationalité des prescriptions de la Torah. Si bien qu'Ibn Kammūna est amené à citer les explications qu'a proposées Maïmonide sur ce point, mais en précisant qu'elles ne sont que probables[44]. Également, dans la réponse à l'opposition entre les miracles de Zoroastre et ceux de Moïse, ce ne sont pas exactement les analyses du chapitre I qui sont appliquées, mais une sorte de méthode kalamique par alternatives.

En bref, ce qui intéresse l'histoire de la pensée critique est trop visible chez lui pour satisfaire ceux qui ne cherchent que des certitudes. En contrepartie, même du point de vue qui est le nôtre dans cette revue d'auteurs, l'attitude ménageant la chèvre et le chou d'Ibn Kammūna peut paraître bien décevante, surtout si on la compare à la belle hardiesse d'un Ḥayawayh al-Balḫī. Elle est surtout intéressante comme représentative d'un type humain de prudence et de courtoisie, cherchant à suggérer des réserves qui s'imposent sans froisser les convictions d'autrui – ou même, sans doute, sans s'engager soi-même.

Les chrétiens, pour leur part, pouvaient être irrités par le chapitre qui leur est consacré car, tout en étant assez court, il contient beaucoup plus d'objections que le précédent, et beaucoup moins de réponses. Il se termine, en outre, par deux phrases quelque peu dédaigneuses : « Quant au reste de ce qui a été mentionné du discours des opposants, une partie relève uniquement de la diffamation *(tašnī')* et de l'exclusion *(istib'ād)*, et [pour] une [autre] partie, la manière de la réfuter n'est pas inaccessible à l'homme averti *(al-muḥaṣil)*, encore que ce soit avec peine. La plupart de ces réponses, je ne les ai pas trouvées dans le discours des chrétiens, mais c'est moi qui ai répondu par elles en leur place, pour compléter l'investigation de leur croyance[45]. » Curieusement, le commentaire fait par le chrétien Ibn al-Maḥrūma vers 734/1333-741/1340 accepte ces mots – assez brièvement, il est vrai, et en croyant y voir un signe de mauvaise conscience – et, s'il traite Ibn Kammūna d'impie et de menteur, c'est pour le détail des deux premières parties de son livre[46]. Pourtant, il est certain que l'écrivain juif pèche par manque d'information livresque ; mais le fait d'y suppléer de lui-même est un phénomène remarquable. On n'en trouve guère d'équivalent que dans le livre juridique d'Ibn Rušd, la *Bidāya*, où celui-ci, exposant les solutions des diverses écoles musulmanes aux problèmes de la Loi, non seulement énonce leurs arguments et les juge, mais peut être amené à en remplacer un qu'il juge faible par un autre de sa propre veine. Cette attitude – rare en elle-même – qu'Ibn Rušd adoptait à l'intérieur de sa propre foi et seulement de façon ponctuelle, Ibn Kammūna la fait sienne dans l'exposé de la foi d'autrui. En dehors de l'aspect « exercice d'école » de cette pratique (car il est convaincu que le christianisme est une déviation partant de Paul[47]), l'important est qu'il le fasse, et surtout que ce soit en vue de « compléter » l'examen, et non, selon la méthode kalamique généralisée par al-Warrāq, dans un seul but de réfutation (« *s*'ils disent..., nous dirons... »).

Ibn al-Maḥrūma distingue la « vertu » intrinsèque d'Ibn Kammūna du but qu'il se propose[48]. Mais il reconnaît celle-ci dans ses seuls ouvrages philosophiques, et dénonce au contraire la partialité du *Tanqīḥ*[49]. Cela repose sur des vues justes, mais aussi sur des incompréhensions. Il a bien vu, par exemple, la différence de composition entre la partie consacrée au judaïsme, qui enchaîne un petit nombre d'objections courtes et de réponses développées, et celle qui traite du christianisme, où l'auteur procède par masses confuses[50]. Par contre, il n'a pas compris les réserves que faisait Ibn Kammūna, et qu'il exprime par de nombreux « peut-être » *(la'alla, 'asā)*. L'auteur chrétien n'a voulu y voir qu'une ruse[51]. Il y a là toute l'incompréhension que peut rencontrer une conscience relativisante.

F. Niewöhner a souligné la nouveauté de ce relativisme, le rattachant à une perspective d'historien[52]. Dans l'insistance d'Ibn Kammūna non seulement sur la discussion logique des théories christologiques, comme le faisait la polémique interreligieuse, mais aussi sur la transmission de l'information sur Jésus et ses miracles, il y aurait la préfiguration de la distinction moderne entre le Jésus historique et le Jésus de la croyance. À ce titre, la vision judéocentrique de l'histoire des religions aurait été bénéfique puisqu'elle aurait conduit notre auteur à insister sur le contexte juif de Jésus et des débuts du christianisme. Ce sont, certes, des points positifs, mais qu'il convient de ramener à leur juste portée. La contestation historicisante des autres religions est abondamment représentée dans la polémique musulmane, notamment celle d'Ibn Ḥazm. Dès 1935, le cheikh d'al-Azhar, Amīn al-Ḫūlī, confondant la réduction polémique avec l'investigation scientifique, soutenait que le protestantisme libéral n'avait fait que copier l'islam sur le plan de la critique historique[53]. De même l'insistance sur le milieu juif de Jésus n'a pas, pour Ibn Kammūna, de but heuristique, mais seulement réducteur. Il rejoint le point de vue musulman qui envisage les choses non en elles-mêmes, mais comme déviations.

D'une façon générale, on peut noter une certaine duplicité dans la façon dont Ibn Kammūna utilise l'histoire et le relativisme. Il admet la notion islamique de « transmission par voies multiples » *(tawātur)* comme preuve de véracité. Mais s'il s'agit d'autrui, il ajoute à son propos une visée rationaliste. Par exemple, il distingue le *tawātur* sur l'existence de Jésus et ses disciples, et sur la crucifixion du Christ, qui renvoie pour lui à des faits authentiques, du *tawātur* concernant les miracles, qui n'est qu'une « sorte de nouvelle répandue » *(min qabīl mā yantaširu)*, un « semblant de quasitransmission » *(yaštabihu bi-l-mutawātirāt)*[54]. Aucune justification n'est donnée à ce jugement, pas même un bref rappel circonstancié des analyses du premier chapitre, ce qui donne au lecteur l'impression que la question ne se pose même pas. S'il s'agit par contre de sa propre tradition, c'est le relativisme qui l'emporte. Ainsi, à l'objection selon laquelle certaines légendes bibliques ne sont pas rationnellement admissibles, il répond que les « représentations communes » *(al-mašhūrāt)*[55] changent selon les époques, ce qui est la négation même de la possibilité de se référer à la raison comme il le revendique par ailleurs.

Reste qu'Ibn Kammūna souligne, là encore, avec bonheur le fait que beaucoup d'arguments ne sont que de convenance *(aqnā'ī ġayr mufīd li-l-yaqīn*[56]*)*. Cet aspect va être encore accentué dans la dernière section, consacrée à l'islam. Ce long chapitre contient un exposé détaillé des réserves faites contre la religion officielle de l'empire arabe. Il inclut l'essentiel des arguments des auteurs critiques que nous avons vus, et montre que, depuis Ibn al-Muqaffa', ils s'étaient considérablement accrus en nombre et en acuité, mais vraisemblablement dans le cadre de la polémique interreligieuse. En outre, la sérénité de l'auteur y est quelque peu altérée. Une ironie se fait jour, comme lorsque, évoquant le défi lancé aux Arabes de produire un texte semblable au Coran et les diverses formulations de ce défi qui va croissant, Ibn Kammūna remarque paisiblement : « c'est comme la parole de quelqu'un qui se vante *(yufāḫiru)*[57] ». Mais tout ceci concerne le détail de la croyance musulmane, non le fait religieux en général. Quand il s'agit de la religion dominante, Ibn Kammūna semble comme à demi paralysé. Il multiplie objections et réponses, y ajoutant même éventuellement des contre-objections, mais il ne décolle pas de l'objet particulier qu'il examine. On peut, certes, avec F. Niewöhner, souligner le fait qu'il se met souvent lui-même en scène (*aqūl* = je dis). C'est sans doute une preuve d'un certain rationalisme puisque cette formule intervient aussi bien en opposition à l'islam qu'en sa faveur. Mais ce rationalisme ne va pas plus loin que celui d'un Ibn al-Rīwandī, et on est enclin à penser que les quatre siècles qui séparent ces deux auteurs n'ont connu, sur ce point, qu'un accroissement quantitatif de questions. Donner le pour et le contre ne serait alors qu'une attitude morale de respect et de prudence, attitude certes très louable, mais trouvant sa fin en elle-même.

Ibn Kammūna entrevoit pourtant la nécessité d'aller plus loin. Au terme de l'examen de la preuve de la véracité de Muḥammad par le miracle que constituerait le Coran, non seulement il renvoie à une œuvre unique de Faḫr al-Dīn al-Rāzī qu'il dit meilleure dans sa globalité que les réponses détaillées *(al-aǧwibat al-tafṣīlīya)* qu'il a collectées, mais il rappelle qu'il s'agit d'une vision d'ensemble, qu'il faut pénétrer comme telle : « cela a besoin de l'assistance d'une intuition *(ḥads)*, une fois que d'autres contextes lui ont été annexés *(ba'd qarā'in uḫrā tanḍammu ilayhi)*[58] ».

Par contre cette saisie globale d'un univers religieux doit être fortement distinguée de l'argumentation par accumulation. La dernière preuve proposée par les musulmans, qu'il recense, est précisément axée sur le fait que, quand bien même tel ou tel récit concernant Muḥammad ne serait pas sûr, ce qui compte c'est l'« ensemble » *(bi-maǧmū'ihā)*, et si l'adversaire récuse la « nécessité » *(ḍarūra)* qui résulte de cette conjonction, les croyants n'en sont pas pour autant affectés[59]. Ibn Kammūna constate alors tranquillement que c'est une « sorte d'intuition » *(waǧh ḥadsī)* qui ne saurait faire l'objet d'une vérification *(taḥqīq)* de la part de celui qui ne l'éprouve pas lui-même[60].

Cet usage, dans les deux cas, du mot « intuition » est gênant. Il est clair que notre penseur est empêtré dans un vocabulaire qu'il utilise dans deux sens opposés. Il voudrait distinguer entre la saisie d'un fait global, appréhendé comme tel, et le parti pris, l'enfermement dans une position a priori, que l'on ne justifie qu'après coup par un effet de masse. Ce problème qu'il posait implicitement était trop nouveau pour qu'il pût l'expliciter correctement. Aujourd'hui encore, l'idée reste inaccessible à beaucoup.

Conclusion

Sur une période correspondant à peu près au califat abbasside (le débordant de quelques années en amont et d'une trentaine en aval), nous avons isolé une douzaine de noms caractéristiques d'attitudes que nous avons qualifiées d'indépendantes. Ainsi à l'époque « classique » de la civilisation arabe, une douzaine d'auteurs, répartis inégalement sur un peu plus de cinq siècles, se démarquent du schéma général et, avec des visées très diverses, si ce n'est contradictoires entre elles, constituent une élaboration spécifique : partis d'un rassemblement assez hétéroclite d'interrogations, ils dégagent des problématiques inédites, lesquelles aboutissent à leur tour à des découvertes que l'on croyait propres à l'Occident moderne.

Notre survol aurait sans doute gagné à être plus complet. Il y a certainement des jalons, qu'une recherche ultérieure mettra peut-être en lumière, notamment entre les penseurs critiques des IIIe/IXe-IVe/Xe siècles et l'amplification que l'on en trouve dans l'exposé *pro et contra* d'Ibn Kammūna. Certains noms ou certains groupes, appartenant à des périodes très diverses, nous sont indiqués par les textes historiques, mais en termes tellement brefs ou vagues qu'il nous a été impossible de les exploiter. Il fallait un minimum d'explicitation pour pouvoir donner un enseignement philosophique. Sinon on risquait de prendre pour une critique de fond ce qui n'est qu'un élément polémique partisan, ou inversement.

Dans l'immense littérature d'affrontement religieux, on peut distinguer, en effet, deux strates principales. Au plus bas niveau se trouve la pure polémique. Qu'elle prenne la forme brutale de l'affirmation du groupe d'appartenance par la ridiculisation de ce qui lui est différent, ou des formes plus élaborées de dénonciation des faiblesses qu'on ne saurait voir que chez autrui, dans tous les cas elle n'a d'autre but et d'autre résultat que l'autojustification dans l'immobilisme. À un niveau beaucoup plus élevé se trouve la réflexion théologique, l'effort d'approfondissement en vue de surmonter les objections reçues, qui suppose que l'on fasse une partie du chemin mais sans toucher à la vision fondamentale des choses. Où se place ce que nous avons appelé la « pensée indépendante » par rapport à ces deux orientations ?

Par certains aspects elle pourrait être mise sur le même plan que la pure polémique, et c'est bien à cela que les adversaires ont voulu la réduire. Les images d'un Ibn al-Rīwandī dans l'islam, d'un Ḥayawayh dans le judaïsme, sont celles de « chipoteurs », d'opposants systématiques, de dénigreurs impénitents. Qu'une grande part de cette représentation revienne non tant à l'objet lui-même qu'à l'inquiétude de celui qui juge est bien montré par le « phénomène Ibn al-Muqaffa' », dont le nom est projeté sur toute une nébuleuse dont l'imprécision même apparaît menaçante. Comme S. Stroumsa l'a justement remarqué, alors qu'aucun des libres penseurs qu'elle étudiait n'avait été doté d'une succession, encore moins d'un groupe de partisans, leurs contemporains, surtout musulmans, étaient restés obsédés par leur présence et par la diffusion de leurs écrits, dénotant simplement l'incapacité de supporter l'idée d'une recherche individuelle[1].

Par d'autres aspects, la pensée indépendante se situe au-delà de la théologie. La réflexion de Ḥunayn ibn Isḥāq sur la préparation psychologique à l'assentiment au vrai, la méthodologie lullienne d'exposition des croyances par les valeurs qu'elles incarnent, qu'il appelle « dignités divines », sont incontestablement prioritaires par rapport à une théologie positive. L'effort d'al-Warrāq pour amener toute croyance à un schéma conceptuel ne se confond pas non plus avec celle-ci.

On est tenté, alors, de ne prendre en compte que le rejet, clair ou implicite, du fait religieux. Mais comment rassembler sous le même signe d'athéisme un Abū Bakr al-Rāzī, qui est déiste à la façon du XVIIIe siècle européen, un al-Ma'arrī, qui ne fait que ciseler en formules les doutes assaillant tout croyant, voire un Ibn al-Muqaffa' qui, dans la critique du Coran, met en évidence, de façon nietzschéenne, les mécanismes de falsification des valeurs ?

En outre, nous avons vu les liens qui unissaient les problématiques d'auteurs « réducteurs » et celles d'auteurs ouvrant, au contraire, des perspectives religieuses nouvelles. Ainsi la question du pourquoi de la croyance est examinée en elle-même par Ḥunayn, mais elle est posée par Ibn al-Muqaffa', qui ne fait là que reprendre un *topos* plus ancien mais ne saurait, par ailleurs, être réduit au rang de simple polémiste auquel on répond dédaigneusement en se situant volontairement sur un autre plan.

Malgré ses lacunes indéniables, notre sélection d'auteurs se justifie par la mise en forme, plurielle mais progressive, d'une problématique cohérente. Rappelons-en les grandes lignes.

Au tout début de la période abbasside, on dispose d'un ensemble de réserves sur les religions officiellement constituées. Ces réserves émanent vraisemblablement des mouvements minoritaires, mais elles ont été orchestrées par une tendance sceptique qui, au nom de l'éthique, rompt avec les facteurs sociologiques d'adhésion. Ces thèmes vont faire preuve d'une remarquable stabilité dans le temps et dans l'espace, comme le prouve le passage d'Ibn Ḥazm consacré, trois siècles après Ibn al-Muqaffa', aux sceptiques andalous.

À ces réserves, deux solutions peuvent être données. L'une voit dans l'autorité politique la source de tout ordre et elle attribue à la religion une fonction seulement pédagogique mais non de légitimité en soi. C'est un aspect qui ne reparaîtra tel quel, par la suite, que chez al-Ma'arrī. Mais il est à l'origine de toute une littérature anticléricale qui a été diversement mise en lumière selon les cas. De même que l'aspect sulfureux d'al-Ma'arrī, dans la littérature arabe, a été souligné par des orientalistes libres penseurs des XIIIe/XIXe-XIVe/XXe siècles, de même, dans la littérature persane, les protestations de 'Umar Ḫayyām (v. 442/1050-v. 517/1123) contre les ulémas ne supplantèrent sa réputation scientifique qu'au XIIIe/XIXe siècle à la suite de leur traduction française par J.B. Nicolas et surtout de leur adaptation anglaise très libre de E. Fitzgerald. Encore beaucoup d'incertitude subsiste-t-elle sur la véritable paternité de certains quatrains, parmi les plus osés, qui ne figurent pas dans les recueils anciens[2]. Ce sont aussi les autorités soviétiques qui ont insisté sur les poètes azerbaïdjanais Nasīmī 'Imad al-Dīn (772/1370-820/1417) ou Qassūm-Bek Ẓāhir (fin XVIIIe s.-1857), qui s'en prenaient au clergé dans leurs vers[3]. Mais la dénonciation de religieux intéressés n'est pas une fin en soi, et il y a là un détournement de sens trop facile, contre lequel il faut réagir. Ibn al-Muqaffa' lui-même, tout en soutenant la primauté du pouvoir politique, faisait déboucher son attaque des ulémas sur une remise en question des sources du droit. Est ainsi visée toute « législation religieuse », notamment juive ou musulmane. C'est cette voie que suivent nos auteurs qui, sur le plan politique, s'en tiennent au statu quo. Ils sont beaucoup plus intéressés par la question des prescriptions irrationnelles, thème qui traverse toute la période arabe classique, jusqu'à Ibn Kammūna.

La seconde solution est la mise en avant de la raison individuelle. Elle se retrouve sur des plans très divers, que ce soit en reprenant la critique des prescriptions irrationnelles, ou en fixant les cadres d'admissibilité des signes de la Révélation. Dans tout ceci est mis en évidence le conflit qui existe entre une utilisation seulement instrumentale de la raison et une conception architectonique de celle-ci.

Cette distinction n'est, de fait, pas aisée à maintenir. Si l'Ibn al-Muqaffa' de l'*Adab al-kabīr* et du *Bāb Burzōē* soutient la seconde idée, celui de la critique du Coran semble plus ambigu. Il y a incontestablement une continuité entre lui et Ḥayawayh al-Balḫī dans la volonté de ne pas se laisser entraîner vers une apologétique unidimensionnelle. Mais il y a aussi des traits communs avec Ibn al-Rīwandī, ne serait-ce que la façon de procéder au coup par coup, qui donne l'impression de destructeur systématique mais désordonné. Cette impression peut être due à la sélection opérée par les adversaires qui ne nous transmettent que ce qu'ils choisissent, mais comment comprendre alors que ce n'ait pas été le cas pour al-Warrāq ? Les critiques que la postérité met dans la bouche de celui-ci sont proches de celles d'Ibn al-Rīwandī, quand il s'agit de l'islam, mais les autres aspects de son œuvre d'historien des religions nous permettent d'envisager chez lui une perspective globale, alors qu'on ne trouve rien de tel chez son confrère plus jeune. S'ils communient, ainsi que Ḥayawayh, dans la prise au sérieux des arguments adverses, et notamment dualistes, ils en tirent tous trois des enseignements spécifiques.

Le thème le plus constant, durant la période ici étudiée, est celui des motifs d'adhésion à une foi. La question est posée dès le début d'une façon générale ; elle est ensuite l'objet de deux types de réponse. La première est l'analyse de Ḥunayn, qui fait intervenir la démarche spirituelle de chacun. La seconde procède en sens inverse : elle part de chaque système mental que constitue une croyance et en teste la cohérence. Tout un éventail de perspectives peut intervenir. Si les uns se contentent de remarques isolées, les meilleures analyses sont celles qui prennent chaque religion en elle-même, et l'examinent de la façon la plus complète possible. Mais là encore il y a plusieurs possibilités : le test est étroitement rationaliste chez al-Warrāq, alors qu'il tient compte de nombreux aspects affectifs chez Ibn Kammūna, qui ne cherche pas à faire dire à l'interlocuteur ce qu'il ne veut pas dire. Ce faisant, il renoue partiellement avec la démarche de Ḥunayn : on le voit surtout dans la similitude de leurs analyses du miracle. Par contre Ibn Kammūna est contraint, par sa perspective même, de revenir à la question du prophétisme comme à une question centrale, alors que Ḥunayn ne l'envisage qu'indirectement.

La présence des auteurs critiques des IVᵉ/Xᵉ-Vᵉ/XIᵉ siècles ne se justifie pas tant par l'identité de leurs arguments entre eux et avec ceux de leurs prédécesseurs – car ces arguments passent à un fonds commun de polémique interreligieuse – que par le fait qu'ils tentent de donner une réponse à ce qui n'était auparavant qu'une interrogation. Nous sommes alors à une époque où les certitudes dominent, où s'affirment les orthodoxies. Contre elles il n'est plus temps de soulever des questions mais de partir de ces questions comme de postulats et d'y répondre, contredisant les solutions majoritairement admises. On est alors obligé de choisir entre deux extrêmes : l'opposition dogmatique choix contre choix (fidéisme rationaliste contre fidéisme religieux), ou le repli dans un scepticisme psychologique compensé par une discipline pratique.

C'est autant pour éviter ce dilemme que pour répondre aux tentations syncrétiques de l'époque, qu'on est amené, avec al-Arfādī, à envisager le problème sous l'angle de l'intention. Il rompt ainsi avec une conception étroitement logiciste de la raison. Il rappelle, comme l'avait fait Ḥunayn, la nécessité d'assentiments initiaux, et il complète cette remarque par l'idée d'accentuation affective du dogme dans un sens ou dans l'autre, selon les sensibilités. Bien que sa démarche ne soit guère concevable qu'à l'intérieur d'une dogmatique complexe, comme celle du christianisme, et ne surgisse pas directement d'une orthopraxie avant tout, comme le sont le judaïsme ou l'islam, il prépare les efforts du VIIe/XIIIe siècle pour saisir globalement le fait religieux. Encore ceux que l'on voit chez Lull et chez Ibn Kammūna relèvent-ils de mécanismes mentaux différents, si ce n'est opposés : le premier est un optimiste qui croit possible de construire, à terme, un univers religieux indiscutable ; le second est un demi-sceptique qui multiplie les réserves. L'un procède de sa propre autorité ; l'autre est surtout un compilateur qui n'intervient guère que pour choisir entre des citations et, au plus, juger. Eux-mêmes, s'ils apparaissent comme une conclusion historique dans notre étude, pourraient aussi être envisagés comme des précurseurs lointains d'une recherche moderne toute différente de celle que nous avons menée.

En effet, on ne peut ignorer l'histoire qui fait tomber le rideau sur la prestation d'Ibn Kammūna. Si le passage de Tawḥīdī, indiquant la présence de livres sulfureux dans la bibliothèque d'un des grands personnages du temps, montre que la pensée indépendante a eu quelque audience, deux grands coups d'arrêt successifs lui sont donnés au Ve/XIe et au VIIe/XIIIe siècle. Le silence qui vient après al-Maʿarrī, et que l'on observe jusqu'à Ibn Kammūna, est un silence imposé. Ce dernier auteur, en effet, se fait l'écho d'une amplification des questions et objections depuis que le premier écrivait, amplification qui ne pouvait se faire que sous le manteau car c'est l'époque du rétablissement du « sunnisme », c'est-à-dire à la fois le triomphe d'une religion officielle et de la forme traditionnelle donnée à celle-ci. Après le court répit fourni par l'invasion des Mongols, la conversion de ces derniers à l'islam introduit une seconde longue période de silence, silence de fait cette fois. Peut-être connaît-elle, elle aussi, nombre de protestations en sous-main. Les anecdotes populaires mises dans la bouche d'un Ibn al-Rīwandī devenu mythique, les manifestations d'anticléricalisme qui fusent çà et là, voire les exclamations blasphématoires que le contexte relativise aussitôt[4], tout cela peut en être la marque. Mais elles ne font que renouer avec le libertinisme des débuts de l'époque abbasside et ne constituent pas une réflexion critique digne de ce nom. Quant à la période moderne, elle voit l'introduction d'idéologies extérieures, notamment le marxisme, ce qui change complètement la problématique puisque le monde arabe reçoit alors une critique élaborée dans un contexte sensiblement différent, et dans une chronologie dont nous avons dit, en débutant, qu'elle était inversée en passant d'Orient en Occident.

Ordinairement, pour ce qui concerne la pensée moderne, on met le monde arabe à la remorque de ce dernier. Ce n'est pas seulement l'erreur de perspective d'un monde occidental expansionniste, qui oublie ses racines arabes ; c'est aussi celle de certains Orientaux, qui pensent pouvoir prendre sa puissance matérielle à l'adversaire sans altérer leur personnalité. Cette idée, qui s'est répandue depuis Ṭahṭāwī dans les années 1830, a entraîné une attitude ambiguë : on revendique à la fois l'originalité et le droit d'imiter. C'est ce qu'a exprimé J. Berque en disant que les Arabes « entendent n'être ni comparables aux autres ni différents des autres[5] ». Relever devant eux leur spécificité les humilie et ils revendiquent d'être comme l'observateur, et leur appliquer les mêmes normes qu'ailleurs les fait se rebiffer. Dans cette illusion qu'il serait possible de séparer la technologie occidentale et son arrière-plan psychologique et de la transférer telle quelle dans un Orient qui resterait lui-même, il n'y a que le résultat d'une vision sommairement matérialiste de l'histoire. Que tout se tienne, que l'on ne puisse rien abstraire du contexte, se manifeste à travers les transformations subies par la langue arabe elle-même. Quand on a comparé l'époque classique et la « renaissance » *(nahḍa)* du XIIIe/XIXe siècle, et plus particulièrement la confrontation du monde arabe avec d'autres cultures plus avancées sur le plan technique dans l'un et l'autre cas, on a été surtout tenté de souligner les similitudes. On en constate, en effet, dans les principes et les méthodes destinés à l'intégration de ces éléments culturels étrangers. Mais à côté des points communs, il faut aussi noter des différences dues aux contextes respectifs :

– La communauté musulmane du Moyen Âge restait assez cohérente, alors que celle de l'époque moderne est atomisée en de nombreux États.

– Il y avait peu de différences dialectales à l'époque abbasside, alors que l'époque moderne est confrontée à des dialectes fortement implantés et bien différenciés.

– La langue classique *('arabiyya fuṣḥā)* restait assez proche des consciences anciennes, alors que les modernes doivent faire un effort et se placer dans une situation tout à fait artificielle pour la pratiquer.

– L'arabe ne s'opposait qu'à des langues livresques (grec, pehlevi), alors que notre temps lui oppose des langues de communication internationale (anglais, français).

– Les chrétiens syriaques ont joué un rôle important dans le processus de traduction en arabe, sans que cela suscitât de réelle inquiétude de la part des musulmans, alors que le rôle de pointe joué par les chrétiens arabes modernes est souvent perçu avec irritation[6].

Tout cela montre combien il serait illusoire de prétendre tailler dans la réalité et bien distinguer ce qui peut bouger de ce qui ne le doit pas. Il ne s'agit pas, bien sûr, d'enfermer le monde arabe dans un univers clos et de lui interdire toute ouverture. Mais il faut bien réaliser que celle-ci ne peut être partielle. Dès qu'elle se produit, elle induit une série de phénomènes en chaîne et ne saurait être arrêtée artificiellement à un moment donné.

Y a-t-il, dans ces conditions, un intérêt à se pencher sur le passé ? Les modifications apportées par l'histoire interdisent, bien évidemment, une résurgence pure et simple des doctrines, d'autant plus qu'il ne s'agit pas, en ce qui nous occupe, d'un système bien cernable, mais d'un processus complexe et parfois contradictoire, s'étalant sur plusieurs siècles. Dira-t-on que l'on trouve chez les auteurs arabes des traits inconnus de la pensée occidentale moderne ? Ce n'est même pas le cas pour l'essentiel.

N'y aurait-il alors que le plaisir morose de voir une nette antériorité du monde arabe sur l'Occident sur le plan de la critique religieuse ? Mais l'antériorité dans le temps ne donne aucun monopole, et a aussi l'inconvénient que les premières découvertes restent balbutiantes, parfois même embryonnaires. En fait l'enseignement que l'on peut retirer de ce que nous avons vu est beaucoup plus complexe.

Notre étude montre avant tout que la réflexion critique peut exister dans des contextes très différents. Elle est aussi consubstantielle au monde arabe qu'elle l'est au monde occidental. Cette remarque spéculative générale entraîne à son tour plusieurs questions et conséquences.

Qu'est-ce qui explique le décalage chronologique entre les sociétés, cette forme de pensée naissant très vite puis disparaissant ici, alors qu'elle apparaît tardivement mais s'impose largement là ? Un des éléments de réponse réside dans cette fameuse absence de clergé que l'on considère comme caractéristique du monde musulman – du moins tant que le chiisme (qui a, lui, un clergé) n'est pas religion d'État – et qui l'est, sans doute, de l'essentiel du monde abbasside. De cette « absence de clergé », il découle que personne n'est « prêtre », et qu'en même temps tout le monde est « prêtre ». Conséquence positive : l'expansion, ou du moins l'équilibre, induisant une situation interne favorable, comme cela a été le cas assez vite dans l'islam, a permis une grande créativité et une large ouverture qui furent propices à la rapide apparition de nos penseurs. Conséquence négative : les périodes de repli ont vu une surenchère d'orthodoxie. Cela s'est montré avec la restauration du sunnisme au Ve/XIe siècle, consécutive aux revers devant les Européens, et plus encore avec la stagnation résultant, à partir du VIIe/XIIIe siècle, de la destruction mongole. Nous assistons actuellement, avec la confiscation de la *nahḍa* par le fondamentalisme islamique, à un processus identique, qui se traduit en particulier par le laminage de tous les phénomènes minoritaires qui avaient fait la richesse et la fécondité du monde arabe du siècle écoulé.

Mais si cette réponse insiste sur ce qui oppose deux civilisations entre elles, une autre réponse en soulignerait les traits communs, la différence naissant alors des façons respectives dont ces traits communs sont incarnés. Par exemple, nous avons vu le rôle capital d'incitateur joué par le dualisme, dès le début du califat de Bagdad et surtout à son apogée. On pourrait relever de même le déclic causé en Occident par le *Dictionnaire historique et critique* de Bayle, qui fut le livre de chevet de tout le monde des Lumières, et notamment par l'article « Manichéens ». En affirmant que si saint Augustin était resté tel « il eût été capable d'en écarter les erreurs les plus grossières et de fabriquer du reste un système qui, entre ses mains, eût embarrassé les orthodoxes », et en répétant, dans ses *Remarques*, « combien il serait difficile de réfuter ce faux système », il ouvrait la voie à toute la contestation des philosophes, laquelle n'est guère que le développement du dialogue qu'il imagine entre Melissus et Zoroastre (remarque d).

Par suite, on ne saurait parler d'une « nature » occidentale ni d'une « nature » orientale qui donneraient l'illusion que l'on peut passer de l'une à l'autre pour trouver là le salut qu'on n'a pas trouvé ici. Il y a en fait des tendances prédominantes suivant les civilisations, mais les mécanismes restent généraux et chaque grande civilisation expérimente, peu ou prou, la totalité des possibilités.

Les tendances statistiquement majoritaires sont celles qui ont exploité les données culturelles (structure de la langue, traditions religieuses prépondérantes...) dans ce que A. Gide nommait « le sens de la pente ». Si on doit reconnaître leur représentativité sociologique, on n'a pas, pour autant, à les hypostasier. C'est sans doute l'erreur majeure de certains arabisants que de vouloir réduire leur objet à « une structure binaire de la pensée », à « une vision discontinue du temps qui entraîne une ignorance du devenir », etc. Que ces traits aient marqué des tendances importantes durant un certain temps ne signifie pas l'impossibilité d'en sortir. Lévi-Strauss rappelait utilement, contre M. Granet, que si la doctrine des intellectuels chinois consiste à représenter le monde selon une structure carrée, l'homme de la rue ou de la campagne, en Chine, ne *vit* pas dans un monde carré. Il existe toujours d'autres aspects à l'intérieur de la même civilisation, et s'ils n'ont pas été ordinairement théorisés, ils n'en conditionnent pas moins de larges pans de la vie courante. On pourrait appliquer, aux tendances mises en avant par les spécialistes du seul fait de leur officialisation, ce que l'on disait autrefois des astres : *inclinant, non necessitant.*

La pensée critique est un phénomène autochtone dans la civilisation arabe. Son refoulement dans le passé s'est fait, pour autrui, par l'étouffement et non par la conviction, et pour soi-même, par des arguments de convenance et non par une réflexion exhaustive. Condamnée pendant longtemps à ne transparaître que par bribes mutilées, elle peut à chaque instant se reconstituer pour chercher à atteindre son intégralité.

Notes

Introduction

1. F. Gabrieli : « La "zandaqa" au Ier siècle abbasside », *L'Élaboration de l'Islam*, Paris, 1961, p. 23-38.

2. R. Brunschvig, discussion de H. Nyberg : « 'Amr Ibn 'Ubaid et Ibn al-Rawandi, deux réprouvés », *Classicisme et déclin culturel dans l'histoire de l'Islam*, Paris, 1957, p. 137.

3. D. Urvoy : *Ibn Rushd (Averroes)*, Londres-New York, 1991 ; Le Caire, 1993.

4. Sur le cas extrême d'Ibn Ḥā'iṭ, cf. l'analyse de D. Thomas : *Anti-Christian Polemic in Early Islam*, Cambridge, 1992, p. 5-8.

5. G. Vajda : « Les zindīqs en pays d'islam au début de la période abbasside », *Rivista degli Studi Orientali*, XVII, II-III, 1938, p. 173-229 ; M. Chokr : *Zandaqa et Zindiqs en islam jusqu'à la fin du IIe/VIIIe siècle*, Damas, 1994 ; J. van Ess : *Theologie und Gesellschaft im 2. und 3. Jahrhundert Hidschra. Eine Geschichte des religiösen Denkens im frühen Islam*, Berlin-New York, I, 1991, p. 416-456 ; II, 1992, p. 4-41.

6. Platon : *Apologie de Socrate*, 24 b.

7. *Ibid.*, 27 c *sq.*

8. Voir du premier *Le Zéro et l'Infini*, 1941, et du second la *Lettre à François Mauriac*, Paris, 1947.

9. C. Lévi-Strauss : *Anthropologie structurale*, Paris, 1958, p. 192-196.

10. Voir un relevé de ces divers textes et la comparaison avec les littératures grecque et indienne dans J. Lévêque : *Job et son Dieu. Essai d'exégèse et de théologie biblique*, Paris, 1970, I, p. 1-116.

11. E. Reuss : *Histoire de la théologie chrétienne au siècle apostolique*, 2e éd., Strasbourg-Paris, 1860, I, p. 38.

12. Notamment les nos III, XI, XXIII, XXVII, XXXI, XXXIII, XLVI, LVI, LIX, LXII, LXIII, XCI, CXVI, CXXI, CXXX.

13. Ps XLVI – mais il n'est pas sûr qu'il faille le prendre littéralement ; cela peut représenter des catastrophes humaines.

14. Ps XCI – mais les exégètes juifs anciens les interprétaient comme l'action du démon.

15. Ps CII, 26-27 : « Il y a longtemps, Tu as jeté les fondements de la terre et les cieux furent l'œuvre de Tes mains ; eux passeront, mais Toi, Tu demeureras… »

16. Cf. *La Sainte Bible. Texte latin et traduction française d'après les textes originaux…*, sous la direction de L. Pirot ; t. V : *Les Psaumes*, Paris, 1937, p. 506.

17. *Op. cit.*, p. 115.

18. A. Abécassis : *La Pensée juive*, III, Paris, 1989, p. 357-372.

19. M. Weber : *Le Judaïsme antique*, trad. F. Raphaël, Paris, 1970, p. 421.

20. M. Simon : *Les Sectes juives au temps de Jésus*, Paris, 1960, p. 8.

21. R. Bultmann : *Jésus. Mythologie et démythologisation*, trad. F. Freyss, S. Durand-Gasselin, Ch. Payot, Paris, 1968, p. 161.

22. *Id.*

23. A. Schweitzer : *La Mystique de l'apôtre Paul*, trad. M. Guéritot, Paris, 1962, p. 181.

24. *Id.*

25. R. Bultmann : *op. cit.*, p. 161.

26. *Id.*

27. Hermas : *Le Pasteur*, éd. et trad. R. Joly, Paris, 2e éd. 1968, p. 144-145.

28. *Los Evangelios apocrifos*, éd. et trad. A. de Santos Otero, Madrid, 1963, p. 83.

29. *Ibid.*, p. 570.

30. E. Buonaiuti : *Ricerche religiose*, I, Rome, 1925, p. 114.

31. Ġazālī : *Lettre au disciple (ayyuhā'l-walad)*, éd. T. Sabbah, Beyrouth, 3e éd., 1969, p. 11.

32. Ibn Hišām : *al-Sīrat al-nabawiyya*, éd. 'U. 'A.S. Tadmūrī, Beyrouth, 1987, II, p. 285 *sq.*

33. *Ibid.*, III, p. 12 *sq* ; IV, p. 281 *sq.*

34. Cf. l'art. « 'Abdallah b. Sa'd » de C.H. Becker dans l'*Encyclopédie de l'Islam*, 2e éd., [abrégé en *E.I.2*] I, p. 53.

35. 'Alī 'Abdelrāziq : *al-Islām wa uṣūl al-ḥukm*, Le Caire, 1925.

36. Par exemple le « Traité de la médecine » (*Kitāb al-ṭibb*) dans le *Ṣaḥīḥ* de Buḫārī, éd. Q. al-Sammā'ī al-Rifā'ī, Beyrouth, 1407/1987, t. 7-9, p. 229-263.

37. Voir F. Micheau : « Médecine arabe et rationalité », *Horizons maghrébins*, nos 25-26, 1994, p. 22-36.

38. Buḫārī : *op. cit.*, p. 230.

Chapitre I

1. Voir l'article de F. Gabrieli dans l'*E.I.2*, III, p. 907-909, bibliographie ; et G. Monnot : « Les écrits musulmans sur les religions non chrétiennes », *MIDEO*, XI, 1972, p. 16.

2. Ibn al-Nadīm : *Kitāb al-fihrist*, éd. G. Flügel, Leipzig, 1871 ; reprod. Beyrouth, s.d., p. 118 : *« wa qad naqala 'idda kutub min kutub al-Fars minhā... Kitāb Mazdak »*.

3. Šahrastānī, *Livre des religions et des sectes*, I, trad. D. Gimaret, Louvain, 1986, p. 663.

4. Niẓām al-Mulk : *Siyāsa-Nāma*, éd. H. Darke, Téhéran, 1962, p. 239 texte, p. 195 trad. ; cité par M. Gil : « The Creed of Abū 'Āmir », *Israel Oriental Studies*, XII, 1992, p. 23.

5. Cf. G. Vajda : « Les zindīqs... », *op. cit.*, p. 207, et aussi l'art. « Abān al-Lāḥiqī » dans l'*E.I.2*, I, 2 b-3 a.

6. G. Troupeau : « La logique d'Ibn al-Muqaffa' et les origines de la grammaire arabe », *Arabica*, XXVIII, 2-3, 1981, (p. 242-250) p. 244. J. van Ess (*Theologie und Gesellschaft...*, *op. cit.*, II, p. 27) maintient cependant l'attribution au fils de notre auteur.

7. G. Troupeau : *ibid.*

8. Cf. P. Charles-Dominique : « Le système éthique d'Ibn al-Muqaffa' d'après ses deux épîtres dites "al-Ṣaġīr" et "al-Kabīr" », *Arabica*, XII, 1, 1965, p. 45-66.

9. Éd. Dār al-ǧīl, Beyrouth, 1401/1981.

10. Th. Nöldeke : *Burzoes Einleitung zu dem Buche Kalīla wa Dimna*, Strasbourg, 1912.

11. F. Gabrieli : « L'opera di Ibn al-Muqaffa' », *Rivista degli Studi Orientali*, XIII, III, 1932, p. 197-247.

12. P. Kraus : « Zu Ibn al-Muqaffa' », *R.S.O.*, XIV, I, 1933, p. 1-20, notamment p. 14 *sq.* L'*Isagoge* de Paul de Perse a été édité par J. Land : *Anecdota Syriaca*, Leyde, 1862-1875, t. IV.

13. J. van Ess : « Skepticism in islamic religious thought », *Al-Abhath*, XXI, mars 1968, 1, p. 1-18.

14. S. Shaked : « From Iran to Islam. Notes on some Themes in Transmission », *Jerusalem Studies in Arabic and Islam*, 4, 1984, p. 31-40 et 50-59.

15. *Id.*

16. Éd. D. Gimaret, Beyrouth, 1972 ; trad. par le même : *Le Livre de Bilawhar et Būḏāsf selon la version arabe ismaélienne*, Genève-Paris, 1971. Voir aussi D. Gimaret : « Traces et parallèles du *Kitāb B. wa B.* dans la tradition arabe », *Bulletin d'études orientales*, XXIV, 1971, p. 97-133, notamment p. 118-119.

17. *Kitāb Kalīla wa Dimna*, éd. L. Cheikho, Beyrouth, 8e éd., 1969, p. 34.

18. *Ibn al-Muqaffa', le Livre de Kalīla et Dimna*, trad. A. Miquel, Paris, 1957, p. 29.

19. Sur ce dernier point voir *ibid.*, p. 326, n. 14.

20. Texte éd. Cheikho, p. 36, trad. p. 31.

21. Texte p. 36, trad. p. 32.

22. Éd. Cheikho, p. 35-36.

23. Trad. Miquel, p. 33.

24. *Ibid.*, p. 34.

25. Texte éd. Cheikho, p. 38, trad. p. 34-35.

26. Texte p. 39, trad. p. 35.

27. Éd. Cheikho, p. 35-37.

28. *Ibid.*, p. 35, l. 9.

29. *Ibid.*, p. 36, l. 19.

30. *Ibid.*, p. 37, l. 1-2.

31. Cf. *E.I.2*, art. « Mulḥid » de W. Madelung.

32. Cf. S. Boustany et D. Cohen : « Essai de traduction des ad'dād », in J. Berque, éd. : *L'Ambivalence dans la culture arabe*, Paris, 1967, p. 456.

33. Texte éd. Cheikho, p. 39.

34. Trad. Miquel, p. 35-36.

35. Éd. Cheikho, p. 39.

36. Trad. Miquel, p. 38.

37. Éd. Cheikho, p. 41.

38. L'éd. ʿAzzām parle de *birr*, dont A. Miquel souligne le polymorphisme (p. 326, n. 16), le rapprochant du latin *pietas*. La version commune parle de « vrai » *(ṣaḥīḥ)*.

39. Texte éd. Cheikho, p. 42, trad. p. 39.

40. Texte p. 43 (où n'apparaît pas le « Compte »), trad. p. 39.

41. On remarquera l'identité des thèmes de la satisfaction complète de l'ascète, des divers aspect de la faiblesse humaine, de la description médicale de celle-ci par la théorie des humeurs, et jusqu'à l'apologue de l'homme dans un puits, appuyé sur des serpents et suspendu à des racines que rongent des rats, et qui oublie tout pour un rayon de miel (*Kalīla*, trad. Miquel, p. 41-48 ; *Bilawhar*, trad. Gimaret, notamment p. 91-92 et 88).

42. Texte éd. Cheikho, p. 50, trad. p. 48 : identiques.

43. Éd. et trad. Ch. Pellat : *Ibn al-Muqaffaʿ, mort vers 140/757, « conseilleur du Calife »*, Paris, 1976.

44. S.D. Goitein : « A turning point in the history of the muslim state. A propos of Ibn al-Muqaffaʿ's *Kitāb al-Ṣaḥāba* », rééd. in *Studies in Islamic History and Institutions*, Leyde, 1966, p. 149-167.

45. Cf. ci-dessus n. 14.

46. *E.I.2*, p. 908 b.

47. *Ibn al-Muqaffaʿ*..., *op. cit.*, p. 26-31 et 40-47.

48. *Ibid.*, p. 26-27.

49. Cf. W. Montgomery Watt : *The Formative Period of Islamic Thought*, Édimbourg, 1973, p. 82-85.

50. *Ibn al-Muqaffa'…*, *op. cit.*, p. 26-29.
51. *Ibid.*, p. 28-31.
52. *Ibid.*, p. 30-31. Le paragraphe suivant ajoute qu'il est préférable de suivre la coutume qui fait choisir le calife dans la même famille.
53. S. Shaked : « From Iran to Islam… », *op. cit.*, p. 35-37.
54. *Ibn al-Muqaffa'…*, *op. cit.*, p. 40-43.
55. *Ibid.*, p. 42-45.
56. *Ibid.*, p. 42-43.
57. *Ibid.*, p. 44-45.
58. Cf. van Ess : « Skepticism… », *op. cit.*
59. *Ibn al-Muqaffa'…*, *op. cit.*, p. 44-47. L'auteur prend ici l'exemple du mensonge, prohibé en règle générale, mais nécessaire pour protéger quelqu'un qui est injustement poursuivi.
60. Éd. avec trad. et introd. par M. Guidi : *La Lotta tra l'Islam e il Manicheismo. Un libro di Ibn al-Muqaffa' contro il Corano confutato da al-Qāsim b. Ibrāhīm*, Rome, 1927. Voir aussi le compte rendu par G. Levi della Vida : *Oriente Moderno*, 1928, p. 82-87.
61. À quoi s'ajoute l'imam chiite, autorité *inspirée*, à la fois politique et spirituelle.
62. *La Lotta…*, *op. cit.*, V *sq.*
63. Cf. J. van Ess : *Theologie und Gesellschaft…*, *op. cit.*, II, p. 30-33.
64. *La Lotta…*, *op. cit.*, p. 26-27 ar./p. 61 trad.
65. *Ibid.*, p. 28 ar./p. 65 trad.
66. F. Gabrieli : « L'opera di b.M. », *op. cit.*, p. 242.
67. Cf. G. Vajda : « Les zindīqs… », *op. cit.*, p. 194-196 et 223-225 ; résumé dans *E.I.2*, III, p. 704.
68. « From Iran to Islam… », *op. cit.*, p. 50-59.
69. Cf. M. Gil : « The Creed of Abū 'Āmir », *op. cit.* Selon lui il y aurait eu une véritable rivalité entre le manichéisme (désigné parfois en syriaque par le mot *ḥanpē*) et l'islam qui se réclame du terme *ḥanīf.* À quoi il faut ajouter l'épisode mazdakite déjà évoqué.
70. Cf. J. van Ess : *Theologie und Gesellschaft…*, *op. cit.*, I, p. 418-423.
71. *La Lotta…*, *op. cit.*, p. 49 ar./p. 115 trad.
72. « *Hal fī ḏālika qasam*un *li-ḏī ḥiğr*in » (trad. Blachère). Le *ḥiğr* est une idée sémitique très ancienne de « giron protecteur » qui a pris en arabe le sens d'« isolation » (cf. R. Blachère, Ch. Pellat, M. Chouémi et C. Denizeau : *Dictionnaire arabe-français-anglais*, III, Paris, 1976, p. 2130 *sq*). Il désigne donc un territoire sacré. Mais les auteurs musulmans ne l'entendent pas tous ainsi. Par ex. M. Hamidullah traduit le v. 5 par : « voilà-t-il pas un serment, pour un doué de prudence ? » (Éd. Club français du Livre, 1966, p. 597), donnant une portée positive à l'invocation naturaliste qui précède.
73. *La Lotta…*, *op. cit.*, p. 8 ar./p. 14 trad.

74. Cf. *E.I.2*, art. « Mu'āraḍa » de A. Schippers.

75. J. van Ess : « Some fragments of the *Mu'āraḍat al-Qur'ān* attributed to Ibn al-Muqaffa' », *Studia arabica et islamica. Festschrift for Iḥsān 'Abbās*, Beyrouth, 1981, p. 151-163.

76. *Ibid.*, p. 154.

77. *Ibid.*, p. 156.

78. *Ibid.*, p. 160.

79. *Ibid.*, p. 159-160.

80. Cl. Audebert : *al-Ḫaṭṭābī et l'inimitabilité du Coran. Traduction et introduction au Bayān i'ǧāz al-Qur'ān*, Damas, 1982.

81. *Ibid.*, p. 10.

82. Ibn Ḥazm : *Kitāb al-fiṣal fi-l-milal*, éd. du Caire, s.d., III, p. 17-18.

83. Cf. Cl. Audebert : *op. cit.*

84. *La Lotta...*, *op. cit.*, p. 34 ar./p. 79 trad.

85. *Ibid.*, p. 34 ar./p. 79-80 trad.

86. *Ibid.*, p. 44 ar./p. 102 trad.

87. *Ibid.*, p. 33 ar./p. 75 trad.

88. *Ibid.*, p. 38 ar./p. 90 trad.

89. Trad. Blachère. En fait, selon certains commentateurs musulmans et Blachère lui-même, il s'agirait d'un ange.

90. *La Lotta...*, *op. cit.*, p. 35 ar./p. 81 trad.

91. *Ibid.*, p. 22 ar./p. 50 trad.

92. *Ibid.*, p. 26 ar./p. 59 trad.

93. *Ibid.*, p. 32 ar./p. 74 trad.

94. *Ibid.*, p. 17 ar./p. 35 trad. Cela fait allusion au thème coranique célèbre des djinns lapidés aux portes du ciel (XV, 16-17 ; XXXVII, 6-8 ; LXXII, 8). Ce thème semble avoir été très en faveur dans les débuts de la polémique contre l'islam et avoir été repris en particulier par les chrétiens qui y voyaient le type même d'imprudence du Coran se référant à un phénomène météorologique qui devrait relever de la constatation unanime, et qui au contraire suscite des opinions contraires. Cf. la longue réponse que se sent obligé d'y faire Muḥ. b. al-Layṯ, quelques décennies avant al-Qāsim b. Ibrāhīm, *Lettre du calife Hārūn al-Rašīd à l'empereur Constantin VI*, éd. et trad. H. Eid, Paris, 1992, p. 26-32 ar./p. 55-58 trad.

95. *La Lotta...*, *op. cit.*, p. 22 ar./p. 52 trad.

96. *Ibid.*, p. 23 ar./p. 54 trad.

97. *Ibid.*, p. 22 ar./p. 51 trad.

98. *Ibid.*, p. 31 ar./p. 71 trad.

99. *Ibid.*, p. 39 ar./p. 91 trad.

100. *Ibid.*, p. 20 ar./p. 43 trad. Comparer avec les analyses de Nietzsche, notamment dans la *Généalogie de la morale*, et de M. Scheler, dans *L'Homme du ressentiment.*

101. Cf. G. Monnot : *Penseurs musulmans et religions iraniennes. 'Abd al-Ǧabbār et ses devanciers*, Paris-Le Caire-Beyrouth, 1974 ; et *Islam et religions iraniennes*, Paris, 1986.

102. Cf. D. Gimaret : « Traces et parallèles du *K.B. wa B.*», *op. cit.*

103. *K. al-Fayṣal*, trad. F. Jabre : *La Notion de certitude selon Ghazālī*, Paris, 1958, p. 433.

104. *Ibid.*, p. 434.

105. *K. Bilawhar :* « Puis le roi fit ce vœu devant Dieu – qui a envoyé Son Prophète comme préservateur, a préféré sa religion et a agréé sa loi comme la loi à suivre... », *op. cit.*, ar. p. 164/trad. p. 190.

106. *Ibid.*, ar. p. 140 *sq*/trad. p. 167 *sq.*

107. *Ibid.*, ar. p. 147/trad. p. 174.

108. *Ibid.*, ar. p. 148/trad. p. 174.

109. *Ibid.*, ar. p. 149/trad. p. 175.

110. *Ibid.*, ar. p. 149/trad. p. 176.

111. *Ibid.*, ar. p. 157-159/trad. p. 183-185.

112. *Ibid.*, ar. p. 161-162/trad. p. 186-187.

113. *Ibid.*, ar. p. 171-172/trad. p. 196.

114. *Ibid.*, ar. p. 163/trad. p. 189.

115. *Ibid.*, ar. p. 73-74/trad. p. 114.

116. *Ibid.*, ar. p. 74-75/trad. p. 114-115.

117. *Ibid.*, ar. p. 191/trad. p. 211.

Chapitre II

1. 'Ammār al-Baṣrī : *Apologies et controverses*, éd. du texte arabe avec intro. en français par M. Hayek, Beyrouth, 1977.

2. Cf. S. Griffith : « The concept of *al-Uqnūm* in 'Ammār al-Baṣrī's Apology for the Doctrine of the Trinity », *Actes du 1er congrès international d'études arabes chrétiennes*, S. Khalid éd., Rome, 1982, p. 169-191.

3. *Apologies et controverses*, *op. cit.*, p. 24-41 et 135-143.

4. Lettre à l'auteur, 28 octobre 1993.

5. Maïmonide : *Le Guide des égarés*, I, 31, trad. S. Munk, nouv. éd. Lagrasse, 1979, p. 71.

6. *Id.*

7. *Id.* C'est moi qui souligne.

8. *Ibid.*, p. 72.

9. Ṣā'id al-Andalusī : *Kitāb Tabaḳāt al-Umam (Livre des catégories des nations)*, trad. R. Blachère, Paris, 1935, p. 80-81.

10. Cf. J. Kraemer : « Arabische Homerverse », *Zeitsch. d. deutschen morgenländ. Gesellsch.*, 106, 2, 1956, p. 259-316.

11. Cf. G. Strohmaier : « Homer in Baghdad (Ḥunayn b. Ishāq) », *Byzantinoslavica*, 41, 1980, p. 196-200.

12. M.G. Balty-Guesdon : « Le *Bayt al-Ḥikma* de Baghdad », *Arabica*, XXXIX, 2, 1992, (p. 131-150) p. 133 et 141.

13. *Ibid.*, p. 146.

14. *Ibid.*, p. 148. Le mot apparaît dans les *Ādāb al-falāsifa*, éd. A. Badawī, p. 48. Cf. ci-dessous n. 50.

15. *K. Tabaqāt al-Umam*, *op. cit.*, p. 80.

16. Cf. H. Hugonard-Roche : « L'intermédiaire syriaque dans la transmission de la philosophie grecque à l'arabe : le cas de l'*Organon* d'Aristote », *Arabic Sciences and Philosophy*, I, 1991, p. 187-209.

17. *Arabica*, XXI, 3, octobre 1974 ; n° spécial sur Ḥunayn b. Isḥāq. Sur ce dernier point, voir dans ce numéro les art. de R. Haddad : « Ḥ. b. I., apologiste chrétien », p. 292-302, et de P. Nwyia : « Actualité du concept de religion chez Ḥ. b. », I. p. 313-317.

18. Ibn Abī Uṣaybi'a : *'Uyūn al-anbā'*, éd. Müller, Le Caire, 1882, I, p. 188-197.

19. *Ibid.*, p. 197.

20. *Ibid.*, p. 192.

21. *Ibid.*, p. 197.

22. *Une correspondance islamo-chrétienne entre Ibn al-Munaǧǧim, Ḥunayn ibn Isḥāq et Qusṭā b. Lūqā*, éd. K. Samīr, trad. P. Nwyia, *Patrologia Orientalis*, t. 40, fasc. 4, n° 185, Turnhout, 1981.

23. *Ibid.*, p. 686-687.

24. *Ibid.*, p. 688-689.

25. *Id.*

26. Aristote : *Organon, IV. Les Seconds Analytiques*, trad. J. Tricot, Paris, nouv. éd. 1962, p. 1-3.

27. Cité par al-Ḥumaydī : *Ǧaḏwat al-muqtabis*, Le Caire, 1966, p. 109.

28. *Une correspondance…*, *op. cit.*, p. 688-689.

29. Cf. Ǧuwaynī : *K. al-Iršād*, Le Caire, 1950, p. 3.

30. Cf. J. van Ess : « Skepticism… », *op. cit.*, p. 11 ; A.-M. Goichon, dans *Vocabulaires comparés d'Aristote et d'Ibn Sīnā*, Paris, 1939, p. 3 et 11, montre qu'il arrive à Ibn Sīnā de confondre *burhān* et *dalīl*.

31. *Une correspondance…*, *op. cit.*, p. 690-691.

32. *Id.*

33. *Ibid.*, p. 686-687.

34. *Ibid.*, p. 692-693.

35. *Id.*

36. *Ibid.*, p. 694-695.

37. *Id.*

38. *Ibid.*, p. 698-699.

39. *Apologies et controverses, op. cit.*, p. 138-142.
40. *Une correspondance..., op. cit.*, p. 698-699.
41. Cf. van Ess : « Skepticism... », *op. cit.*, p. 8.
42. *K. al-Burhān*, in *Apologies et controverses, op. cit.*, p. 39-41.
43. *Une correspondance..., op. cit.*, p. 698-699. C'est moi qui souligne.
44. *Ibid.*, p. 688-689.
45. Cf. ci-après, chap. III, § 2.
46. *Une correspondance..., op. cit.*, p. 688-689.
47. *Apologies et controverses, op. cit.*, p. 128.
48. Cf. M. Asin Palacios : « La tesis de la necesidad de la revelación en el Islam y en la Escolastica », *Al-Andalus*, 1935, p. 345-390. Nous avons vu cet argument repris par Ibn al-Muqaffa' lui-même dans l'*Épître au calife*.
49. Cf. G. Strohmaier : art. « Ḥunayn b. Isḥāḳ al-'Ibādī », *E.I.2*, III, 1967, p. 600 a.
50. Éd. 'A. Badawī, Koweit, 1406/1985.
51. Voir un exemple flagrant d'interpolation relevé par J. Kraemer : « Arabische Homerverse », *op. cit.*, p. 295.
52. B. Heller et N.A. Stillman : art. « Luḳmān », *E.I.2*, V, p. 817 a.
53. *Ādāb, op. cit.*, p. 157-163. Trad. espagnole avec des remarques introductives par M. Abumalham : « Salomon y los genios », *Anaquel de estudios árabes*, III, 1992, p. 37-46.
54. J. Jolivet : « L'idée de sagesse et sa fonction dans la philosophie des IVe et Ve siècles », *Arabic Sciences and Philosophy*, I, 1991, (p. 31-65) p. 46.
55. *Ibid.*, p. 45-47.
56. À l'exception de celui d'Ibn Hindū « qui est purement grec et plus éthique que religieux » (J. Jolivet, *op. cit.*, p. 64, n. 113).
57. *Ibid.*, p. 64.
58. *Ādāb, op. cit.*, p. 157.
59. *Ibid.*, p. 158.
60. M. Abumalham : *op. cit.*, p. 39 et 41.
61. Cf. T. Fahd : « Anges, démons et djinns en islam », *Génies, anges et démons*, Sources orientales n° 8, Paris, 1971, (p. 153-214) p. 189.
62. Cf. J.A. Fabricius : *Codex pseudepigraphus Veteris Testamenti*, Hambourg et Leipzig, 1713, p. 1032-1040.
63. *Ibid.*, p. 1040.
64. Cf. XXVII, 17 et XXXIV, 12-14.
65. XXXIV, 14.
66. *Id.*
67. Cf. M. Gaudefroy-Demombynes : *Mahomet*, Paris, 1957, p. 413 ; et T. Fahd : *op. cit.*, p. 191.
68. *Ibid.*, p. 176.

Chapitre III

1. Éd., trad. et comment. par A. Barthélemy : *Gujastak Abālish*, Paris, 1887.
2. *Ibid.*, p. 2-3.
3. Éd., trad. et annotation par J. de Menasce : *Une apologie mazdéenne du IXe siècle : le Š.G.V.*, Fribourg, 1945.
4. *Ibid.*, p. 40-44.
5. *Ibid.*, p. 65.
6. *Ibid.*, p. 102.
7. *Ibid.*, p. 127.
8. *Ibid.*, p. 155.
9. *Ibid.*, p. 211.
10. *Ibid.*, p. 193.
11. *Ibid.*, p. 187.
12. *Ibid.*, p. 219.
13. *G.A.*, *op. cit.*, p. 33.
14. Le texte de Māturīdī *(K. al-Tawḥīd)* sur les mazdéens et sur les manichéens est connu ; celui d'al-Aš'arī *(Maqāla ġayr al-Islāmiyīn)* est indiqué par Ibn Taymīya.
15. G. Monnot : « Les écrits musulmans sur les religions non chrétiennes », *op. cit.*, n°s 6-2, 9-2, 12-1, 12 *bis*-2, 17 *bis*-3.
16. G. Monnot recense, pour la même période que précédemment, quatorze réfutations en propre : n°s 1, 4-1, 6-1, 8-2, 10, 11, 13-2, 16, 17, 20-1, 20-2, 26-1, 26-2, 31-2.
17. Cf. *ibid.*, n°s 4-2, 12-2, 13-1, 17 *bis*-2, 20-3, 29-2.
18. J. van Ess : « Die Hinrichtung des Ṣāliḥ b. 'Abdalquddūs », *Studien zur Geschichte und Kultur des Vorderen Orients. Festschrift für Bertold Spuler*, H.R. Roemer et A. Noth éd., Leyde, 1981, p. 53-66 ; résumé dans *Theologie und Gesellschaft…*, *op. cit.*, II, p. 15-19.
19. Cf. I. Goldziher : « Ṣāliḥ b. 'Abd-al-Ḳuddūs und das Zindīḳthum während der regierung des chalifen al-Mahdî », *Transactions of the Ninth International Congress of Orientalists*, Londres, 1893, II, p. 104-129.
20. Cf. E. Beck : « Ephrems Brief an Hypatios », *Oriens Christianus*, 58, 1974, p. 76-120.
21. Abū 'Ammār 'Abd al-Kāfī : *Mūǧaz*, éd. 'A. Ṭalbī : *Arā' al-Ḫawāriǧ al-kalāmīya*, Alger, 1398/1978, I, p. 291-297.
22. Cf. S.H. Griffith : « Islam and the Summa Theologica Arabica ; *Rabī 'I*, 264 A.H. », *Jerusalem Studies in Arabic and Islam*, 13, 1990, p. 225-264.
23. *Apologies et controverses*, *op. cit.*, p. 100-127.
24. *Ibid.*, p. 102.
25. *Ibid.*, p. 103.

26. La synthèse la plus récente des informations est faite par D. Thomas dans l'introduction à son *Anti-Christian Polemic in Early Islam. Abū 'Īsā al-Warrāq's « Against the Trinity »*, *op. cit.*, p. 9-22.

27. Al-Ḫayyāṭ : *Kitāb al-Intiṣār*, éd. et trad. A. Nader, Beyrouth, 1957, texte p. 110.

28. *Anti-Christian Polemic...*, *op. cit.*, p. 16 et 57.

29. *K. al-Intiṣār*, *op. cit.*, texte p. 108, l. 12 et p. 110, l. 6.

30. *Ibid.*, p. 108, l. 2-3.

31. Cf. D. Thomas, *op. cit.*, p. 11 et 184, n. 14.

32. C. Colpe : « Anpassung des Manichäismus an der Islam (Abū 'Īsā al-Warrāq) », *Z.D.M.G.*, 109, 1, 1959, p. 82-91. S. Stroumsa : « The Barāhima in early Kalām », *Jerusalem Studies in Arabic and Islam*, 6, 1985, p. 230-231, n. 5.

33. Cette dernière thèse était déjà suggérée par al-Šarīf al-Murtaḍā (m. 436/1044). Cf. 'A. A. al-A'sam : *Tārīḫ Ibn al-Rīwandī al-mulḥid*, Beyrouth, 1975, p. 102.

34. Cf. ci-dessus n. 32. La principale citation d'al-W. sur le manichéisme est faite par Šahrastānī : *Livre des religions...*, *op. cit.*, I, p. 655-662.

35. Cf. G. Monnot : *Penseurs musulmans et religions iraniennes*, *op. cit.*, *passim* (voir index s.v. « al-Warrāq »).

36. « Er entmythologisierte... » : « Anpassung... », *op. cit.*, p. 91.

37. L'exposé est publié et traduit par E. Platti : « La doctrine des chrétiens d'après Abū 'Īsā al-Warrāq dans son traité sur la Trinité », *MIDEO*, 20, 1991, p. 7-30. Cet exposé et la première moitié de la réfutation (concernant la Trinité) sont publiés et traduits par D. Thomas : *Anti-Christian Polemic...*, *op. cit.* La seconde partie critique (sur l'Incarnation) est contenue dans la réfutation de Yaḥyā ibn 'Adī : *De l'Incarnation*, éd. E. Platti, C.S.C.O. 490 (texte), 491 (trad.), Louvain, 1987.

38. Éd. Thomas, § 15, p. 76.

39. Trad. Platti, § 12.

40. Cf. D. Thomas : *Anti-Christian Polemic...*, *op. cit.*, p. 90, l. 51-52.

41. Cf. D. Urvoy : *Penser l'Islam. Les présupposés islamiques de l'« Art » de Lull*, Paris, 1980, p. 269-277.

42. *Anti-Christian Polemic...*, *op. cit.*, p. 96 et 98.

43. Abū 'Īsā al-Warrāq et Yaḥyā ibn 'Adī : *De l'Incarnation*, *op. cit.*, p. 66 ar./p. 55-56 trad. Platti.

44. *Anti-Christian Polemic...*, *op. cit.*, p. 160, l. 20 *sq.*

45. *Ibid.*, p. 63 : confusion de *ğawharīya* (substantialité) avec *ğawhar* (substance).

46. *De l'Incarnation*, *op. cit.*, p. 46 ar./p. 39 trad. Traduction Platti légèrement modifiée.

47. Cf. E. Platti : *Yaḥyā Ibn 'Adī, théologien chrétien et philosophe arabe*, Louvain, 1983, p. 76-133 ; et « Les objections d'Abū 'Īsā al-Warrāq concernant l'Incarnation et les réponses de Yaḥyā ibn 'Adī », *Quaderni di Studi Arabi*, 5-6, 1987-1988, p. 661-666.

48. E. Platti : « Les objections... », *op. cit.*, p. 661-662. Platti s'arrête en particulier sur la critique, par al-W., de la formule « Il s'est manifesté ». L'auteur musulman rejoint l'interrogation du chrétien en proposant, entre beaucoup d'autres, l'interprétation selon laquelle le Verbe a manifesté dans le corps humain une « économie » *(tadbīr)* indiquant Sa Sagesse et Sa Puissance. Mais pour lui tout corps manifeste, en fait, une économie divine à un degré quelconque.

49. Je ne détaille pas ici la totalité des arguments attribués à al-W., car d'une part la plupart sont repris par Ibn al-Rīwandī et nous les examinerons à son sujet, d'autre part il n'est pas sûr qu'ils soient tous d'al-W., même si le problème de l'attribution d'une thèse à tel ou tel *zindīq* est extrêmement complexe. Sur l'ambiguïté des rapports entre al-W. et Ibn al-Rīwandī, cf. D. Thomas : *Anti-Christian Polemic...*, *op. cit.*, p. 19-20 et 23-25, ainsi que ci-après.

50. J. van Ess : « Ibn ar-Rēwandī or the making of an Image », *Al-Abhath*, XXVII, 1978-1979, p. 18.

51. Cf. *ibid.*, p. 19-20, et D. Thomas : *Anti-Christian Polemic...*, *op. cit.*, p. 28-29.

52. 'Abd al-Ǧabbār : *K. taṯbīt dalā'il al-nubuwwa*, éd. 'A. K. 'Uṯmān, Beyrouth, 1966, p. 371.

53. Cf. D. Thomas : *Anti-Christian Polemic...*, *op. cit.*, p. 26.

54. Cf. J. van Ess : « Ibn ar-Rēwandī... », *op. cit.*, p. 19.

55. Al-Māturīdī : *K. al-tawḥīd*, éd. F. Kholeif, Beyrouth, 1970, p. 200.

56. Tawḥīdī : *K. al-imtā' wa-l-mu'ānasa*, éd. A. Amīn et A. al-Zayn, Le Caire, 2e éd., 1939-1944, III, p. 192. Tawḥīdī ne semble pas choqué outre mesure par ces idées puisqu'il classe al-W. parmi les *mutakallimūn* « d'esprit pénétrant » *(ḥuḏḏāq)*.

57. 'Abd al-Kāfī : *al-Mūǧaz*, *op. cit.*, I, p. 281-283.

58. Cf. M.J. McDermott : « Abū 'Īsā al-Warrāq on the Dahriyya », *Mélanges de l'Université Saint-Joseph*, L, I, 1984, p. 387-402.

59. J. van Ess : « Ibn ar-Rēwandī... », *op. cit.*, p. 19, n. 3.

60. D. Thomas : *Anti-Christian Polemic...*, *op. cit.*, p. 61.

61. Cf. 'A. A. al-A'sam : *Tārīḫ Ibn al-Rīwandī al-mulḥid*, Beyrouth, 1975, complété par deux suppléments dans *Ibn al-Rīwandī fi-l-marāǧi' al-'arabiyya al-ḥadīṯa*, 2 vol., Beyrouth, 1978.

62. Cf. 'A. A. al-A'sam : *Kitāb Fadihat al-Mu'tazilah. Analytical Study of Ibn ar-Riwandi's Method in his Criticism of the Rational Foundation of Polemics in Islam*, Beyrouth-Paris, 1975-1977, p. 9-29.

63. Voir de van Ess, notamment : « Ketzer und Zweifler im Islam », *Bustan*, 1964, 2, p. 10-15 ; « Ibn ar-Rēwandī... » *op. cit.*, p. 5-26 ; « Une lecture à rebours de l'histoire du mu'tazilisme », *Revue des études islamiques*, XLVI-2, 1978, p. 164-191.

64. J. van Ess : « Une lecture à rebours... », *op. cit.*, p. 166.

65. Cf. S. Stroumsa : « The Blinding Emerald : Ibn al-Rāwandī's Kitāb al-Zumurrud », *J.A.O.S.*, 114, 2, 1994, p. 178-179.

66. J. van Ess : « Ketzer und Zweifler... », *op. cit.*

67. Al-Aš'arī, cité par al-A'sam : *Tārīḫ*, *op. cit.*, p. 48-50.

68. Al-Ḫayyāṭ : *K. al-Intiṣār*, *op. cit.*, § 49.

69. Al-Aš'arī, *loc. cit.*, p. 49.

70. H.S. Nyberg : « 'Amr Ibn 'Ubaid et Ibn al-Rawendi, deux réprouvés », *Classicisme et déclin culturel dans l'histoire de l'Islam*, Paris, 1957, p. 125-139.

71. Šahrastānī : *Livre des religions et des sectes*, *op. cit.*, I, p. 46.

72. Al-A'sam : *Kitab Fadihat...*, *op. cit.*, p. 42.

73. Al-Šarīf al-Murtaḍā, cité par al-A'sam : *Tārīḫ*, *op. cit.*, p. 99.

74. Šahrastānī, *op. cit.*, p. 550, n. 49.

75. Cf. al-A'sam : *Kitāb Fadihat...*, *op. cit.*, p. 52-59.

76. Cf. al-Ḫayyāṭ : *K. al-Intiṣār*, *op. cit.*, § 2.

77. Cité dans D. Gimaret : « Matériaux pour une bibliographie des Ǧubbā'ī », *Journal asiatique*, CCLXIV, 1976, 3-4, (p. 277-332) p. 291.

78. *Ibid.*, p. 292-293.

79. Cité par Ibn Abī-l-Ḥadīd, in al-A'sam : *Tārīḫ*, *op. cit.*, p. 184.

80. Cf. D. Gimaret : « Bibliographie d'Aš'arī : un réexamen », *Journal asiatique*, CCLXXIII, 1985, 3-4, (p. 223-292) p. 247-248 et p. 265-266. Inversement il conteste I.R. en défendant Ibn Kullāb sur les attributs (p. 245) et à propos des œuvres surérogatoires (p. 267-268).

81. Cité par Ibn al-Ǧawzī, in al-A'sam : *Tārīḫ*, *op. cit.*, p. 158.

82. Cf. D. Gimaret : « Matériaux... », *op. cit.*, p. 297-298.

83. Cf. la cit. d'Ibn al-Ǧawzī, in al-A'sam : *Tārīḫ*, *op. cit.*, p. 196.

84. Ibn Ḥazm : *K. al-fiṣal fī-l-milal*, *op. cit.*, III, p. 17-18.

85. Cf. D. Gimaret : « Matériaux... », *op. cit.*, p. 328-329.

86. Cf. J. Wansbrough : *Quranic Studies. Sources and methods of scriptural interpretation*, Oxford, 1977, p. 163 *sq.*

87. Cf. 'Abd al-Ǧabbār, cité par al-A'sam : *Ibn al-Rīwandī fī-l-marāgi'...*, *op. cit.*, I, p. 29-30.

88. Cf. D. Gimaret : « Matériaux... », *op. cit.*, p. 329.

89. Cf. H. Ritter : « Ibn al-Ǧawzī's Bericht über Ibn ar-Rēwandi », *Der Islam*, 1931, p. 1-17.

90. Cf. P. Kraus : « Beiträge zur islamischen Ketzergeschichte. Das Kitāb azzumurruḏ des Ibn ar-Rāwandī », *Rivista degli Studi Orientali*, XIV, II, 1933, p. 93-129 ; IV, 1934, p. 335-379.

91. Cf. M. Guidi : « Postille ai Beiträge zur islamischen Ketzergeschichte », *R.S.O.*, XIV, III, 1993, p. 313-317, et les p. XX-XXI de son *Islam e Manicheismo*.

92. Cf. la cit. d'Ibn al-Ǧawzī, in al-A'sam : *Tārīḫ*, *op. cit.*, p. 164-165.

93. Cf. la cit. d'al-Šīrāzī, in *ibid.*, p. 128.

94. Cf. les cit. d'al-Rāzī, in *ibid.*, p. 176-177.

95.Cité par al-Šīrāzī, in *ibid.*, p. 122.

96. J. de Menasce optait pour la valeur historique (cf. *Škand*, *op. cit.*, p. 243, n. 2 et 244). Beaucoup, au contraire, la niaient. N. Calder, dans « The

Barāhima : literary Construct and historical Reality », *B.S.O.A.S.*, LVII, 1, 1994, p. 40-51, donne un résumé de la discussion à ce sujet, ainsi qu'une nouvelle solution.

97. Cf. al-Bāqillānī : *K. al-Tamhīd*, éd. R.J. McCarthy, Beyrouth, 1957, p. 104-131.

98. Cf. Šahrastānī : *Livre des religions et des sectes*, II, trad. J. Jolivet et G. Monnot, Louvain, 1993, p. 527-530.

99. Cf. S. Stroumsa : « The Barāhima in early Kalām », *Jerusalem Studies in Arabic and Islam*, 6, 1985, p. 229-241.

100. Cf. G. Vajda : « La prophétologie de Dāwūd Ibn Marwān al-Raqqī *al-Muqammiṣ*, théologien juif arabophone du IXe siècle », *Journal asiatique*, CCLXV, 1977, 3-4, p. 227-235.

101. J. van Ess : *Theologie und Gesellschaft…*, *op. cit.*, I, p. 453.

102. Cf. ci-dessus n. 65.

103. Māturīdī : *K. al-tawḥīd*, *op. cit.*, p. 199-200 (voir aussi p. 197). Texte révisé dans al-A'sam : *Tārīḫ*, *op. cit.*, p. 69-70.

104. Chez Ibn Hağār, in al-A'sam : *Tārīḫ*, *op. cit.*, p. 220.

105. J. van Ess : « Une lecture à rebours… », *op. cit.*, p. 178, n. 3.

106. Cité dans al-A'sam : *Tārīḫ*, *op. cit.*, p. 47.

107. Cité dans D. Gimaret : « Matériaux… », *op. cit.*, p. 295.

108. S. Stroumsa : « The Blinding Emerald… », *op. cit.*, p. 173 et 181.

109. Cité par al-Bazdawī, in al-A'sam : *Tārīḫ*, *op. cit.*, p. 142.

110. Cela n'est pas absolument sûr (cf. D. Gimaret : *Livre des religions…*, *op. cit.*, I, p. 205, n. 32).

111. Cité par al-Maqdisī, in al-A'sam : *Tārīḫ*, *op. cit.*, p. 75-76.

112. Māturīdī : *K. al-tawḥīd*, *op. cit.*, p. 193.

113. *Ibid.*, p. 179.

114. Cf. Ġazālī : *Iḥyā' 'ulūm al-Dīn*, éd. Beyrouth, s.d., II, p. 88, et la trad. par R. Morelon : *al-Ġazālī, le Livre du licite et de l'illicite*, Paris, 1981, p. 3.

115. S. Stroumsa : « The Blinding Emerald… », *op. cit.*, p. 174 *sq.*

116. Cité dans al-A'sam : *Tārīḫ*, *op. cit.*, p. 81-82.

117. Cf. l'art. de C. Cahen et Ch. Pellat dans *E.I.2*, III, p. 692 b-696 b.

118. J. van Ess : « al-Fārābī and Ibn al-Rēwandī », *Hamdard Islamicus*, III, 4, 1980, p. 3-15.

119. S. Stroumsa : « From Muslim Heresy to Jewish-Muslim Polemics : Ibn al-Rāwandī's *Kitāb al-Dāmigh* », *Journal of the American Oriental Society*, 107, 3-4, 1987, p. 767-772.

120. Cf. S. Stroumsa : « Elisha ben Abuyah and Muslim Heretics in Maimonides' Writings », *Maimonidean Studies*, III, à paraître.

121. Rassemblées par I. Davidson : *Saadia's Polemic against Ḥiwi al-Balkhi*, New York, 1915.

122. *Ibid.*, p. 28.

123. M. Ventura : *La Philosophie de Saadia Gaon*, Paris, 1934, p. 38-49 et 206-210.

124. G. Vajda : « À propos de l'attitude religieuse de Ḥīwī al-Balḫī », *Revue des études juives*, 99, 1935, p. 81-91.

125. *Škand...*, *op. cit.*, p. 181.

126. G. Vajda : *op. cit.*, p. 81.

127. J. Rosenthal : « Ḥiwi al-Balkhi. A Comparative Study », *Jewish Quarterly Review*, XXXVIII, 1947-1948, p. 317-342 et 419-430 ; XXXIX, 1948-1949, p. 79-94.

128. *Ibid.*, p. 342.

129. S. Stroumsa : « The Blinding Emerald... », *op. cit.*, n. 112.

130. Cf. M. Ventura : *op. cit.*, p. 40-41, n. 28 et 29.

131. Connu seulement par une indication des réponses de celui-ci (cf. J. Rosenthal : *op. cit.*, p. 320). M. Ventura (*op. cit.*, p. 39, n. 21) considère que ce sont les mêmes que celles qui nous occupent ici.

132. Cf. I. Davidson : *Saadia's Polemic...*, *op. cit.*, p. 62-63.

133. Cf. *ibid.*, p. 25.

134. G. Vajda : *Introduction à la pensée juive du Moyen Âge*, Paris, 1947, p. 60. C'est moi qui souligne.

Chapitre IV

1. Cf. A. Charfi : « Bibliographie du dialogue islamo-chrétien. 1. Du VIIe au Xe siècle (compris). 11. Auteurs musulmans », *Islamochristiana*, 1, 1975, (p. 142-152), p. 144-145.

2. Cf. A. Badawī : *Histoire de la philosophie en Islam. II. Les philosophes purs*, Paris, 1972, p. 578.

3. Cf. M.-Th. Urvoy : *Traité d'éthique d'Abū Zakariyyā' Yaḥyā Ibn 'Adī*, Paris, 1991, p. 30-32.

4. Cf. J. Ruska : « al-Bīrūnī als Quelle für das Leben und die Schriften al-Rāzīs », *Isis*, V, 1922, p. 26-50 ; et G. Monnot : « Les écrits musulmans sur les religions non chrétiennes », *op. cit.*, p. 22-23.

5. Kraus a publié un premier volume de ses *Raṣā'il falsafiyya*, Le Caire, 1939. J'utilise la reproduction faite par Dār al-Afāq al-ǧadīda, Beyrouth, 1977. Des fragments préparés pour le t. II se trouvent dans l'article « Raziana II », *Orientalia*, V, 1936, p. 358-378.

6. Cf. G. Monnot : « Les écrits musulmans... », op. cit., p. 25.

7. Cf. G. Monnot : *Islam et religions iraniennes*, Paris, 1986, p. 222.

8. Cf. éd. S. al-Sawy et G.R. Aavani : *Abū Ḥātim al-Rāzī, A'lām al-nubuwwa (The Peaks of Prophecy)*, Téhéran, 1977. Trad. partielle par F. Brion : « Philosophie et Révélation : traduction annotée de six extraits du *Kitāb a'lām al-nubuwwa*

d'Abū Ḥātim al-Rāzī », *Bulletin de philosophie médiévale*, 28, 1986, p. 135-162 ; et « Le temps, l'espace et la genèse du monde selon Abū Bakr al-Rāzī. Présentation et traduction des chapitres 1, 3-4 du *Kitāb a'lām al-nubuwwa* d'Abū Ḥātim al-Rāzī », *Revue philosophique de Louvain*, 87, 1989, p. 139-164.

9. Éd. Kraus : « Raziana II », *Orientalia*, V, 1936, p. 35-56 et 358-378, partiellement repris dans les *Raṣā'il*, p. 291-316.

10. Cf. G. Monnot : « Les écrits musulmans... », *op. cit.*, p. 25.

11. *Id.*

12. Éd. Kraus, p. 1-96. Elle peut être complétée par D. Gutas : « Notes and Texts from Cairo Mss. I : Addenta to P. Kraus's Edition of Abū Bakr al-Rāzī's *Al-Ṭibb al-ruhānī* », *Arabica*, XXXIV, 1, 1977, p. 91-93.

13. Éd. Kraus, p. 97-112. Trad. par le même : « Raziana I », *Orientalia*, IV, 1935, p. 300-325.

14. *Al-Ṭibb al-ruhānī*, *op. cit.*, p. 17-18.

15. *Raṣā'il*, *op. cit.*, p. 295, l. 4.

16. *Ibid.*, l. 8, p. 296, l. 8, etc.

17. *Ibid.*, p. 296, l. 20.

18. A.B. al-Rāzī : *Traité de diététique*. Éd. et trad. espagnole par R. Kuhne Brabant : « Un tratadito inédito de dietética de al-Rāzī », *Anaquel de estudios árabes*, 2, 1991, (p. 35-73) p. 59 ar./49 trad.

19. *Raṣā'il*, *op. cit.*, p. 301, l. 17-19.

20. *Ibid.*, p. 302, l. 10-11.

21. *Ibid.*, p. 303, l. 2-3.

22. *Ibid.*, p. 303, l. 19.

23. *Ibid.*, p. 303, l. 8.

24. *K. al-sīrat al-falsafiyya*, *op. cit.*, p. 102, l. 3-5 ; trad. : *loc. cit.*, p. 325.

25. Éd. Kraus, p. 139-164.

26. *Al-Ṭibb al-ruhānī*, *op. cit.*, p. 29-30 et p. 62-63.

27. *K. al-sīrat al-falsafiyya*, *op. cit.*, p. 101, l. 13-14 ; trad. p. 325.

28. *Ibid.*, p. 103, l. 14-15 ; trad. p. 327.

29. *Ibid.*, p. 105, l. 12-13 ; trad. p. 329.

30. Dans son étude : « Quelques aspects de l'éthique d'Abū Bakr al-Rāzī et ses origines dans l'œuvre de Galien », *Studia Islamica*, LXIX, 1989, p. 5-38 et LXX, 1989, p. 119-148, M.M. Bar-Asher relève que la « Médecine de l'âme » est plus conciliante vis-à-vis de l'ascétisme que « Le mode de vie philosophique », mais il s'agit surtout de citations d'auteurs antiques, et, de toute façon, il reconnaît que même là, al-Rāzī garde un point de vue utilitariste qui n'existe pas dans les formes d'ascétisme qu'il condamnera plus tard.

31. *K. al-sīrat al-falsafiyya*, *op. cit.*, p. 106, l. 2-3 ; trad. p. 330.

32. Cf. L.E. Goodman : « Rāzī's Myth of the Fall of Soul : its Function in his Philosophy », *Essays on Islamic Philosophy and Science*, G. Hourani éd., Albany, 1975, (p. 25-40) p. 29.

33. A. Badawī : *Histoire de la philosophie en Islam…*, *op. cit.*, p. 594.

34. H. Corbin : *Histoire de la philosophie islamique*, Paris, 1964, p. 201.

35. *Ibid.*, p. 200.

36. Cf. J. van Ess : « Skepticism… », *op. cit.*

37. Ibn Ḥazm : *Kitāb al-fiṣal fī-l-milal*, *op. cit.*, V, p. 119-124. Trad. espagnole par M. Asin Palacios : *Abenhazam de Cordoba y su historia crítica de las ideas religiosas*, Madrid, 1932, V, p. 329-337. Analyse suivie par A.M. Turki : « La réfutation du scepticisme et la théorie de la connaissance dans les *Fiṣal* d'Ibn Ḥazm », rééd. in *Théologiens et juristes de l'Espagne musulmane. Aspects polémiques*, Paris, 1982, p. 159-198.

38. Ibn Ḥazm : *Ṭawq al-ḥamāma*, éd. H. K. al-Ṣirāfī et I. al-Abiārī, Le Caire, s.d., p. 19.

39. Ibn Ḥazm : *Fiṣal*, *op. cit.*, V, p. 119.

40. *Ibid.*, p. 120, l. 14.

41. *Ibid.*, p. 121.

42. *Ibid.*, p. 123, l. 14.

43. *Ibid.*, p. 123.

44. *Ibid.*, p. 123-124.

45. *Ibid.*, p. 121-122 (j'ai résumé le tableau des sectes que l'auteur donne plus longuement).

46. *Ibid.*, p. 123.

47. Cf. A.M. Turki : « La réfutation du scepticisme… », *op. cit.*, p. 46.

48. Ibn Ḥazm : *Épître morale (Kitāb al-aḫlāq wa-l-siyar)*, éd. et trad. N. Tomiche, Beyrouth, 1961, § 55.

49. *Ibid.*, § 234 à 238.

50. Cf. D. Urvoy : « La pensée religieuse des mozarabes face à l'islam », *Traditio*, XXXIX, 1983, (p. 419-432) p. 423-424.

51. Cf. J. van Ess : « Skepticism… », *op. cit.*, p. 3 *sq.*

52. Cf. Abū Ḥātim al-Rāzī : *A'lām al-nubuwwa*, *op. cit.*, p. 69-70 ; trad. F. Brion : « Philosophe et Révélation… », *op. cit.*, p. 145-146.

53. *Fiṣal*, *op. cit.*, V, p. 120, l. 3 *sq.*

54. *Ibid.*, p. 120-121.

55. *Ibid.*, p. 121, l. 3-4.

56. *Ibid.*, p. 119-120.

57. Lettre à l'auteur du 28 octobre 1993.

58. Cf. M. Fierro : « Ibn Ḥazm et le zindīq juif », *R.E.M.M.M.*, 63-64, 1992, p. 81-89.

59. Ǧuwaynī : *K. al-Iršād*, Le Caire, 1950, p. 302-303 et 310-311.

60. Cf. P. Smoor : art. « al-Ma'arrī », *E.I.2*, V, p. 932 b-939 b.

61. Cf. H. Laoust : « La vie et la philosophie d'Abū-l-'Alā' al-Ma'arrī », *Bulletin d'études orientales*, X, 1943-1944, (p. 119-159) p. 128 et 132.

62. Cf. M. Saleh : « Abū-l-'Alā' al-Ma'arrī (363-449/973-1057). Bibliographie critique », *B.E.O.*, XXII, 1969, (p. 133-204) p. 156.

63. Cf. P. Smoor : *op. cit.*, p. 936 a.

64. *R. al-ġufrān*, éd. Dār Ṣāder, Beyrouth, 1384/1964, p. 326. Cf. P. Smoor : *op. cit.*, p. 936 b.

65. Cf. M. Saleh : « al-Ma'arrī… Bibliographie… » (suite), *B.E.O.*, XXIII, 1970, (p. 197-311) p. 199-204 et 234.

66. Cf. *ibid.*, p. 205 et 210.

67. Cf. *ibid.*, p. 213, 224 et 229-230.

68. *Luzūmīyāt*, éd. Dār Ṣāder, Beyrouth, 2 vol., s.d., I, p. 5.

69. *Ibid.*, I, p. 206, v. 7.

70. *Ibid.*, I, p. 58, v. 3.

71. *Ibid.*, II, p. 182, v. 7.

72. Cf. le vers que lui attribue Subkī, in al-A'sam : *Tārīḫ Ibn al-Rīwandī*…, *op. cit.*, p. 202.

73. E.S. Ghali : « Le végétalisme et le doute chez Abū-l-'Alā' al-Ma'arrī », *B.E.O.*, XXXII-XXXIII, 1980-1981, p. 99-112.

74. *Luzūmīyāt*, *op. cit.*, I, p. 196, v. 1-2.

75. *Ibid.*, I, p. 65, v. 1-2.

76. Littéralement « de ponts ». *Ibid.*, I, p. 321, v. 1.

77. *Ibid.*, I, p. 443 : *al-uṣūl al-fāsida*, v. 2-3.

78. *Ibid.*, I, p. 196, v. 3.

79. *Ibid.*, I, p. 321, v. 4.

80. CXII, 2.

81. Cf. D. Gimaret : *Les Noms divins en Islam*, Paris, 1988, p. 320-323.

82. *Luzūmīyāt*, *op. cit.*, II, p. 268.

83. Cf. VII, 29 et 41/42.

84. II, 53 et XXI, 48/49.

85. II, 185/181 ; III, 3-4/2 ; XXV, 1.

86. *Luzūmīyāt*, *op. cit.*, II, p. 301.

87. Cf. les exemples cités par H. Laoust : « La vie et la philosophie… », *op. cit.*, p. 144-147.

Chapitre V

1. « Ibn ar-Rēwandī or the making of an Image », *op. cit.*, p. 8.

2. Éd. Beyrouth, 1971. Voir aussi M. Allard : « Comment comprendre le Coran selon Muḥāsibī », *B.E.O.*, XXIX, 1977, p. 7-16.

3. Cf. D. Urvoy : « La pensée d'Ibn Tūmart », *B.E.O.*, XXVII, 1974, p. 19-44 ; et *Ibn Rushd (Averroes)*, *op. cit.*

4. G. Makdisi : *Ibn 'Aqīl et la résurgence de l'islam traditionnel au* XIe *siècle (*Ve *siècle de l'Hégire)*, Damas, 1963, p. 529.

5. *Ibid.*, p. 531.

6. Sur tout ceci, voir H. Laoust : *La Politique de Ġazālī*, Paris, 1970.

7. *Ibid.*, p. 370.

8. *Ibid.*, p. 377.

9. Cf. H. Laoust : « L'hérésiographie musulmane sous les abbassides », *Cahiers de civilisation médiévale*, avril-juin 1967, p. 157-178.

10. Voir références dans G. Graf : *Geschichte der christlischen arabischen Literatur*, II, Vatican, 1947, p. 48-49, complété par C. Haddad : *'Isa Ibn Zur'a, philosophe arabe et apologiste chrétien*, Beyrouth, 1971, p. 53. Quelques citations dans R. Haddad : *La Trinité chez les théologiens arabes (750-1050)*, Paris, 1985, p. 65-66, 145, 177 n. 344, 203.

11. Cf. G. Graf : *op. cit.*; R. Haddad : *op. cit.*, p. 65 n. 281, 66, 261-262 s.v. « Ibn al-'Assāl (Al-Mu'taman) ».

12. Cf. l'art. « 'Aḍud al-Dawla », *E.I.2*, I, p. 217 b-219 a, par H. Bowen.

13. J.M. Fiey : «'Rūm' à l'est de l'Euphrate », *Le Muséon*, 90, 1-2, 1977, (p. 365-420) p. 399.

14. Cf. *ibid.*, p. 401-402.

15. « Le Livre de l'unanimité de la foi de 'Alī ibn Dāwud al-Arfādī », éd. et trad. G. Troupeau, *Melto*, 2, 1969, p. 197-219.

16. *Ibid.*, p. 202-203, l. 3.

17. *Ibid.*, p. 200-201, l. 10.

18. *Ibid.*, p. 202-203, l. 9.

19. *Ibid.*, p. 216-217, l. 3.

20. Cf. *Enchiridion Symbolorum*, éd. N. Denzinger et A. Schönmetzer, 36e éd., Fribourg-en-Brisgau, 1976, p. 19.

21. « Le Livre de l'unanimité de la foi... », *op. cit.*, p. 210-211.

22. *Ibid.*, p. 214-215, l. 9.

23. *Ibid.*, p. 212-213, l. 10.

24. *Ibid.*, p. 214-215, l. 9-10.

25. Cf. l'art. « Ma'nā. I. En grammaire », *E.I.2*, VI, p. 330 b-331 a, par C.H.M. Versteegh.

26. Éd. G. Endress, *Journal for the History of Arabic Science*, II, 1, mai 1978, p. 38-50. Voir l'étude du même auteur : « al-munāẓara bayna-l-manṭiq al-falsafī wa-l-naḥw al-'arabī fī 'uṣūr al-ḫulafā' », *Jour. Hist. Ar. Sc.*, I, 2, novembre 77, p. 106-118 ar., p. 320-322 anglais.

27. Cf. l'art. « Ma'nā. II. En philosophie », *E.I.2*, VI, p. 331, par O.N.H. Leaman.

28. « Le Livre de l'unanimité de la foi... », *op. cit.*, p. 216-217, l. 6.

29. *Ibid.*, l. 8 et 10.

30. Cf. M. Mahdi : « Language and Logic in Classical Islam », in G.E. von Grünenbaum éd. : *Logic in Classical Islamic Culture*, Wiesbaden, 1970, p. 51-83.

31. Cf. R. Arnaldez : *Grammaire et théologie chez Ibn Ḥazm de Cordoue*, Paris, 1956, p. 58.

32. Cf. D. Urvoy : *Ibn Rushd (Averroes), op. cit.*, p. 94-95.
33. « Le Livre de l'unanimité de la foi... », *op. cit.*, p. 214-215, l. 4.
34. J.M. Fiey : «'Rūm' à l'est de l'Euphrate », *op. cit.*, p. 398.
35. Cf. A. Sidarus : *Ibn al-Rāhibs Leben und Werk*, Fribourg-en-Brisgau, 1975, p. 90.
36. Voir la citation donnée par M. Hayek : « 'Ammār al-Baṣrī. La première somme de théologie chrétienne en langue arabe, ou deux apologies du christianisme », *Islamochristiana*, 2, 1976, (p. 69-133) p. 70.

Chapitre VI

1. Éd. I. Dick, Jounieh, 1982.
2. G. Monnot : « Abū Qurra et la pluralité des religions », *Revue de l'histoire des religions*, CCVIII, 1, janvier-mars 1991, (p. 49-71) p. 67.
3. Cf. D. et M.-Th. Urvoy : « Les thèmes chrétiens chez Ibn Sab'īn et la question de la spécificité de sa pensée », *Studia Islamica*, XLIV, 1976, p. 99-121.
4. Sur tout ceci voir D. Urvoy : *Penser l'Islam. Les présupposés islamiques de l'« Art » de Lull, op. cit.*
5. Cf. le résumé de cette question dans D. Urvoy : « La place de Ramon Llull dans la pensée arabe », *Catalan Review*, IV, 1-2, juillet-décembre 1990, p. 201-220.
6. Éd. crit. A. Bonner : *Ramon Llull, Llibre del Gentil e dels tres savis (Nova edició de les obres de Ramon Llull)*, II, Palma de Majorque, 1993.
7. *Ibid.*, p. 5-6.
8. Cf. D. Urvoy : *Penser l'Islam, op. cit.*, p. 406-415.
9. Cf. R. Lull : *Doctrina pueril*, éd. M. Obrador, Barcelone, 1907, p. 175-179.
10. *Llibre del Gentil, op. cit.*, p. 5-6.
11. *Raymundi Lulli... Libellus de Fine*, éd. Majorque, 1665 ; reprod. 1985, p. 102.
12. *L. del Gentil, op. cit.*, p. 71.
13. *Ibid.*, p. 196.
14. Cf. *Penser l'Islam, op. cit.*, p. 318-323.
15. Cité par E. Teres : « Le développement de la civilisation arabe à Tolède », *Les Cahiers de Tunisie*, XVIII, 69-70, 1er-2e trim. 1970, (p. 73-86) p. 84.
16. Cité par D. Cabanelas : « Un franciscano heterodoxo en la Granada naṣrī : Fray Alfonso de Mella », *Al-Andalus*, 1950, (p. 233-250) p. 243.
17. Cf. *L. del Gentil, op. cit.*, p. 158.
18. Cf. *ibid.*, p. 164.
19. Cf. par ex. *L. de Fine, op. cit.*, p. 17.
20. Cf. *ibid.*, p. 102 ; mention en marge : *Libri facti ab ipso in arabico*, qui engloberaient, outre le livre en question, deux autres qui ne sont pas, en fait, de Lull.

21. L. Nemoy a publié et traduit son *Traité sur l'immortalité de l'âme : The Arabic Treatise on the Immortality of the Soul by S. b. M. b. Kammūna*, New Haven, 1944 ; « Ibn Kammūna's Treatise on the Immortality of the Soul », *Ignaz Goldziher Memorial Volume*, éd. par S. Löwinger, A. Schreiber et J. Somogyi, II, Jérusalem, 1958, p. 83-99. M.M. al-Kibīsī a édité, en 1982, *Al-ğadīd fī-l-Ḥikma*, mais je n'ai pu le consulter.

22. Éd. M. Perlmann : *Sa'd b. Manṣūr Ibn Kammūna's Examination of the Inquiries into the Three Faiths. A Thirteenth-Century Essay in Comparative Religion*, Berkeley-Los Angeles, 1967. Trad. par le même : *Ibn Kammūna's Examination of the Three Faiths*, Berkeley-Los Angeles-Londres, 1971.

23. *Sa'd b. Mansūr...*, *op. cit.*, p. 1, l. 5/trad. p. 11, l. 11.

24. *Ibid.*, p. 1, l. 14/trad. p. 11, l. 28-29.

25. *Ibid.*, p. 1, l. 11/trad. p. 11, l. 24-25.

26. *The Arabic Treatise...*, *op. cit.*, p. 58 b ar./p. 85-86 trad. et p. 70 b ar./p. 98 trad.

27. Cf. L. Nemoy : « Ibn Kammūna's Treatise on the Differences between the Rabbanites and the Karaites », *The Jewish Quarterly Review*, LXIII-2, octobre 1972, p. 97-135 ; 3, janvier 1973, p. 222-246.

28. Cf. *ibid.*, p. 113-114.

29. *Ibid.*, p. 115 et 232.

30. *Sa'd b. Manṣūr...*, *op. cit.*, p. 8, l. 14/trad. p. 21, l. 24.

31. *Ibid.*, p. 10, l. 7/trad. p. 24, l. 2-3.

32. *Ibid.*, p. 10, l. 16 et 19/trad. p. 24, l. 19 et 24.

33. *Ibid.*, p. 11, l. 13-14/trad. p. 25, l. 21-22.

34. *Ibid.*, p. 11, l. 8, 23 ; p. 12, l. 5/trad. p. 25, l. 10 ; p. 26, l. 6, 16-17 ; etc.

35. *Ibid.*, p. 13, l. 17-18/trad. p. 28, l. 17-18.

36. *Ibid.*, p. 15, l. 15-16/trad. p.30, l. 33-34.

37. *Ibid.*, p. 15, l. 18/trad. p. 31, l. 4.

38. *Ibid.*, p. 18, l. 5/trad. p. 33, l. 34-35.

39. *Ibid.*, p. 20, l. 5/trad. p. 37, l. 4-5.

40. Cité par H. Bacha : *Hawāšī (notes) d'Ibn al-Maḥrūma sur le « Tanqīḥ » d'Ibn Kammūna*, Jounieh, 1984, p. XV, qui montre que l'attribution à Ibn al-Fuwaṭī est erronée.

41. *Sa'd b. Manṣūr...*, *op. cit.*, p. 21, l. 11/trad. p. 39, l. 10-11.

42. Cf. H. Bacha : *op. cit.*, p. LXI-LXII.

43. *Sa'd b. Manṣūr...*, *op. cit.*, p. 33, l. 33 (*la'alla* = peut-être)/trad. p. 55, l. 20 ; p. 34, l. 3 (*yaḥtamilu an yakūna...* = il est possible qu'il y ait...)/trad. p. 55, l. 29 ; etc.

44. *Ibid.*, p. 38, l. 1-2/trad. p. 60, l. 24-26.

45. *Ibid.*, p. 66/trad. p. 99.

46. *Ḥawāšī*, *op. cit.*, p. 228, n° 133.

47. *Sa'd b. Manṣūr...*, *op. cit.*, p. 54, l. 13-15/trad. p. 83, l. 7-11.

48. Cf. *Ḥawāšī, op. cit.*, p. 205, n° 105.

49. Cf. *ibid.*, p. 130, n° 27.

50. Cf. *ibid.*, p. 202-203, n° 101.

51. Cf. *ibid.*, p. 141, n° 40 et p. 179, n° 78.

52. F. Niewöhner : « *Die Wahrheit ist eine Tochter der Zeit.* Ibn Kammūna's historisch-kristischer Religionsvergleich aus dem Jahre 1280 », *Religionsgespräche im Mittelalter*, B. Lewis et F. Niewöhner éd., Wiesbaden, 1992, p. 357-369.

53. Cf. M.B. El Kettani : « Ibn Ḥazm et la question de son influence sur la pensée chrétienne », *Hespéris-Tamuda*, 1963, IV-3, p. 269-288.

54. *Sa'd b. Manṣūr..., op. cit.*, p. 65, l. 23-24/trad. p. 98, l.35-36.

55. *Ibid.*, p. 35, l. 18/trad. p. 58, l. 1 (qui utilise « conventions », ce qui peut faire croire, à tort, qu'il y a concertation des sujets).

56. *Ibid.*, p. 66, l. 8/trad. p. 99, l. 17-18 (cf. ci-dessus n. 38).

57. *Ibid.*, p. 69, l. 13/trad. p. 103, l. 26.

58. *Ibid.*, p. 86, l. 7/trad. p. 125, l. 21-22.

59. *Ibid.*, p. 107, l. 1-2/trad. p. 155, l. 18-156, l. 3.

60. *Ibid.*, p. 107, l. 11-12/trad. p. 156, l. 27-157, l. 2.

Conclusion

1. Cf. S. Stroumsa : « Écritures alternatives ? Tradition et autorité chez les libres penseurs en Islam médiéval », *Retour aux Écritures*, à paraître.

2. 'Umar Ḫayyām sort de notre sujet non seulement par le fait qu'il écrit en persan, selon une métrique persane, mais aussi par le contenu de son œuvre. Bien qu'on ait voulu en faire un libre penseur, les remarques que j'ai faites à propos d'al-Ma'arrī s'appliqueraient, *mutatis mutandis*, à lui : ce n'est pas une pensée cohérente que la sienne, bien qu'il fût disciple d'Ibn Sīnā, telle qu'elle apparaît dans les *Rubaïyat* mises sous son nom. On n'y trouve que l'expression (favorisée par l'usage du vin) de protestations ponctuelles, et lors même que certains aphorismes se veulent l'émanation d'une doctrine philosophique, il faudrait reconstituer arbitrairement celle-ci qui n'est même pas suggérée dans de grandes lignes (cf. *Rubaïyat*, trad. J.B. Nicolas ; rééd. Fribourg-Genève, 1978 ; n°s 46, 101, 116, 182, 268 et 436, qui se rapprochent de notre sujet en montrant des contradictions dans la doctrine musulmane).

3. Cf. *Azerbaïdjan. Anthologie poétique*, Moscou, Éditions du Progrès, 1978.

4. On le trouve surtout en milieu non arabe, telle cette poésie populaire azerbaïdjanaise où un musulman, ayant vu une mariée chrétienne à la beauté non voilée, s'exclame : « Qui voit une seule fois une telle créature n'aura plus le désir d'aller à la mosquée, mais se dirigera toujours vers l'église » (cité par le baron de Baye : *Chez les Tatares, de Derbent à Elisabethpol. Souvenir d'une mission*, in *Visions de Russie*, Paris, s.d. [1901 ?], p. 48), mais on en décèlerait facilement des équivalents en pays arabe lors de conversations privées.

5. Cité par M. Deguy : « Jacques Berque et l'anthropologique », *Critique*, 209, octobre 1964, p. 864.

6. Cf. M. Barbot : « Réflexions sur les réformes modernes de l'arabe littéral », *La Réforme des langues*, I. Fodor et C. Hagège éd., Hambourg, 1983, I, p. 127-154.

Bibliographie

I. Textes et auteurs

'ABD AL-ǦABBĀR : *Kitāb taṯbīt dalā'il al-nubuwwa*, éd. 'A. K. 'Uṯmān, Beyrouth, 1966.

'ABD AL-KĀFĪ : *al-Mūǧaz*, éd. 'A. Ṭalbī : *Arā' al-Ḫawāriǧ al-kalāmīya*, Alger, 2 vol., 1398/1978.

'ABDELRĀZIQ ('A.) : *al-Islām wa uṣūl al-ḥukm*, Le Caire, 1925.

ABŪ QURRA (T.) : *Maymar fī wuǧūd al-Ḫāliq wa-l-Dīn al-qawīm*, éd. I. Dick, Jounieh, 1982.

'AMMĀR AL-BAṢRĪ : *Apologies et controverses*, éd. M. Hayek, Beyrouth, 1977.

(Anonyme) : *Gujastak Abālish*, éd. et trad. A. Barthélemy, Paris, 1887.

(Anonyme) : *Kitāb Bilawhar wa Būḏāsf*, éd. D. Gimaret, Beyrouth, 1972 ; trad. par le même : *Le Livre de Bilawhar et Būḏāsf selon la version arabe ismaélienne*, Genève-Paris, 1971.

AL-ARFĀDĪ : « Le Livre de l'unanimité de la foi de 'Alī ibn Dāwud al-Arfādī », éd. et trad. G. Troupeau, *Melto*, 2, 1969, p. 197-219.

ARISTOTE : *Organon, IV. Les Seconds Analytiques*, trad. J. Tricot, Paris, nouv. éd. 1962.

AL-BĀQILLĀNĪ : *Kitāb al-tamhīd*, éd. R.I. McCarthy, Beyrouth, 1957.

AL-BUḪĀRĪ : *Ṣaḥīḥ*, éd. Q. al-Šamā'ī al-Rifā'ī, 9 t. en 4 vol., Beyrouth, 1407/1987.

Enchiridion Symbolorum, éd. N. Dentzinger et A. Schönmetzer, 36e éd., Fribourg-en-Brisgau, 1976.

(ÉPHREM) : E. Beck, « Ephrems Brief an Hypatios », *Oriens Christianus*, 58, 1974, p. 76-120.

Los Evangelios apocrifos, éd. et trad. A. de Santos Otero, Madrid, 1963.

(FARRUX [M.]) : *Une apologie mazdéenne du IXe siècle. le Škand Gumānīk Vičār, la solution décisive des doutes*, éd. et trad. J. de Menasce, Fribourg, 1945.

AL-ĠAZĀLĪ : *Iḥyā' 'ulūm al-Dīn*, Beyrouth, s.d., 5 vol.

– : *Lettre au disciple (ayyuhā'l-walad)*, éd. et trad. T. Sabbagh, Beyrouth, 3e éd., 1969.
– : *Le Livre du licite et de l'illicite*, trad. R. Morelon, Paris, 1981.
AL-ǦUWAYNĪ : *Kitāb al-Iršād*, éd. M.Y. Mūsā et 'A.M. 'Abd al-Ḥamīd, Le Caire, 1950.
(ḤAYAWAYH AL-BALḪĪ) : I. Davidson, *Saadia's Polemic against Ḥiwi al-Balkhi*, New York, 1915.
AL-ḪAYYĀṬ : *Kitāb al-Intiṣār*, éd. et trad. A. Nader, Beyrouth, 1957.
HERMAS : *Le Pasteur*, éd. et trad. R. Joly, Paris, 2e éd., 1968.
AL-ḤUMAYDĪ : *Ǧaḏwat al-muqtabis*, Le Caire, 1966.
ḤUNAYN IBN ISḤĀQ : *Ādāb al-falāsifa*, éd. 'A. Badawī, Koweit, 1406/1985 ;
(–) : *Une correspondance islamo-chrétienne entre Ibn al-Munaǧǧim, Ḥunayn ibn Isḥāq et Qusṭā b. Lūqā*, éd. K. Samīr, trad. P. Nwyia, *Patrologia Orientalis*, t. 40, fasc. 4, n° 185, Turnhout, 1981.
IBN ABĪ' UṢAYBI'A : *'Uyūn al-anbā'*, éd. M. Müller, Le Caire, 2 vol., 1892.
IBN ḤAZM: *Épître morale (Kitāb al-aḫlāq wa-l-siyar)*, éd. et trad. N. Tomiche, Beyrouth, 1961.
– : *Kitāb al-fiṣal fī-l-milal*, Le Caire, s.d., 5 t. en 2 vol. ; trad. presque intégrale par M. Asin Palacios : *Abenhazam de Cordoba y su historia crítica de las ideas religiosas*, Madrid, 5 vol., 1927-1932.
– : *Ṭawq al-ḥamāma*, éd. H.K. Ṣīrāfī et I. al-Abiārī, Le Caire, s.d.
IBN HIŠĀM: *al-Sīrat al-nabawiyya*, éd. 'U. 'A.S. Tadmūrī, Beyrouth, 4 vol., 1987.
(IBN KAMMŪNA) : L. Nemoy, « Ibn Kammūna's Treatise on the Differences between the Rabbanites and the Karaites », *The Jewish Quarterly Review*, LXIII-2, octobre 1972, p. 97-135 ; 3, janvier 1973, p. 222-246.
– : *Sa'd b. Manṣūr Ibn Kammūna's Examination of the Inquiries into the Three Faiths. A Thirteenth-Century Essay in Comparative Religion*, éd. M. Perlmann, Berkeley-Los Angeles, 1967. Trad. par le même : *Ibn Kammūna's Examination of the Three Faiths*, Berkeley-Los Angeles-Londres, 1971.
– : *The Arabic Treatise on the Immortality of the Soul by Sa'd b. Manṣūr Ibn Kammūna*, éd. L. Nemoy, New Haven, 1944. Trad. par le même : « Ibn Kammūna's Treatise on the Immortality of the Soul », *Ignaz Goldziher Memorial Volume*, S. Löwinger, A. Schreiber et J. Somogyi éd., II, Jérusalem, 1958, p. 83-99.
IBN AL-LAYṮ : *Lettre du calife Hārūn al-Rašīd à l'empereur Constantin VI*, éd. et trad. H. Eid, Paris, 1992.
IBN AL-MAḤRŪMA : *Hawāši (notes) d'Ibn al-Maḥrūma sur le « Tanqīḥ » d'Ibn Kammūna*, éd. H. Bacha, Jounieh, 1984.
IBN AL-MUQAFFA' : *al-adab al-kabīr wa-l-adab al-ṣaġīr*, éd. Dār al-ǧīl, Beyrouth, 1401/1981.
(–) : M. Guidi, *La Lotta tra l'Islam e il Manicheismo. Un libro di Ibn al-Muqaffa' contro il Corano confutato da al-Qāsim b. Ibrāhīm*, Rome, 1927.

– : *Kitāb Kalīla wa Dimna*, éd. L. Cheikho, Beyrouth, 8e éd., 1969. Éd. ʿAzzām, Le Caire, 1941 ; trad. de cette dernière par A. Miquel : *Ibn al-Muqaffaʿ, le Livre de Kalīla et Dimna*, Paris, 1957.

– : *Risāla fi-l-ṣaḥāba*, éd. et trad. Ch. Pellat : *Ibn al-Muqaffaʿ, mort vers 140/757, « conseilleur du calife »*, Paris, 1976.

IBN AL-NADĪM : *Kitāb al-fihrist*, éd. G. Flügel, Leipzig, 1871 ; reprod. Beyrouth, s.d.

(IBN AL-RĪWANDĪ) : ʿA. A. al-Aʿsam, *Tārīḫ Ibn al-Rīwandī al-mulḥid*, Beyrouth, 1975.

LULL (R.) : *Doctrina pueril*, éd. M. Obrador, Barcelone, 1907.

– : *Liber de fine*, éd. Majorque, 1665 ; reprod. 1985.

– : *Llibre del Gentil e dels tres savis*, éd. A. Bonner, Palma de Majorque, 1993.

AL-MAʿARRĪ : *al-Luzūmīyāt*, éd. Dār Ṣāder, Beyrouth, 2 vol., s.d.

– : *Risālat al-ġufrān*, éd. Dār Ṣāder, Beyrouth, 1384/1964.

MAÏMONIDE : *Le Guide des égarés*, trad. S. Munk, nouv. éd. Lagrasse, 1979.

AL-MĀTURĪDĪ : *Kitāb al-tawḥīd*, éd. F. Kholeif, Beyrouth, 1970.

AL-MUḤĀSIBĪ : *al-ʿAql wa fahm al-Qurʾān*, éd. H. al-Quwatlī, Beyrouth, 1971.

PAUL DE PERSE : *Isagoge*, éd. J. Land : *Anecdota Syriaca*, IV, Leyde, 1862-1875.

PLATON : *Apologie de Socrate*, éd. Les Belles Lettres, Paris, 1923.

– : *Gorgias*, éd. Les Belles Lettres, Paris, 1924.

(AL-RĀZĪ, ABŪ BAKR) : Kuhne Brabant (R.), « Un tratadito inédito de dietética de al-Rāzī », *Anaquel de estudios árabes*, 2, 1991, p. 35-73.

– : *Raṣāʾil falsafiyya*, éd. P. Kraus, Le Caire, 1939 ; rééd. Beyrouth, 1977. Compléments et trad. partielle dans P. Kraus : « Raziana I », *Orientalia*, IV, 1935, p. 300-325, et « Raziana II », *Orientalia*, V, 1936, p. 35-56 et 358-378. D. Gutas : « Notes and Texts from Cairo Mss. I : Addenta to P. Kraus's Edition of Abū Bakr al-Rāzī's *Al-Ṭibb al-ruhānī* », *Arabica*, XXXIV, 1, 1977, p. 91-93.

AL-RĀZĪ, ABŪ ḤĀTIM : *Aʿlām al-nubuwwa (The Peaks of Prophecy)*, éd. S. al-Sawy et G.R. Aavani, Téhéran, 1977.

(–) : F. Brion, « Philosophie et Révélation : traduction annotée de six extraits du *Kitāb aʿlām al-nubuwwa* d'Abū Ḥātim al-Rāzī », *Bulletin de philosophie médiévale*, 28, 1986, p. 135-162.

(–) : F. Brion, « Le temps, l'espace et la genèse du monde selon Abū Bakr al-Rāzī. Présentation et traduction des chapitres 1, 3-4 du *Kitāb aʿlām al-nubuwwa* d'Abū Ḥātim al-Rāzī », *Revue philosophique de Louvain*, 87, 1989, p. 139-164.

ŠAHRASTĀNĪ : *Livre des religions et des sectes*, I, trad. D. Gimaret et G. Monnot, Louvain, 1986 ; II, trad. J. Jolivet et G. Monnot, Louvain, 1993.

ṢĀʿID AL-ANDALUSĪ : *Kitāb Ṭabaḳāt al-Umam (Livre des catégories des nations)*, trad. R. Blachère, Paris, 1935.

AL-TAWḤĪDĪ : *Kitāb al-imtāʿ wa-l-muʾānasa*, éd. A. Amīn et A. al-Zayn, III, Le Caire, 2e éd., 1939-1944.

('UMAR ḪAYYĀM) Omar Khayam : *Les Rubaïyat*, trad. J.B. Nicolas, nouv. éd., Fribourg-Genève, 1978.

(AL-WARRĀQ, ABŪ 'ĪSĀ) : M.J. McDermott, « Abū 'Īsā al-Warrāq on the Dahriyya », *Mélanges de l'Université Saint-Joseph*, L, I, 1984, p. 387-402.

(–) : D. Thomas, *Anti-Christian Polemic in Early Islam. Abū 'Īsā al-Warrāq « Against the Trinity »*, Cambridge, 1992. Trad. franç. partielle de ce texte. E. Platti : « La doctrine des chrétiens d'après Abū 'Īsā al-Warrāq dans son traité sur la Trinité », *MIDEO*, 20, 1991, p. 7-30.

– et YAḤYĀ IBN 'ADĪ : *De l'Incarnation*, éd. E. Platti, C.S.C.O. 490 (texte), 491 (trad. par le même), Louvain, 1987.

YAḤYĀ IBN 'ADĪ : *Maqāla fī tabyīn al-faṣl bayna ṣinā'at al-manṭiq al-falsafī wa-l-naḥw al-'arabī*, éd. G. Endress, *Journal for the History of Arabic Science*, II, 1, mai 1978, p. 38-50.

– : *Traité d'éthique*, éd. et trad. M.-Th. Urvoy, Paris, 1991.

II. Études

ABUMALHAM (M.) : « Salomon y los genios », *Anaquel de estudios árabes*, III, 1992, p. 37-46.

ALLARD (M.) : « Comment comprendre le Coran selon Muḥāsibī », *Bulletin d'études orientales*, XXIX, 1977, p. 7-16.

Arabica, n° spécial Ḥunayn b. Isḥāq, XXI, 3, 1974.

ARNALDEZ (R.) : *Grammaire et théologie chez Ibn Ḥazm de Cordoue*, Paris, 1956.

AL-A'SAM ('A.A.) : cf. section I : Ibn al-Rīwandī.

– : *Ibn al-Rīwandī fi-l-marāgi' al-'arabiyya al-ḥadīṯa*, 2 vol., Beyrouth, 1978.

– : *Kitāb Fadihat al-Mu'tazilah. Analytical Study of Ibn ar-Rīwandī's Method in his Cristicism of the Rational Foundation of Polemics in Islam*, Beyrouth-Paris, 1975-1977.

ASIN PALACIOS (M.) : « La tesis de la necesidad de la revelación en el Islam y en la Escolastica », *Al-Andalus*, 1935, p. 345-390.

AUDEBERT (C.F.) : *al-Ḫaṭṭābī et l'inimitabilité du Coran. Traduction et introduction au Bayān i'ǧāz al-Qur'ān*, Damas, 1982.

BADAWĪ A. : *Histoire de la philosophie en Islam. II. Les philosophes purs*, Paris, 1972.

BALTY-GUESDON (M.G.) : « Le *Bayt al-Ḥikma* de Baghdad », *Arabica*, XXXIX, 2, 1992, p. 131-150.

BAR-ASHER (M.M.) : « Quelques aspects de l'éthique d'Abū Bakr al-Rāzī et ses origines dans l'œuvre de Galien », *Studia Islamica*, LXIX, 1989, p. 5-38, et LXX, 1989, p. 119-148.

BOUSTANY (S.) et COHEN (D.) : « Essai de traduction des ad'dād », in *L'Ambivalence dans la culture arabe*, J. Berque éd., Paris, 1967, p. 452-461.

CABANELAS (D.) : « Un franciscano heterodoxo en la Granada naṣrī : Fray Alfonso de Mella », *Al-Andalus*, 1950, p. 233-250.
CALDER (N.) : « The Barāhima : literary Construct and historical Reality », *B.S.O.A.S.*, LVII, 1, 1994, p. 40-51.
CHARFI (A.) : « Bibliographie du dialogue islamo-chrétien. 1. Du VIIe au Xe siècle (compris). 11. Auteurs musulmans », *Islamochristiana*, 1, 1975, p. 142-152.
CHARLES-DOMINIQUE (P.) : « Le système éthique d'Ibn al-Muqaffa' d'après ses deux épîtres dites "al-Ṣaġīr" et "al-Kabīr" », *Arabica*, XII, 1, 1965, p. 45-66.
CHOKR (M.) : *Zandaqa et Zindiqs en islam jusqu'à la fin du IIe/VIIIe siècle*, Damas, 1994.
COLPE (C.) : « Anpassung des Manichäismus an der Islam (Abū 'Īsā al-Warrāq) », *Zeitschrift der deutschen morgenländischen Gesellschaft*, 109, 1, 1959, p. 82-91.
CORBIN (H.) : *Histoire de la philosophie islamique*, Paris, 1964.
DAVIDSON (I.) : cf. section I : Ḥayawayh al-Balḫī.
EL KETTANI (M.B.) : « Ibn Ḥazm et la question de son influence sur la pensée chrétienne », *Hespéris-Tamuda*, 1963, IV-3, p. 269-288.
Encyclopédie de l'Islam, nouv. éd., en cours de publication, Leyde, 1960 *sq.*
ENDRESS (G.) : « al-munāẓara bayna-l-manṭiq al-falsafī wa-l-naḥw al-'arabī fī 'uṣūr al-ḫulafā' », *Journal for the History of Arabic Science*, I, 2, novembre 1977, p. 106-118 ar./p. 320-322 ang.
ESS (J. VAN) : « Ketzer und Zweifler im Islam », *Bustan*, 1964, 2, p. 10-15.
– : « Skepticism in islamic religious thought », *Al-Abhath*, XXI, 1968, 1, p. 1-18.
– : « Une lecture à rebours de l'histoire du mu'tazilisme », *Revue des études islamiques*, XLVI-2, 1978, p. 164-191.
– : « Ibn ar-Rēwandī or the making of an Image », *Al-Abhath*, XXVII, 1978-1979, p. 5-26.
– : « al-Fārābī and Ibn al-Rēwandī », *Hamdard Islamicus*, III, 4, 1980, p. 3-15.
– : « Die Hinrichtung des Ṣāliḥ b. 'Abdalquddūs », *Studien zur Geschichte und Kultur des Vorderen Orients. Festschrift für Bertold Spuler*, H.R. Roemer et A. Noth éd., Leyde, 1981, p. 53-66.
– : « Some fragments of the *Mu'āraḍat al-Qur'ān* attributed to Ibn al-Muqaffa' », *Studia arabica et islamica. Festschrift for Iḥsān 'Abbās*, Beyrouth, 1981, p. 151-163.
– : *Theologie und Gesellschaft im 2. und 3. Jahrhundert Hidschra. Eine Geschichte des religiösen Denkens im frühen Islam*, Berlin-New York, I, 1991 ; II, 1992.
FABRICIUS (J.A.) : *Codex pseudepigraphus Veteris Testamenti*, Hambourg et Leipzig, 1713.
FAHD (T.) : « Anges, démons et djinns en islam », *Génies, anges et démons*, Sources Orientales n° 8, Paris, 1971, p. 153-214.
FIERRO (M.) : « Ibn Ḥazm et le zindīq juif », *Revue du monde musulman et de la Méditerranée*, 63-64, 1992, p. 81-89.
FIEY (J.M.) : «'Rūm' à l'est de l'Euphrate », *Le Muséon*, 90, 1-2, 1977, p. 365-420.

GABRIELI (F.) : « L'opera di Ibn al-Muqaffa' », *Rivista degli Studi Orientali*, XIII, III, 1932, p. 197-247.

– : « La "zandaqa" au Ier siècle abbasside », *L'Élaboration de l'Islam*, Paris, 1961, p. 23-38.

GAUDEFROY-DEMOMBYNES (M.) : *Mahomet*, Paris, 1957.

GHALI (E.S.) : « Le végétalisme et le doute chez Abū-l-'Alā' al-Ma'arrī », *Bulletin d'études orientales*, XXXII-XXXIII, 1980-1981, p. 99-112.

GIL (M.) : « The Creed of Abū 'Āmir », *Israel Oriental Studies*, XII, 1992, p. 9-57.

GIMARET (D.) : « Traces et parallèles du *Kitāb Bilawhar wa Būḏāsf* dans la tradition arabe », *Bulletin d'études orientales*, XXIV, 1971, p. 97-133.

– : « Matériaux pour une bibliographie des Ǧubbā'ī », *Journal asiatique*, CCLXIV, 1976, 3-4, p. 277-332.

– : « Bibliographie d'Aš'arī : un réexamen », *Journal asiatique*, CCLXXIII, 1985, 3-4, p. 223-292.

– : *Les Noms divins en Islam*, Paris, 1988.

GOICHON (A.M.) : *Vocabulaires comparés d'Aristote et d'Ibn Sīnā*, Paris, 1939.

GOITEIN (S.D.) : « A turning point in the history of the muslim state. A propos of Ibn al-Muqaffa''s *Kitāb al-Ṣaḥāba*», rééd. in *Studies in Islamic History and Institutions*, Leyde, 1966, p. 149-167.

GOLDZIHER (I.) : « Ṣāliḥ b. 'Abd-al-Ḳuddūs and das Zindīḳthum während der Regierung des Chalifen al-Mahdī», *Transactions of the Ninth International Congress of Orientalists*, Londres, 1893, II, p. 104-129.

GOODMAN (L.E.) : « Rāzī's Myth of the Fall of Soul : its Function in his Philosophy », *Essays on Islamic Philosophy and Science*, G. Hourani éd., Albany, 1975, p. 25-40.

GRAF (G.) : *Geschichte der christlischen arabischen Literatur*, II, Vatican, 1947.

GRIFFITH (S.) : « The concept of *al-Uqnūm* in 'Ammār al-Baṣrī's Apology for the Doctrine of the Trinity », *Actes du 1er congrès international d'études arabes chrétiennes*, S. Khalil éd., Rome, 1982, p. 169-191.

– : « Islam and the Summa Theologica Arabica ; *Rabī' I*, 264 A.H. », *Jerusalem Studies in Arabic and Islam*, 13, 1990, p. 225-264.

GUIDI (M.) : cf. section I : Ibn al-Muqaffa'.

– : « Postille ai Beiträge zur islamischen Ketzergeschichte », *Rivista degli Studi Orientali*, XIV, III, 1933, p. 313-317.

HADDAD (C.) : *'Isa Ibn Zur'a, philosophe arabe et apologiste chrétien*, Beyrouth, 1971.

HADDAD (R.) : *La Trinité chez les théologiens arabes (750-1050)*, Paris, 1985.

HAYEK (M.) : « 'Ammār al-Baṣrī. La première somme de théologie chrétienne en langue arabe, ou deux apologies du christianisme », *Islamochristiana*, 2, 1976, p. 69-133.

HUGONARD-ROCHE (H.) : « L'intermédiaire syriaque dans la transmission de la philosophie grecque à l'arabe : le cas de l'*Organon* d'Aristote », *Arabic Sciences and Philosophy*, I, 1991, p. 187-209.

JABRE (F.) : *La Notion de certitude selon Ghazālī*, Paris, 1958.

JOLIVET (J.) : « L'idée de sagesse et sa fonction dans la philosophie des IVe et Ve siècles », *Arabic Sciences and Philosophy*, I, 1991, p. 31-65.

KRAEMER (J.) : « Arabische Homerverse », *Zeitschrift der deutschen morgenländischen Gesellschaft*, 106, 2, 1956, p. 259-316.

KRAUS (P.) : « Zu Ibn al-Muqaffa' », *Rivista degli Studi Orientali*, XIV, I, 1933, p. 1-20.

– : « Beiträge zur islamischen Ketzergeschichte. Das Kitāb az-zumurruḏ des Ibn ar-Rāwandī », *Rivista degli Studi Orientali*, XIV, II, 1933, p. 93-129 ; IV, 1934, p. 335-379.

– : cf. section I : Abū Bakr al-Rāzī.

LAOUST (H.) : « La vie et la philosophie d'Abū-l-'Alā' al-Ma'arrī », *Bulletin d'études orientales*, X, 1943-1944, p. 119-159.

– : « L'hérésiographie musulmane sous les abbassides », *Cahiers de civilisation médiévale*, avril-juin 1967, p. 157-178.

– : *La Politique de Ġazālī*, Paris, 1970.

LEVI DELLA VIDA (G.) : Compte rendu de M. Guidi (*La Lotta tra l'Islam e il Manicheismo*), *Oriente Moderno*, 1928, p. 82-87.

MAHDI (M.) : « Language and Logic in Classical Islam », *Logic in Classical Islamic Culture*, G.E. von Grünenbaum éd., Wiebaden, 1970, p. 51-83.

MAKDISI (G.) : *Ibn 'Aqīl et la résurgence de l'islam traditionnel au XIe siècle (Ve siècle de l'Hégire)*, Damas, 1963.

MICHEAU (F.) : « Médecine arabe et rationalité », *Horizons maghrébins*, nos 25-26, 1994, p. 22-36.

MONNOT (G.) : « Les écrits musulmans sur les religions non chrétiennes », *MIDEO*, XI, 1972, p. 5-48.

– : *Penseurs musulmans et religions iraniennes. 'Abd al-Ǧabbār et ses devanciers*, Paris-Le Caire-Beyrouth, 1974.

– : *Islam et religions iraniennes*, Paris, 1986.

– : « Abū Qurra et la pluralité des religions », *Revue de l'histoire des religions*, CCVIII, 1, janvier-mars 1991, p. 49-71.

NIEWÖHNER (F.) : « *Die Wahrheit ist eine Tochter der Zeit.* Ibn Kammūna's historisch-kritischer Religionsvergleich aus dem Jahre 1280 », *Religionsgespräche im Mittelalter*, B. Lewis et F. Niewöhner éd., Wiesbaden, 1992, p. 357-369.

NÖLDEKE (Th.) : *Burzoes Einleitung zu dem Buche Kalīla wa Dimna*, Strasbourg, 1912.

NYBERG (H.S.) : « 'Amr Ibn 'Ubaid et Ibn al-Rawendi, deux réprouvés », *Classicisme et déclin culturel dans l'histoire de l'Islam*, Paris, 1957, p. 125-139.

PLATTI (E.) : *Yaḥyā Ibn 'Adī, théologien chrétien et philosophe arabe*, Louvain, 1983.

– : « Les objections d'Abū 'Īsā al-Warrāq concernant l'Incarnation et les réponses de Yaḥyā ibn 'Adī », *Quaderni di Studi Arabi*, 5-6, 1987-1988, p. 661-666.

RITTER (H.) : « Ibn al-Ǧawzi's Bericht über Ibn ar-Rēwandī », *Der Islam*, 1931, p. 1-17.

ROSENTHAL (J.) : « Ḥiwi al-Balkhi. A Comparative Study », *Jewish Quarterly Review*, XXXVIII, 1947-1948, p. 317-342 et 419-430 ; XXXIX, 1948-1949, p. 79-94.

RUSKA (J.) : « al-Bīrūnī als Quelle für das Leben und die Schriften al-Rāzīs », *Isis*, V, 1922, p. 26-50.

SALEH (M.) : « Abū-l-'Alā' al-Ma'arrī (363-449/973-1057). Bibliographie critique », *Bulletin d'études orientales*, XXII, 1969, p. 133-204 ; XXIII, 1970, p. 197-311.

SHAKED (S.) : « From Iran to Islam. Notes on some Themes in Transmission », *Jerusalem Studies in Arabic and Islam*, 4, 1984, p. 31-67.

SIDARUS (A.) : *Ibn al-Rāhibs Leben und Werk*, Fribourg-en-Brisgau, 1975.

STROHMAIER (G.) : « Homer in Baghdad (Ḥunayn b. Ishāq) », *Byzantinoslavica*, 41, 1980, p. 196-200.

STROUMSA (S.) : « The Barāhima in early Kalām », *Jerusalem Studies in Arabic and Islam*, 6, 1985, p. 229-241.

– : « The Signs of Prophecy : The Emergence and early Development of a Theme in arabic theological Literature », *Harvard Theological Review*, 78, 1-2, 1985, p. 101-114.

– : « From Muslim Heresy to Jewish-Muslim Polemics : Ibn al-Rāwandī's *Kitāb al-Dāmigh* », *Journal of the American Oriental Society*, 107, 3-4, 1987, p. 767-772.

– : « The Blinding Emerald : Ibn al-Rāwandī's Kitāb al-Zumurrud », *J.A.O.S.*, 114, 2, 1994, p. 163-185.

– : « Elisha ben Abuyah and Muslim Heretics in Maimonides, Writings », *Maimonidean Studies*, III, à paraître.

– : « Écritures alternatives ? Tradition et autorité chez les libres penseurs en Islam médiéval », *Retour aux Écritures*, à paraître.

TERES (E.) : « Le développement de la civilisation arabe à Tolède », *Les Cahiers de Tunisie*, XVIII, 69-70, 1er-2e trim. 1970, p. 73-86.

THOMAS (D.) : cf. section I : al-Warrāq.

TROUPEAU (G.) : « La logique d'Ibn al-Muqaffa' et les origines de la grammaire arabe », *Arabica*, XXVIII, 2-3, 1981, p. 242-250.

TURKI (A.M.) : « La réfutation du scepticisme et la théorie de la connaissance dans les *Fiṣal* d'Ibn Ḥazm », *Théologiens et juristes de l'Espagne musulmane. Aspects polémiques*, Paris, 1982, p. 159-198.

URVOY (D.) : « La pensée d'Ibn Tūmart », *Bulletin d'études orientales*, XXVII, 1974, p. 19-44.

– : *Penser l'Islam. Les présupposés islamiques de l'« Art » de Lull*, Paris, 1980.

– : « La pensée religieuse des mozarabes face à l'islam », *Traditio*, XXXIX, 1983, p. 419-432.

– : « La place de Ramon Llull dans la pensée arabe », *Catalan Review*, IV, 1-2, juillet-décembre 1990, p. 201-220.

– : *Ibn Rushd (Averroes)*, Londres-New York, 1991 ; Le Caire, 1993.

– et M.-Th. URVOY: « Les thèmes chrétiens chez Ibn Sab'īn et la question de la spécificité de sa pensée », *Studia Islamica*, XLIV, 1976, p. 99-121.

VAJDA (G.) : « À propos de l'attitude religieuse de Hīwī al-Balḫī, *Revue des études juives*, 99, 1935, p. 81-91.

– : « Les zindīqs en pays d'islam au début de la période abbasside », *Rivista degli Studi Orientali*, XVII, II-III, 1938, p. 173-229.

– : *Introduction à la pensée juive du Moyen Âge*, Paris, 1947.

– : « La prophétologie de Dāwūd Ibn Marwān al-Raqqī *al-Muqammiṣ*, théologien juif arabophone du IXe siècle », *Journal asiatique*, CCLXV, 1977, 3-4, p. 227-335.

VENTURA (M.) : *La Philosophie de Saadia Gaon*, Paris, 1934.

WANSBROUGH (J.) : *Quranic Studies. Sources and methods of scriptural interpretation*, Oxford, 1977.

WATT (W.M.) : *The Formative Period of Islamic Thought*, Édimbourg, 1973.

Table

Introduction 7

I : AUTOUR D'IBN AL-MUQAFFA' (MILIEU IIe/VIIIe siècle).
LES PRÉMISSES MULTIPLES DE LA CRITIQUE 29
1. La revendication éthique 33
2. L'opposition entre le spirituel et le temporel 41
3. La critique religieuse effective 51
4. Limites d'Ibn al-Muqaffa' : thèmes renversables 61

II : ḤUNAYN IBN ISḤĀQ (IIIe/IXe siècle).
LE POURQUOI DE LA CROYANCE 67
1. Situation de Ḥunayn 67
2. Un manifeste pour une réflexion fondamentale 77
3. Sagesse humaine et ouverture à la transcendance 86

III : LE MONOTHÉISME SOUS L'AIGUILLON DU DUALISME 93
1. Présence du dualisme dans la civilisation arabe classique 94
2. Al-Warrāq (début IIIe/IXe siècle) : la formation d'une systématique 102
3. Une figure symbolique de l'islam : Ibn al-Rīwandī (milieu-fin IIIe/IXe siècle) 117
4. Le repoussoir du judaïsme classique : Ḥayawayh al-Balḫī (IIIe/IXe siècle) 133

IV : TROIS FORMES INDÉPENDANTES D'ÉLABORATION 141
1. Une religion philosophique : Abū Bakr al-Rāzī (fin IIIe/IXe-début IVe/Xe siècle) 142
2. Un exemple de religiosité désabusée en Andalus au début du Ve/XIe siècle 152
3. La question de l'expression littéraire : exemple d'al-Maʿarrī (Ve/XIe siècle) 163

V : VRAIE ET FAUSSE UNITÉ 177
1. Le tournant du Ve/XIe siècle 177
2. Lorsque des chrétiens pensent à l'unité de la Foi 182

VI : VERS UNE APPROCHE OBJECTIVE DU FAIT RELIGIEUX 191
1. L'entendement de la foi chez Ramon Lull (VIIe/XIIIe siècle) 195
2. L'enquête d'Ibn Kammūna (VIIe/XIIIe siècle) 202

Conclusion 215

Notes 227
Bibliographie 251

DU MÊME AUTEUR

Le Monde des ulémas andalous. Étude sociologique
Droz, 1978. Trad. espagnole : Pegaso, 1983

Penser l'Islam. Les présupposés islamiques de l'« Art » de Lull
Vrin, 1980

Pensers d'al-Andalus. La vie intellectuelle
à Cordoue et Séville au temps des empires berbères
C.N.R.S. – Presses universitaires du Mirail, 1990

Ibn Rushd (Averroes)
Routledge, 1991 ; American University in Cairo, 1993

Formes arabes de la rationalité (dir.)
Horizons maghrébins, n°s 25-26, 1995

Averroès, Les ambitions
d'un intellectuel musulman, Flammarion, 1998,
Champs-Flammarion, 2001.

SCIENCES

BARBEROUSSE, KISTLER, LUDWIG
La Philosophie des sciences au XXe siècle. (Champs-Université)

BARROW
La Grande Théorie.

BITBOL
L'Aveuglante Proximité du réel (inédit).
Mécanique quantique.

BRADU
L'Univers des plasmas.

BROGLIE
La Physique nouvelle et les quanta.
Nouvelles perspectives en microphysique.

BRUNHES
La Dégradation de l'énergie.

CAVALLI-SFORZA
Qui sommes-nous ?

CHAUVET
La Vie dans la matière.

COUTEAU
Le Grand Escalier. Des quarks aux galaxies.
Les Rêves de l'infini.

CREVIER
À la recherche de l'intelligence artificielle.

DACUNHA-CASTELLE
Les Chemins de l'aléatoire.

DAVID, SAMADI
La Théorie de l'évolution. Une logique pour la biologie. (Champs-Université)

DAVIES
Les Forces de la nature.

DEBRÉ
Louis Pasteur.

DELSEMME
Les Origines cosmiques de la vie.

DELSEMME, PECKER, REEVES
Pour comprendre l'univers.

DELUMEAU (PRÉSENTÉ PAR)
Le Savant et la foi.

DENTON (Derek)
L'Émergence de la conscience.

DENTON (Michael)
Évolution. Une théorie en crise.

DINER, LOCHAK, FARGUE
L'Objet quantique.

DROUIN
L'Écologie et son histoire.

ECCLES
Évolution du cerveau et création de la conscience.

EINSTEIN
Comment je vois le monde.
Conceptions scientifiques.

EINSTEIN, INFELD
L'Évolution des idées en physique.

FRANCK
Einstein. Sa vie, son temps.

GELL-MANN
Le Quark et le jaguar.

GLEICK
La Théorie du chaos.

GRIBBIN
À la poursuite du Big Bang.
Le Chat de Schrödinger.

HAWKING
Commencement du temps et fin de la physique ?
Une brève histoire du temps.

HEISENBERG
La Partie et le tout.

HURWIC
Pierre Curie.

JACQUARD
Idées vécues.
La Légende de demain.
La Légende de la vie.

KLEIN, SPIRO (DIR)
Le Temps et sa flèche.

KUHN
La Structure des révolutions scientifiques.

LEAKEY, LEWIN
Les Origines de l'homme.
La Sixième Extinction.

LINES
Dites un chiffre.

LLOYD
Les Origines de la science grecque.

LOCHAK
La Géométrisation de la physique.
Louis de Broglie. Un prince de la science.

LORENZ
Les Fondements de l'éthologie.

LOVELOCK
La Terre est un être vivant.

MANDELBROT
Fractales, hasard et finance (inédit).
Les Objets fractals.

MERLEAU-PONTY
Einstein.

MINSTER
La Machine-Océan.

VON NEUMANN
L'Ordinateur et le cerveau.

NOTTALE
L'Univers et la lumière.

PENROSE
Les Deux Infinis et l'esprit humain.

PERRIN
Les Atomes.

PICHOT
Histoire de la notion de gène (inédit).
La Société pure. De Darwin à Hitler.

PLANCK
Autobiographie scientifique et derniers écrits.
Initiations à la physique.

POINCARÉ
La Science et l'hypothèse.
La Valeur de la science.

POPPER
La Connaissance objective.

PRIGOGINE
Les Lois du chaos.

PRIGOGINE, STENGERS
Entre le temps et l'éternité.

REICHHOLF
L'Émancipation de la vie.
L'Émergence de l'homme.
Le Retour des castors.

ROBERT
Les Horloges biologiques.

ROSENFIELD
L'Invention de la mémoire.

RUFFIÉ
De la biologie à la culture.
Traité du vivant.

RUFFIÉ, SOURNIA
Les Épidémies dans l'histoire de l'homme.

SAPOVAL
Universalités et fractales.

SCHWARTZ
Le Jeu de la science et du hasard. La statistique et le vivant.

SELLERI
Le Grand Débat de la théorie quantique.

SERRES
Les Origines de la géométrie.

SHAPIRO
L'Origine de la vie.

SMOOT
Les Rides du temps.

STENGERS
L'Invention des sciences modernes.

STEWART
Dieu joue-t-il aux dés ? (nouvelle édition)

TESTART
Le Désir du gène.
L'Œuf transparent (inédit).

THOM
Paraboles et catastrophes.
Prédire n'est pas expliquer.

THORNE
Trous noirs et distorsions du temps.

TRINH XUAN
Un astrophysicien.

TUBIANA
Histoire de la pensée médicale.

ULLMO
La Pensée scientifique moderne.

WEYL
Symétrie et mathématique moderne.

WILLS
La Sagesse des gènes.

HISTOIRE

ATTIAS, BENBASSA
Israël, la terre et le sacré.

BARNAVI
Une histoire moderne d'Israël.

BERTIER DE SAUVIGNY
La Restauration.

BOIS
Paysans de l'Ouest.

BOUREAU
La Papesse Jeanne.

BRAUDEL
La Dynamique du capitalisme.
Écrits sur l'histoire.
Écrits sur l'histoire II.
Grammaire des civilisations.
L'Identité de la France.
La Méditerranée. L'espace et l'histoire.
La Méditerranée. Les hommes et l'héritage.

BRUNSCHWIG
Le Partage de l'Afrique noire.

CAIRE
L'Histoire en France du Moyen Âge à nos jours. (Champs-Université)

CAROZZI, TAVIANI-CAROZZI
La Fin des temps. Terreurs et prophéties au Moyen Âge.

CARRÈRE D'ENCAUSSE
Lénine. La révolution et le pouvoir.
Staline. L'ordre par la terreur.

CAUVIN
Naissance des divinités, naissance de l'agriculture.

CHASSAIGNE
Histoire de l'Angleterre des origines à nos jours (nouvelle édition).

CHAUNU
La Civilisation de l'Europe des Lumières.

CHOURAQUI
Moïse.

CHRÉTIEN
L'Afrique des Grands Lacs.

CONSTANT
De la force du gouvernement actuel de la France et de la nécessité de s'y rallier (1796). Des réactions politiques. Des effets de la Terreur (1797).

CORBIN
L'Avènement des loisirs.
Les Cloches de la terre.

Les Filles de noce. Misère sexuelle et prostitution au XIXe siècle.
Le Miasme et la jonquille. L'odorat et l'imaginaire social, XVIIIe-XIXe siècle.
Le Monde retrouvé de Louis-François Pinagot. Sur les traces d'un inconnu (1798-1876).
Le Temps, le Désir et l'Horreur.
Le Territoire du vide. L'Occident et le désir du rivage, 1750-1840.
Le Village des cannibales.

DAUMARD
Les Bourgeois et la bourgeoisie en France depuis 1815.

DAVID
La Romanisation de l'Italie.

DIEHL
La République de Venise.

DUBY
L'Économie rurale et la vie des campagnes dans l'Occident médiéval.
L'Europe au Moyen Âge.
Mâle Moyen Âge. De l'amour et autres essais.
Saint Bernard. L'art cistercien.
La Société chevaleresque. Hommes et structures du Moyen Âge I.
Seigneurs et paysans. Hommes et structures du Moyen Âge II.

ELIAS
La Société de cour.

FAIRBANK
La Grande Révolution chinoise.

FERRO
La Révolution russe de 1917.

FINLEY
L'Invention de la politique.
Les Premiers Temps de la Grèce.

FOISIL
Le Sire de Gouberville.

FURET
L'Atelier de l'histoire.

FURET, OZOUF
Dictionnaire critique de la Révolution française (4 vol.).

FUSTEL DE COULANGES
La Cité antique.

GEARY
Naissance de la France. Le monde mérovingien.

GEREMEK
Les Fils de Caïn.
Les Marginaux parisiens aux XIVe et XVe siècles.

GERNET
Anthropologie de la Grèce antique.
Droit et institutions en Grèce antique.

GINZBURG
Les Batailles nocturnes.

GOMEZ
L'Invention de l'Amérique.

GOUBERT
100 000 provinciaux au XVIIe siècle.

GRIMAL
La Civilisation romaine.
Virgile ou la seconde naissance de Rome.

GROSSER
Affaires extérieures. La politique de la France, 1944-1989.
Le Crime et la mémoire.

HELLER
Histoire de la Russie.

HILDESHEIMER
Du Siècle d'or au Grand Siècle. L'État en France et en Espagne, XVIe-XVIIe siècle. (Champs-Université)

HUGONIOT
Rome en Afrique. De la chute de Carthage aux débuts de la conquête arabe. (Champs-Université)

ILIFFE
Les Africains. Histoire d'un continent.

JOURDAN
L'Empire de Napoléon. (Champs-Université)

KRAMER
L'Histoire commence à Sumer.

LACOSTE
La Légende de la terre.

LALOUETTE
Au royaume d'Égypte. Histoire de l'Égypte pharaonique I.
Thèbes. Histoire de l'Égypte pharaonique II.
L'Empire des Ramsès. Histoire de l'Égypte pharaonique III.
L'Art figuratif dans l'Égypte pharaonique.

LANE
Venise, une république maritime.

LAROUI
Islam et histoire.

LE GOFF
La Civilisation de l'Occident médiéval.

LEROY
L'Aventure séfarade. De la péninsule ibérique à la Diaspora.

LE ROY LADURIE
Histoire du climat depuis l'an mil.
Les Paysans de Languedoc.

LEWIS
Les Arabes dans l'histoire.
Juifs en terre d'Islam.

LOMBARD
L'Islam dans sa première grandeur.

LUPO
Histoire de la Mafia des origines à nos jours.

MAHN-LOT
La Découverte de l'Amérique.

MARRUS
L'Holocauste dans l'histoire.

MAYER
La Persistance de l'Ancien Régime.

MERVIN
Histoire de l'Islam. Fondements et doctrines. (Champs-Université)

MILZA
Fascisme français.

MOLLAT, WOLFF
Les Révolutions populaires en Europe aux XIVe et XVe siècles.

MOSSÉ
Politique et société en Grèce ancienne. Le « modèle athénien ».

MUCHEMBLED
Culture populaire et culture des élites dans la France moderne (XVe-XVIIIe siècle).

PERROT
Les Femmes ou les silences de l'histoire.

RICHET
La France moderne. L'esprit des institutions.

ROMANO
Les Conquistadores.

SCHWALLER DE LUBICZ I.
Her-Bak « disciple ».
Her-Bak « pois chiche ».

SCHWALLER DE LUBICZ R.A.
Le Miracle égyptien.
Le Roi de la théocratie pharaonique.

SERGI
L'Idée de Moyen Âge (inédit).

SOUTHERN
L'Église et la société dans l'Occident médiéval.

STERN
Hitler.

TOOMASPOEG
Histoire des Chevaliers teutoniques.

TUBIANA
Histoire de la pensée médicale.

URVOY
Averroès. Les Ambitions d'un intellectuel musulman.
Les Penseurs libres de l'Islam.

VALANCE
Histoire du franc de 1360 à 2002.

VERRIÈRE
Genèse de la nation française (inédit).

VIDAL-NAQUET
La Démocratie athénienne vue d'ailleurs.

VINCENT
1492 : « l'année admirable ».

VINCENT (dir.)
Histoire des États-Unis.

DROIT

CAPITANT
Libertés publiques. (Champs-Université)

CHAGNOLLAUD, QUERMONNE
La Ve République :
t. 1 Le Pouvoir exécutif.
t. 2 Le Pouvoir législatif.
t. 3 Le Régime politique.
t. 4 L'État de droit et la justice.

CLAPIÉ
Institutions européennes. (Champs-Université)

EDELMAN
Le Droit saisi par la photographie.

ENCINAS DE MUNAGORRI, LHUILIER
Introduction au droit. (Champs-Université)

LEGENDRE
Le Crime du caporal Lortie. Traité sur le père.

ROUVILLOIS
Droit constitutionnel. Fondements et pratiques. (Champs-Université)
Droit constitutionnel. La Ve République. (Champs-Université)

SCHMITT
La Notion de politique.

SEILLER
Droit administratif. 1. Les sources et le juge. (Champs-Université)
Droit administratif. 2. L'action administrative. (Champs-Université)

SOLEIL
Introduction historique aux institutions. (Champs-Université)

STRAUSS
Droit naturel et histoire.

THIREAU
Introduction historique au droit. (Champs-Université)

SCIENCES HUMAINES

ABRAHAM, TOROK
L'Écorce et le noyau.
Le Verbier de l'homme aux loups.

ADORNO
Notes sur la littérature.

ALAIN
Idées. Introduction à la philosophie de Platon, Descartes, Hegel, Comte.

AMSELLE
Vers un multiculturalisme français.

ANATRELLA
L'Église et l'amour.
Non à la société dépressive.
Le Sexe oublié.

ARCHÉOLOGIE DE LA FRANCE
(Réunion des musées nationaux).

ARNAULD, NICOLE
La Logique ou l'art de penser.

ARNHEIM
La Pensée visuelle.

AUGÉ
Anthropologie des mondes contemporains.

AXLINE
Dibs.

BADINTER
L'Amour en plus.

BARBEROUSSE, KISTLER, LUDWIG
La Philosophie des sciences au XXe siècle. (Champs-Université)

BAVEREZ
Raymond Aron.
Les Trente Piteuses.

BENJAMIN
Le Concept de critique esthétique dans le romantisme allemand.
Origine du drame baroque allemand.

BERNARD
Introduction à l'étude de la médecine expérimentale.

BIARDEAU
L'Hindouisme. Anthropologie d'une civilisation.

BODEI
La Philosophie au XXe siècle (inédit).

BORCH-JACOBSEN
Lacan.

BRILLAT-SAVARIN
Physiologie du goût.

CHAGNOLLAUD, QUERMONNE
La Ve République :
t. 1 Le Pouvoir exécutif.
t. 2 Le Pouvoir législatif.
t. 3 Le Régime politique.
t. 4 L'État de droit et la justice.

CHOMSKY
Réflexions sur le langage.
Langue, Linguistique, Politique. Dialogues avec Mitsou Ronat.

CHUVIN
La Mythologie grecque.

COGARD
Introduction à la stylistique. (Champs-Université)

COHEN (Daniel)
Richesse du monde, pauvretés des nations.
Nos Temps modernes.

COHEN (Jean)
Structure du langage poétique.

COLLECTIF
Le Français dans tous ses états.

DANIÉLOU
Mythes et dieux de l'Inde.

DARAKI
Dionysos et la déesse Terre.

DAVY
Initiation à la symbolique romane.

DE WAAL
De la réconciliation chez les primates.

DELEUZE, PARNET
Dialogues.

DELUMEAU (Présenté par)
Le Savant et la foi.

DERRIDA
Éperons. Les styles de Nietzsche.
Heidegger et la question.
La Vérité en peinture.

DETIENNE, VERNANT
Les Ruses de l'Intelligence. La Mètis des Grecs.

DEVEREUX
Femme et mythe.

DIECKHOFF
La Nation dans tous ses états. Les identités nationales en mouvement.

DODDS
Les Grecs et l'irrationnel.

DUMÉZIL
Heurs et malheurs du guerrier.
Loki.
Mythes et dieux des Indo-Européens.

DURKHEIM
Règles de la méthode sociologique.

ÉCOLE DE LA CAUSE FREUDIENNE
De l'amour (inédit).
Lacan, l'écrit, l'image (inédit).

EDELMAN
Le Droit saisi par la photographie.

ELIADE
Forgerons et alchimistes.

ELIAS
La Société de cour.

ENCEL
L'Art de la guerre par l'exemple.
Géopolitique de Jérusalem.
Le Moyen-Orient entre guerre et paix.

ÉRIBON
Michel Foucault.

ERIKSON
Adolescence et crise.

FAURE
Bouddhismes, philosophies et religions.

FLASCH
Introduction à la philosophie médiévale.

FONTANIER
Les Figures du discours.

FRÉMONT
France, géographie d'une société.
La Région, espace vécu.

FUKUYAMA
La Fin de l'Histoire et le dernier homme.

GADREY
Nouvelle économie, nouveau mythe ?

GENTIS
Leçons du corps.

GIRAUD
La Théorie des jeux. (Champs-Université)

GODELIER
L'Énigme du don.

GOMEZ
L'Invention de l'Amérique.

GRANOFF, PERRIER
Le Désir et le féminin.

GRENIER
L'Esprit du Tao.

GUÉHENNO
La Fin de la démocratie.

GUILLAUME
La Psychologie de la forme.

GUSDORF
Mythe et métaphysique.

GUYOMARD
La Jouissance du tragique.

HABERMAS
De l'éthique de la discussion.
Écrits politiques.
Morale et communication.

HAMBURGER
L'Aventure humaine.

HARRISON
Forêts. Essai sur l'imaginaire occidental.

HASSOUN
La Cruauté mélancolique.
Les Passions intraitables.

HEGEL
Introduction à l'Esthétique. Le Beau.

HELL
Possession et chamanisme.
Le Sang noir.

HERVIEU-LÉGER
Le Pélerin et le converti. La Religion en mouvement.

HORNUNG
Les Dieux de l'Égypte.

JACQUART
La Légende de demain.

JAFFRO, RAUZY
L'École désœuvrée. La nouvelle querelle scolaire.

JANKÉLÉVITCH
L'Ironie.
La Mort.
Le Pur et l'Impur.
Le Sérieux de l'intention. Traité des vertus I.
Les Vertus et l'Amour. Traité des vertus II.
L'Innocence et la Méchanceté. Traité de vertus III.

JANOV
Le Cri primal.

JONAS
Le Principe Responsabilité.

JULIEN
Tu quitteras ton père et ta mère.

LABORIT
L'Homme et la ville.

LACOSTE
La Légende de la Terre.

LAÏDI
Le Sacre du présent.

LAPLANCHE
Le Primat de l'autre en psychanalyse.
Vie et mort en psychanalyse.

LEBOVICI
En l'homme, le bébé.

LE BRAS
Les Limites de la planète.

LE DŒUFF
Le Sexe du savoir.

LEGENDRE
Le Crime du caporal Lortie. Traité sur le père.

LEPAPE
Diderot.

LESCOURRET
Levinas.
Introduction à l'esthétique. (Champs-Université)

LLOYD
Origines et développement de la science grecque.

LORENZ
L'Agression.
L'Envers du miroir.

LORENZ, POPPER
L'avenir est ouvert.

MACHIAVEL
Discours sur la première décade de Tite-Live.

MAHDI
La Fondation de la philosophie politique.

MAJOR
Lacan avec Derrida.

MANENT
La Cité de l'homme.

MANIN
Principes du gouvernement représentatif.

MARX
Le Capital, livre I, sections 1 à 4.
Le Capital, livre I, sections 5 à 8.

MAUCO
Psychanalyse et éducation.

MEAD EARLE
Les Maîtres de la stratégie.

MÉDA
Qu'est-ce que la richesse ?
Le Temps des femmes. Pour un nouveau partage des rôles.
Le Travail. Une valeur en voie de disparition.

MESURE, RENAUT
Alter ego. Les paradoxes de l'identité démocratique.

MILL
L'Utilitarisme.

MILLOT
Freud antipédagogue.

MORIN
La Complexité humaine.

MOSCOVICI
Essai sur l'histoire humaine de la nature.

NASIO
Les Yeux de Laure.

NASSIF
Freud. L'inconscient.

OLIVIER
Les Fils d'Oreste ou la question du père.

PANKOW
L'Homme et sa psychose.

PAPERT
Jaillissement de l'esprit.

PASSET
L'Illusion néolibérale.

PEETERS
Lire la bande dessinée.

PÉRONCEL-HUGOZ
Le Radeau de Mahomet.

PICHOT
La Société pure. De Darwin à Hitler.

POMMIER
Le Dénouement d'une analyse.
Freud apolitique ?
L'Ordre sexuel.

POPPER
La Connaissance objective.

PROKHORIS
Le Sexe prescrit. La différence sexuelle en question.

QUINE
Le Mot et la chose.

RAND, TOROK
Questions à Freud.

REICHHOLF
L'Émergence de l'homme.

RÉMOND
La politique n'est plus ce qu'elle était.

RENAUT
Kant aujourd'hui.

RENFREW
L'Énigme indo-européenne.

RENOU
La Civilisation de l'Inde ancienne d'après les textes sanskrits.

REVAULT D'ALLONNES
Ce que l'homme fait à l'homme. Essai sur le mal politique.
Le Dépérissement politique. Généalogie d'un lieu commun.

ROUDINESCO
Pourquoi la psychanalyse ?

RUFFIÉ, SOURNIA
Les Épidémies dans l'histoire de l'homme.

RUSSELL
Signification et vérité.

SADOUL
Tintin et moi.

SAUVERZAC
Françoise Dolto. Itinéraire d'une psychanalyste.

SCHMITT
La Notion de politique. Théorie du partisan.

SCHUMPETER
Impérialisme et classes sociales.

SERRES
Atlas.
Le Contrat naturel.
Éclaircissements.
Éloge de la philosophie en langue française.
La Légende des anges.
Les Origines de la géométrie.
Statues.

SIBONY
Psychanalyse et judaïsme. Questions de transmission (inédit).

SPAEMANN
Notions fondamentales de morale (inédit).

STAROBINSKI
1789. Les Emblèmes de la raison.

STEINER
Martin Heidegger.

STOETZEL
La Psychologie sociale.

STRAUSS
Droit naturel et histoire.

SUN TZU
L'Art de la guerre.

TAYLOR
Multiculturalisme.

THIS
Naître... et sourire.

TISSERON
Le Mystère de la chambre claire.
Psychanalyse de la bande dessinée.

URVOY
Les Penseurs libres de l'Islam.

VALADIER
L'Église en procès. Catholicisme et pensée moderne.

VERNANT
Introduction à la logique standard.(Champs-Université)

WALLON
De l'acte à la pensée.

WEBER
L'Éthique protestante et l'esprit du capitalisme (traduction inédite).

WOLTON
Éloge du grand public.
Internet et après ?
Naissance de l'Europe démocratique.
Penser la communication.

BIOGRAPHIES

BAVEREZ
Raymond Aron.

BORCH-JACOBSEN
Lacan. Le maître absolu.

BOUJUT
Wim Wenders.

DEBRÉ
Pasteur.

EISNER
Fritz Lang.

ÉRIBON
Michel Foucault.

FRANCK
Einstein, sa vie, son temps.

HURWIC
Pierre Curie.

LEPAPE
Diderot.

LESCOURRET
Emmanuel Levinas.

LOCHAK
Louis de Broglie. Un prince de la science.

MERLEAU-PONTY
Einstein.

PENROSE
Picasso.

SAUVERZAC
Françoise Dolto.

SCHIFANO
Luchino Visconti.

STEINER
Martin Heidegger.

URVOY
Averroès. Les ambitions d'un intellectuel musulman.

ART

ARASSE
Le Détail. Pour une histoire rapprochée de la peinture.

BALTRUSAITIS
Aberrations. Les perspectives dépravées I.
Anamorphoses. Les perspectives dépravées II.
Le Moyen Âge fantastique.
La Quête d'Isis.

BAZAINE
Le Temps de la peinture.

BONNEFOY
Rome 1630.

BRAUDEL
Le Modèle italien.

BRUSATIN
Histoire des couleurs.

CHAR
La Nuit talismanique.

CHASTEL
Fables, Formes, Figures (vol. I et II).
Introduction à l'histoire de l'art français.

CHRISTIN
L'Image écrite ou la déraison graphique.

DAMISCH
Le Jugement de Pâris.
L'Origine de la perspective.

DIDI-HUBERMAN
Fra Angelico. Dissemblance et figuration.

DUCHAMP
Duchamp du signe.
Notes.

FUMAROLI
L'École du silence.

GRABAR (André)
L'Iconoclasme byzantin. Les Voies de la création en iconographie chrétienne.

GRABAR (Oleg)
La Formation de l'art islamique.

HASKELL
La Norme et le caprice.

HECK
L'Échelle céleste.

LE CORBUSIER
Urbanisme.
L'Art décoratif d'aujourd'hui.
Vers une architecture.

LICHTENSTEIN
La Couleur éloquente.

MÂLE
Notre-Dame de Chartres.

MARIN
Détruire la peinture.

MOREL
Les Grotesques. Les figures de l'imaginaire dans la peinture italienne de la fin de la Renaissance.

MOULIN
L'Artiste, l'institution et le marché.

OBALK
Andy Warhol n'est pas un grand artiste.

PANOFSKY
La Renaissance et ses avant-courriers dans l'art d'Occident.

PENROSE
Picasso.

PHILIPPOT
La Peinture dans les anciens Pays-Bas.

SEGALEN
Chine, la grande statuaire.

SEZNEC
La Survivance des dieux antiques.

SHATTUCK
Les Primitifs de l'avant-garde.

STEIN
Le Monde en petit. Jardins en miniature et habitations dans la pensée religieuse d'Extrême-Orient.

WÖLFFLIN
Réflexions sur l'histoire de l'art.

CINÉMA

BORDE, CHAUMETON
Panorama du film noir américain (1944-1953).

BOUJUT
Wim Wenders.

EISNER
Fritz Lang.

GODARD PAR GODARD
Les Années Cahiers.
Les Années Karina.
Des années Mao aux années 80.

PASOLINI
Écrits corsaires.

RENOIR
Ma vie et mes films.

ROHMER
Le Goût de la beauté.

ROSSELLINI
Le Cinéma révélé.

SCHIFANO
Luchino Visconti. Les feux de la passion.

TRUFFAUT
Les Films de ma vie.
Le Plaisir des yeux.

CHAMP-UNIVERSITÉ

BARBEROUSSE, KISTLER, LUDWIG
La Philosophie des sciences au XXe siècle.

CAIRE
L'Histoire en France du Moyen Âge à nos jours. Introduction à l'historiographie.

CAPITANT
Libertés publiques.

CLAPIÉ
Institutions européennes.

COGARD
Introduction à la stylistique.

DAVID, SAMADI
La Théorie de l'évolution. Une logique pour la biologie.

ENCINAS DE MUNAGORRI, LHUILIER
Introduction au droit.

GIRAUD
La Théorie des jeux.

HILDESHEIMER
Du Siècle d'or au Grand Siècle. L'État en France et en Espagne, XVIe-XVIIe siècle.

HUGONIOT
Rome en Afrique. De la chute de Carthage aux débuts de la conquête arabe.

JOURDAN
L'Empire de Napoléon.

LESCOURRET
Introduction à l'esthétique.

MERVIN
Histoire de l'islam. Fondements et doctrines.

ROUVILLOIS
Droit constitutionnel. Fondements et pratiques.
Droit constitutionnel. La Ve République.

SEILLER
Droit administratif. 1. Les sources et le juge.
Droit administratif. 2. L'action administrative.

SOLEIL
Introduction historique aux institutions.

THIREAU
Introduction historique au droit.

VERNANT
Introduction à la logique standard.

Achevé d'imprimer en décembre 2002
sur les presses de l'imprimerie Maury Eurolivres
45300 Manchecourt

N° d'Éditeur : FH004401.
Dépôt légal : Janvier 2003.
N° d'Imprimeur : 02/12/98542.

Imprimé en France